KB234531

베이징 이야기

베이징 이야기

베이징 이야기

린위탕 지음 / 김정희 옮김

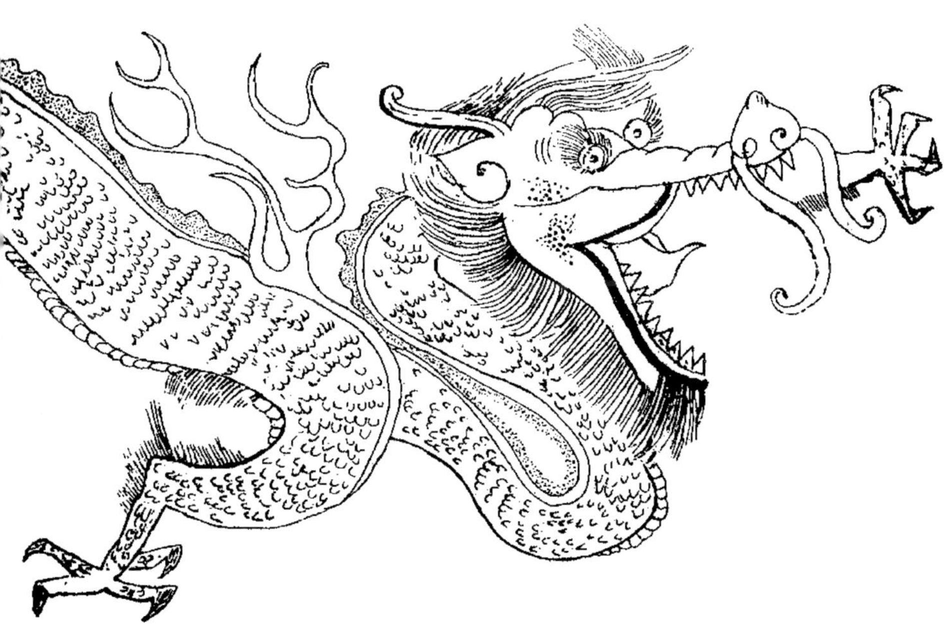

이산

베이징 이야기

2001년 11월 10일 초판 1쇄 발행
2007년 4월 19일 초판 3쇄 발행
지은이 린위탕(林語堂)
옮긴이 김정희
펴낸이 강인황·문현숙
도서출판 이산
서울특별시 마포구 서교동 399-11
Tel : 334-2847/Fax : 334-2849
E-mail : yeesan@yeesan.co.kr
등록 1996년 8월 8일 제2-2233호

편집 문현숙·엄정원
인쇄 한영문화사/제본 한영제책

ISBN 978-89-87608-21-1 03910
KDC 912(중국사)

가격은 뒤표지에 있습니다.

IMPERIAL PEKING: Seven Centuries of China by Lin Yutang
Copyright © 1961 by Crown Publishers, New York
First published in English in 1961 by Crown Publishers, New York.
This Korean edition published by Yeesan Publishing Co., Seoul.

www.yeesan.co.kr

차례

일러두기

1. 이 책은 Lin Yutang, *Imperial Peking*(Elek Books Limited, 1961)을 저본으로 삼고, 『輝煌的北京』(東北師範大學出版社, 1994)을 참조해서 번역했다.

2. 중국어 인명, 지명의 표기는 시대에 관계없이 모두 한글 맞춤법의 외래어 표기법에 따라 표기했다. 단 장안(長安)과 낙양(洛陽), 왕조명, 나라 이름, 황제의 묘호와 연호, 왕비나 공주의 호칭, 관직명, 건축물, 존칭이나 법명(法名) 등은 우리의 한자 독음대로 표기했다.

3. 용어해설은 본래 원서에 없었으나 독자들의 이해를 돕기 위해 옮긴이가 덧붙인 것이다.

1. 베이징의 정신

1949년 중국공산당이 정권을 장악하고 중국의 문호를 닫기 전까지만 해도, 베이징은 세계에서 가장 크고 개방적인 도시 가운데 하나였으며 세계 각국의 수많은 사람들을 매료시켰다. 파리와 베이징 두 도시는 지구상에서 가장 아름다운 도시로 알려져 있지만, 어떤 사람들은 베이징이 파리보다 더 아름답다고 한다. 베이징을 다녀간 거의 모든 사람들은 런던, 파리, 로마, 빈 같은 다른 나라의 수도와 마찬가지로 점점 베이징을 좋아하게 된다. 감출 수 없는 베이징의 매력은 어떤 묘사나 정보로도 설명하기 어려운 신비로움 그 자체이다. 사실상 모든 유서 깊은 대도시들은 아이들이 상상의 나래를 마음껏 펼치도록 해주는 인자한 할머니의 포근한 품속 같은 느낌을 준다. 베이징이나 파리 같은 도시에서 살다 보면 해가 거듭될수록 그 도시에 대한 이해가 깊어진다. 파리에서 10여 년을 살았다고 해도 용기 있는 사람만이 이제 이 도시를 알겠다고 당당히 말할 수가 있다. 마찬가지로 베이징도 꼭 한번 방문해 볼 만한 도시이고, 결코 며칠간의 관광으로 완전히 이해했다고 할 수는 없는 곳이다. 베이징을 진정으로 알고 싶다면, 오랫동안 그곳에서 살아보지 않으면 안된다. 중화민국 초기에, 열흘이나 보름 정도 베이징을 여행했던 유럽 사람들이 자기 나라로 돌아가지 않고 결국에는 베이징에 눌러앉는 것을 나는 많이 보았다. 한번쯤 베이징에서 살았다면, 베이징을 떠난 뒤에도 베이징은 당신 안에 계속 살아 있을 것이다.

어느 도시나 그 나름의 독특한 개성을 지니고 있다. 여성의 경우 개성이 없어도 매력적으로 보일 수 있지만, 도시는 그렇지 않다. 오래된 도시들은 수천년에 걸쳐서 성장하며 변화를 거듭해 온 역사의 산물이다. 도시는 전쟁의 상처를 안고 있기도 하고 역사적 사건의 징표를 간직하면서 무수한 인간의 꿈과 야망을 지켜보았다. 나폴레옹과 오스만이 파리에 그들의 흔적을 남겼고, 마리아 테레지아 여왕과 프란츠 요제프 1세가 빈에 그들의 역사를 기록했던 것처럼 영락제(永樂帝)와 건륭제(乾隆帝)도 베이징이란 도시의 역사책에 그들의 역사를 수놓았다. 특히 건륭제는 평화와 번영을 이룩한 60년간의 통치기간 동안 많은 역사적 건축물을 중건하고 새롭게 단장하여 베이징을 더욱 풍요롭고 아름다운 도시로 만들었다.

그러나 도시는 결코 어느 한 사람의 창조물이 아니다. 적잖은 사람들이 그들 나름의 생활방식과 창조적 성취를 통해 도시에 아름다운 유산을 남겼으며, 그들의 개성은 도시 전체에 녹아들어 있다. 왕조가 바뀌어 강산의 주인이 바뀌어도 베이징 사람들의 삶은 크게 달라지지 않았다. 16세기에 환관(宦官)들은 문무백관의 머리 위에 공포 분위기를 드리우고 있었다. 특히 오만방자하기 이를 데 없었던 환관 웨이중셴(魏忠賢)은 자신의 초상화를 전국 각지에 걸어두게 하고 사람들에게 허리 굽혀 존경의 뜻을 표하도록 강요했다. 또한 시산(西山)의 벽운사(碧雲寺)를 증수하는 데 시주하는 등 베이징에 자신의 흔적을 남기려 했다. 그러나 그 역시 지나가는 나그네에 불과했고 다른 사람들과 그다지 다를 게 없었다. 도시는 영원히 존재하지만, 인간은 짧은 순간 왔다가 스쳐 지나갈 뿐이다. 그래서 모든 도시는 한때 그곳에 살았던 인간보다 위대하다고 말할 수 있다.

베이징에 독특한 개성을 부여하는 중요한 세 가지는 자연과 예술 그리고 인간의 삶이다. 자연은 매우 훌륭한 환경을 제공했고, 인간의 예술은 탑과 누각, 궁전으로 표현되어 베이징을 장식했다. 또한

사람들의 생활방식, 빈부격차, 풍습과 명절행사는 한편으로는 도시
생활을 아늑하고 고즈넉하고 풍요롭게 했으며, 다른 한편으로는 온
갖 상술을 동원한 돈벌이 귀신 같은 상인들의 소란스러움과 저속함
이 판치는 곳으로 만들었다. 다행히 베이징의 자연환경, 예술과 사
람들의 생활은 조화롭게 어우러져 왔다. 베이징의 매력은 단지 금빛
찬란한 황실의 궁전에서만 볼 수 있는 것이 아니라, 믿기 힘들겠지
만 평온한 교외의 전원에서도 찾을 수 있다. 바로 이런 도시에서 사
람들은 예술과 건축, 다양한 축제를 즐기는 동시에 조용하고 평화로

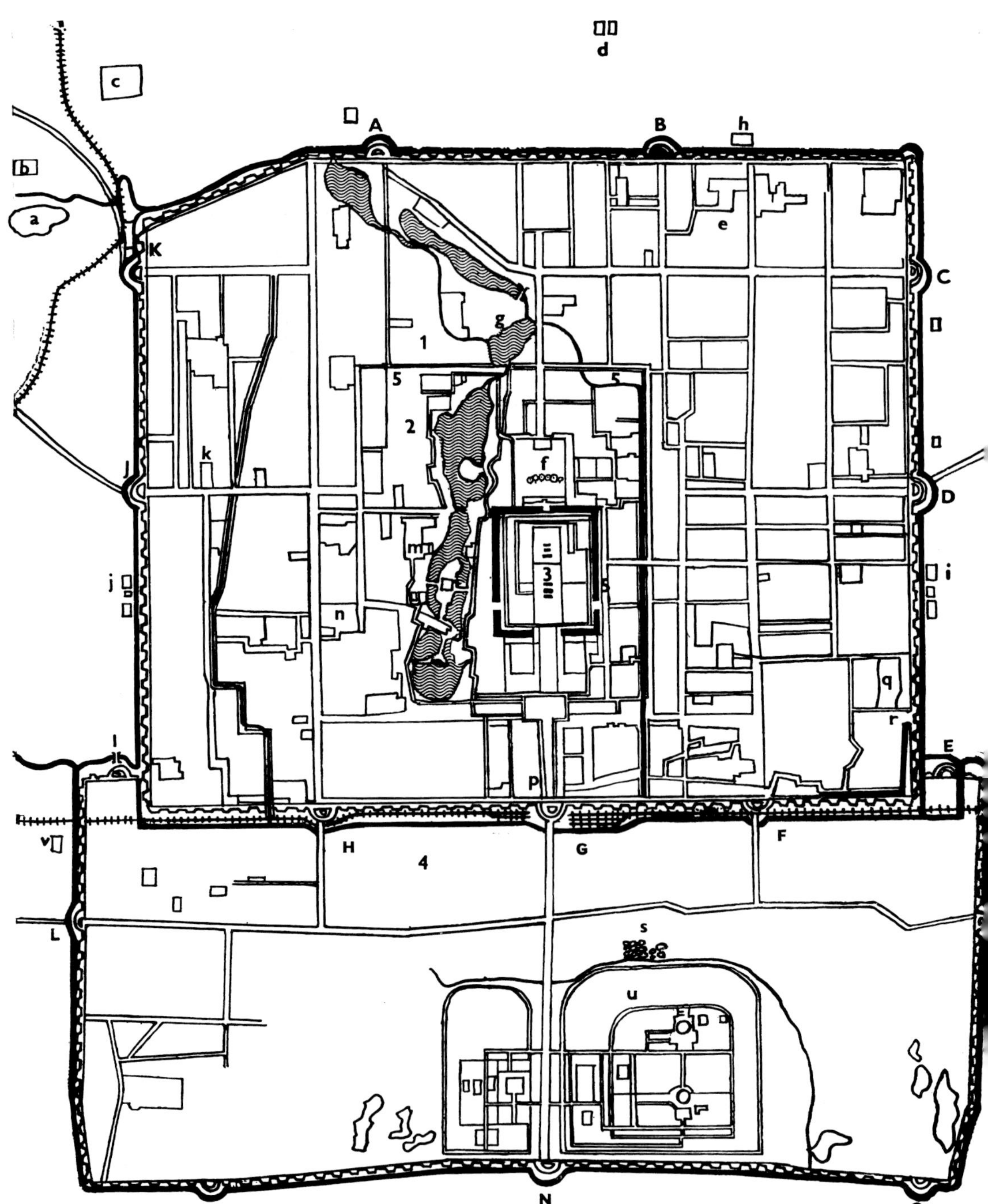

A
B
C
D
E
F
G
H
J
K
L
M
N
O
P
a
b
c
d
e
f
g
h
i
j
k
l
m
n
q
r
s
u
v
1
2
3
4
5

베이징 평면도 (쿡의 도면에 따랐음)

A. 덕승문(德勝門)
B. 안정문(安定門)
C. 동직문(東直門)
D. 제화문(齊化門)
E. 동편문(東便門)
F. 합덕문(哈德門)
G. 전문(前門)
H. 순치문(順治門) 또는 선무문(宣武門)
I. 서편문(西便門)
J. 평칙문(平則門)
K. 서직문(西直門)
L. 광녕문(廣寧門)
M. 남서문(南西門) 또는 우안문(右安門)
N. 영정문(永定門)
O. 강찰문(江擦門) 또는 좌안문(左安門)
P. 정양문(正陽門)
1. 내성(內城)
2. 황성(皇城)
3. 자금성(紫禁城)
4. 외성(外城)
v. 천녕사(天寧寺)
555. 성벽

a. 동물원(動物園)
b. 오탑사(五塔寺)
c. 대종사(大鐘寺)
d. 황사(黃寺)
e. 옹화궁(雍和宮) 또는 라마사(喇嘛寺)
f. 메이산(煤山)
g. 스차하이(什刹海)
h. 지단(地壇)
i. 일단(日壇)
j. 월단(月壇)
k. 백탑사(白塔寺)
m. 북당(北堂, 가톨릭 성당)
n. 청진사(淸眞寺)
p. 대청문(大淸門, 1912년 中華門으로 개칭했다. 현재는 헐리고 없으며, 그 자리에 마오쩌둥 기념관이 건립되었다.)
q. 공원(貢院, 과거시험을 보던 곳)
r. 관상대(觀象臺)
s. 금어지(金魚池)
t. 선농단(先農壇)
u. 천단(天壇)

운 전원생활을 향유했다.

앞으로 이 책에서는 위의 세 가지 요소들을 차례대로 이야기할 것이다. 베이징에는 많은 건축물이 있기 때문에, 이 책에서도 상당 부분을 할애해서 그것들을 소개할 것이다. 특히 궁전·사찰·황릉 등을 주로 소개하려고 한다. 에펠탑이 파리를 상징한다면, 몽마르트르 언덕의 커피숍과 성 불바르 거리는 파리에 특별한 분위기를 부여했다고 할 수 있다. 베이징도 이와 마찬가지로 궁전들이 여행자들을 끌어들이는 것은 분명하지만, 베이징의 진정한 매력은 오히려 보통 사람들에게서 나오며 거리와 골목골목의 아기자기한 살아가는 모습에 있다. 도대체 무엇이 베이징의 가난한 사람들을 이처럼 낙천적이고 자부심 넘치게 만드는지 다른 사람들은 결코 이해하지 못할 것이다. 이런 생활태도는 바로 그들의 몸에 밴 생활철학이기 때문이다.

베이징에 첫발을 딛는 순간 가장 강렬하게 다가오는 인상은 그 기후이다. 겨울엔 하늘이 마음을 가눌 수 없을 정도로 푸르고 햇빛은 눈부시지만 굉장히 건조하고 춥다. 반면에 여름엔 비가 자주 내려서 시원하다.

다음으로는 물고기의 비늘이나 참빗의 빗살처럼 빽빽하게 늘어서서 장관을 이루는 건축물을 들 수 있다. 그 다음으로는 전통 풍습이 남아 있는 베이징 사람들의 독특한 유머와 인내심, 예절을 들 수 있다. 하늘은 맑고 깨끗해서 사람들의 마음과 정신을 여유롭게 한다. 전각들은 높낮이가 들쭉날쭉하고 처마와 용마루는 종횡으로 물결을 이룬다. 인력거꾼들은 쉴새없이 농담을 해대고 다른 사람의 불행에 대해서도 허허 웃어 넘긴다. 관용은 베이징의 기조(基調)이다. 생활환경 속에, 건축의 규모 속에, 그리고 사람들의 기질과 정신 속에 관용이 녹아 있다. 생활은 간소하고 사치스럽지 않으며 자신의 생활에 쉽게 만족하는 편이다.(몇십 년 전에도 그랬다.) 이런 소박한 품성은 북방인의 낙천적인 천성과 소탈한 성격에서 나온다. 낙천적인 천성은 인생에 대한 근본적이고도 현실적인 인식에 뿌리를 두고 있다. 인생은 소중하나 짧으니 마음껏 이를 누려야 한다는 것이다. 베이징에는 현대적 상업활동의 거친 소란스러움이 아직 알려져 있지 않다. 이렇게 간소한 생활과 소박한 사상 속에서 사람들은 정신의 자유분방함으로 위대한 예술을 창조했다.

도시의 자연적 특징은 지리적 위치와 기후, 사물에 색을 입히는 햇빛, 반사작용을 하는 하늘 및 주변의 대기층에 따라 결정된다. 베이징의 햇살은 늘 화사하다. 겨울은 건조하고 여름은 습하다. 번개를 동반한 비가 7~8월에 내리기 시작해서 10월 초면 끝나는데, 봄소나기에 비하면 비교적 긴 편이다. 날씨 변화는 그 경계가 아주 분명하다. 비가 쏟아지다가 갑자기 하늘이 맑게 개면 만리에 구름 한 점 없다. 베이징에서 사람들은 "청명 시절 부슬부슬 비내리니, 길

위의 나그네 애간장 끊네"(淸明時節雨紛紛, 路上行人欲斷魂. 杜牧의 「淸明」 중에서)라는 어느 유명한 시의 한 구절처럼 비내리는 남부지방의 4월 분위기를 느낄 수 없다. 밤새 비가 내려 축축해진 지면은 건조한 날씨 덕분에 금세 마르고, 청량한 대기 속에서 녹음은 더욱 짙푸르다. 맑은 공기 덕분에 위취안산(玉泉山) 백탑(白塔)의 자태는 한층 선명해 보이고 우리 곁으로 한 발 더 다가오는 듯하다.

베이징에서는 쪽빛 하늘은 만끽할 수 있지만, 동시에 자욱한 먼지는 피할 수 없다. "바람이 불지 않으면 먼지는 석 자나 쌓이고, 비가 내리면 거리는 온통 진흙투성이다"(無風三寸土, 雨天滿地泥)라는 말이 있다. 넓게는 베이징을 두고 한 말이지만, 더 정확하게는 베이징의 거리를 표현한 말이다. 폭이 약 4.6m인 합덕문(哈德門) 거리는 노새가 다니는 길로 중앙로 양쪽 끝까지 이어져 있다. 바람 부는 날 자전거를 타고 관공서 앞 먼지 없는 아스팔트길을 달려 보면 그것을 더욱 분명히 느낄 수 있다. 그래도 베이징 록펠러 병원의 연구 결과가 입증한 것처럼 베이징은 태양의 직사광선이 강하기 때문에 먼지 중의 세균 비율이 매우 낮은 편이다. 햇빛을 받은 먼지는 세상을 온통 옅은 황갈색이나 회색으로 바꿔놓는다. 주택의 담장은 회색이나 황갈색으로 물들고, 먼지에 싸인 오래된 사원의 담장도 적갈색으로 변하며, 흙먼지로 뒤덮인 용마루는 검은색이나 푸르스름한 회색을 띤다. 이렇게 응집된 색채는 햇빛 찬란한 맑은 날에야 비로소 멋지게 시선을 끌며 그 특색을 드러낸다.

도시가 일찍이 완벽한 아름다움을 갖추지 못했을 때에도 사람들은 늘 도시를 좋아했고, 그 주변에 솟아 있는 산과 흐르는 강물에서 정감을 느꼈을 것이다. 설령 아주 소수의 사람들만이 유람을 했다 하더라도 명승지에 얽힌 옛 이야기들은 도시생활에 활기를 불어넣어 주었다. 베이징 성곽은 시산(西山)에서 약 20km 정도 떨어진 거리에 있다. 시산은 높이 올라가면 갈수록 험준하다. 산 위에는 수백

년 된 고찰이 있고, 산에서 솟아나는 샘물은 맑은 시냇물을 이루어 곧바로 도시 한가운데에 자리한 태액지(太液池)로 흘러든다. 샹산(香山) 수렵공원은 굉장히 넓고, 백탑(白塔)·고목·암석 등으로 유명하다. 이 공원은 본래 건륭제의 사슴 사냥터였는데, 그 중심에 수많은 부호들의 별장이 있었다고 한다. 오늘날에는 서직문(西直門)에서 버스를 타고 30분 정도면 갈 수 있다. 위취안산의 흰 대리석으로 쌓은 백탑은 햇빛을 받으면 눈부시게 빛을 발한다. 멀리서 탑과 마주보고 있는 이화원(頤和園)의 완서우산(萬壽山)도 한번 가 볼 만한 곳이다. 베이징의 작은 시내는 모두 서쪽 산에서 흘러내려온 것이다. 특히 위취안산의 샘물은 믿기지 않을 만큼 맑고 차가워서 함부로 물에 뛰어들 수 없을 정도이다. 이 산을 위취안산(玉泉山)이라고 부르는 것도 그 샘물이 햇살 아래 반짝이는 옥돌처럼 푸르고 영롱하기 때문이라고 한다.

시산의 와불사(臥佛寺)나 벽운사에서는 베이징을 한 눈에 조감할 수 있다. 8km에 달하는 장중한 회색 성벽이 또렷이 보이고, 맑게 갠 날에는 멀리 문루(門樓)가 드문드문 박힌 반점처럼 보인다. 또 엄청나게 넓은 녹색지대가 찬란한 황금색 궁전의 지붕 너머로 보이는데, 바로 태액지이다.

지난 수세기 동안 베이징은 줄곧 중국의 수도였기 때문에 남쪽과 북쪽에서 많은 사람들이 모여들었다. 대다수의 베이징 사람들은 북방인으로 키가 크고 박력이 있으며 체격이 건장하다. 남부지방에서 흔히 볼 수 있는 게으른 모습이 없으며, 얼굴이 하얀 쑤저우(蘇州) 젊은이들이나 허리가 가늘고 섬세한 상하이(上海) 아가씨들과도 다르다. 사람들의 옷은 대부분 짙은 회색이나 남색이며, 어디에서나 남색 정장을 차려입은 사람들을 볼 수 있다. 그래서 긴 두루마기(長袍)를 입은 몽골인이나 티베트인과는 뚜렷이 구별된다. 몸집이 크고 머리를 단정하게 자른 사람이 작은 당나귀나 몽골산 조랑말을 타

황실 근위병 행렬 중 기병(騎兵, 목판화의 부분)

고 가는 모습은 웃음을 자아낸다. 또한 라마교 승려들의 적갈색이나 황금색 가사 역시 대비가 선명하여 색깔만으로도 라마교 내의 두 종파를 구분할 수 있다. 명절이나 봄이 되면 여인들, 특히 교외의 여인들은 색이 선명하고 밝은, 이를테면 붉은색·자주색·녹색 등의 옷을 입고 나들이를 간다.

베이징 사람들의 생활은 별도의 장(章)에서 상세히 소개하겠지만, 여기서는 일단 베이징의 고유한 특징을 이루는 북방인의 성격에 대해 간략히 언급하겠다. 그들은 기본적으로 매우 보수적이어서 보수주의의 장단점을 모두 갖추고 있다. 그들은 근대적인 의식을 받아

15

들이려 하지 않으며, 관심조차 가지지 않는다. 그들은 수천년에 걸쳐 형성된 그들의 예절과 관습—기나긴 장례 행렬, 오래전부터 불러 온 자장가, 석류나무가 우거진 정원에서의 맞선 등—을 더 좋아한다. 근대적인 교육을 받은 중국인은 옛 베이징의 진면목과 마주칠 때마다 그들이 선호하는 이념과 가치가 뒤흔들리는 것을 느끼곤 한다. 외국인 거주자들은 베이징의 예술에는 심취하지만, 그 유머스러운 속담과 특이한 풍습에 당황하곤 한다. 그들 가운데 일부는 판단을 보류한 채 다만 안채와 사랑채가 정원을 사이에 두고 따로 떨어져 있을 필요가 있는지 의아해하고, 전등이 좀더 밝기를 원하고 전화 서비스가 개선되었으면 좋겠다고 생각한다. 어떤 이들은 중국어와 한자를 배우고 중국 역사와 고전문학을 연구하는 학자들이다. 그들은 자신의 동포에게 '별난 사람'으로 간주되며 '백인이 우월'하다는 믿음에 회의를 갖는다. 그들의 부인은 베이징을 떠나려 하지 않으며 그들의 자녀를 친자식처럼 보살피는 보모와 헤어질 수 없다고 선언하기도 한다.

어느 도시든지 여행자와 거주자에게 정말 필요한 사람은 하인·식당종업원·인력거꾼·택시기사 같은 사람들이다. 그들 대부분은 아주 사소하거나 그다지 중요하지 않은, 당신을 번거롭게 하는 일로 마주치게 되지만, 평소에 그들은 규율과 예의를 지키며 온화하고 즐겁게 살아간다. 인력거꾼은 거리에서 쉴새 없이 떠들어 대는데, 자신의 말을 기꺼이 들어주는 사람이라도 만나면 거리에서 계속 이야기하려 들 것이다. 그들은 장시간 상대방을 즐겁게 해주겠지만, 상대방의 생각을 받아들이지는 않는다. 베이징의 보모들은 대부분 온유하고 소박하며 자부심이 강한 사람들이다. 베이징의 종업원들은 위엄을 갖추고 아주 깍듯하게 고객한테 서비스하는 법을 알고 있는 것으로 유명하다. 동흥루(東興樓)의 종업원은 당신이 소리 높여 부르지 않으면 파란 예복에 어깨에는 하얀 수건을 걸치고 조용히 한켠에 서 있다. 그들은 마치 당신을 위대한 인물인 양 우대하며 당신이 편안하도록 성심성의껏 봉사하고 아주 솔직한 눈빛으로 바라보며 순박한 어조로 말을 건넨다. 그는 자신의 직업에 대한 자부심이 대단하며, 마음속으로는 당신 역시 먹고 살기 위해 애쓰고 있다는 것을 알고 있다. 그들이 바로 유서 깊고 문화적인 도시에 활력을 불어넣는 사람들이며, 그들의 온화하고 열정적인 천성은 일상의 수레바퀴가 잘 돌아가도록 하는 윤활유의 역할을 한다. 물론 권세 있는 척하기를 좋아하고 군중심리에 잘 영합하는 부정직한 정치모략가나 벼락부자들도 있다. 하지만 그들도 베이징에 오래 살다보면 서로 조화를 이루면서 옛 생활방식의 소박함과 고상함을 받아들이게 된다. 베이징은 바로 할머니처럼 사람들에게 편안하면서도 평화롭게 사는 방법을 가르쳐 주는 것이다.

무엇이 옛 베이징의 정신을 가장 잘 나타내는가? 저 웅장하고 휘황찬란한 궁전과 사찰들일까? 저 거대한 정원이나 공원일까? 아니면 노인 특유의 품위를 풍기면서 길가에서 땅콩을 팔고 있는 긴 수염의 할아버지일까? 사람들은 모른다. 말로는 형용할 수 없다. 그것은 오랜 세월에 걸쳐서 형성된 불가사의한 매력이다. 어느 날 문득 그것은 바로 하나의 생활방식임을 깨닫게 되는 것이다. 다른 세계와 다른 시대에 속하며 성숙하고도 이교(異敎)적이고 유쾌하면서도 강력한 이 생활방식은 모든 가치를 재평가하게 하는 인간 정신의 독특한 창조물이다.

2. 사계절

도시의 기후는 그 도시에 사는 사람들의 생활에 많은 영향을 준다. 혹자는 그리스인의 인생관, 심지어는 그리스 산문의 명쾌함이 광활한 에게해와 지중해의 매혹적인 햇빛의 반영이라고 말한다. 또한 몹시 추운 노르웨이에서 누드 예술의 유행이란 상상조차 할 수 없는 일이라고 말한다. 인도의 숲속에 사는 현자(賢者)는 총명하고 지혜로운데, 이는 날이 너무 더워서 할 수 있는 일이라곤 시원한 곳에 앉아서 명상하고 고뇌하는 것밖에 없기 때문이라고 말하는 사람도 있다. 프랑스의 따뜻한 기후는 프랑스인들에게 노천 커피숍을 열 수 있는 가능성을 제공했다. 춥고 비가 많이 내리는 기후에서 노천 커피숍을 연다는 것은 어불성설이기 때문이다. 영국인들은 든든한 아침식사와 홍차로 추위에 대한 저항력을 키워 아침 추위를 견뎌내야 했으며, 오후에는 짙은 안개 때문에 활활 타오르는 난로불과 뜨거운 차를 갈망했던 것이다. 나는 추운 날씨와 두꺼운 목도리는 말하는 액센트에도 영향을 미친다고 믿는다. 예를 들면 영국에서는 사람들이 스카프로 목을 감싸기 때문에 말을 할 때 입을 크게 벌리기가 힘들다. 베이징 방언 가운데 명확한 개구모음(開口母音)은 아주 듣기 좋은데, 이런 여유 있는 발음은 사람들이 추위를 느끼지 않을 때에만 낼 수 있다.

베이징은 북위 40도에 위치한다. 하지만 기후가 베이징에 어떤 나쁜 영향을 주는 일은 없다. 뉴욕이나 이탈리아 남단, 그리스 북부

1. 벽운사(碧雲寺) 불탑

와 이란 역시 베이징과 동일 위도상에 있다. 베이징은 겨울에는 햇빛이 따사롭고 여름에는 비가 많이 내리는데, 이는 상당히 이상적인 기후이다. 천둥의 신(神)은 언제나 10월에 베이징을 떠나 겨울이 지나야 돌아온다. 호수나 연못에 얼음이 얼면, 시골아이들은 헝겊으로 만든 신을 신거나 발에 짚을 묶고 얼음을 지친다.(마르코 폴로의 기록에 의하면, 쿠빌라이와 그의 황자들은 얼음지치기 대회를 연 적도 있었다.) 추운 날씨는 살을 에는 듯하고, 시산(西山) 정상이 눈으로 덮이기도 하지만, 그런 경우는 아주 드물다. 건조하고 엷고 밝은 태양은 먼지를 밝은 갈색으로 비추며, 시골에서는 논이 서리와 추위로 거북 등처럼 갈라진다.

겨울이 되면 시산의 어린 양의 몸에 털이 빼곡하게 자란다. 사람들이 두꺼운 발을 친 대문 안으로 뛰어 들어가면, 발 위에 세워진 바람막이용 나무판이 삐걱거린다. 술집 안은 사람들이 뿜어내는 입김과 끓는 음식에서 피어나는 더운 김으로 가득하고, 70도짜리 배갈의 냄새와 특이한 양파냄새, 구수한 카오양러우(烤羊肉, 양고기구이) 냄새가 뒤섞여 있다. 남자와 여자들은 지혜롭게 가죽 털에 안감을 덧댄 긴 두루마기를 입는다. 양가죽은 인력거꾼도 사서 입을 수 있을 만큼 값이 싸다. 겨울을 나면서 그들의 외투 끝자락은 먼지로 두꺼워진다. 노인들은 무명천이나 비단으로 만든 더우펑(斗篷)을 착용하는데, 이것은 일종의 모자로서 검은색이나 붉은 색이 일반적이며, 머리 위에서 동여매고 목덜미와 어깨까지 감싸게 되어 있다. 의복에서 가장 큰 특징은 바지 끝단을 끈으로 묶는 것인데, 이는 먼지를 막고 체온을 유지하기 위해서이다. 그 밖에 또 하나의 특징은 면바지 위에 덧바지(套褲, 바지가 더러워지지 않도록 바지 위에 입는 덧옷—옮긴이)를 입는 것이다. 이 덧바지도 발목에서 묶게 되어 있는데, 엉덩이 부분은 없애 버리고, 앞쪽 부분은 허리에 묶는다. 이렇게 하면 보온도 되면서 다리를 자유자재로 움직일 수 있다.

주택의 난방에는 숯불화로를 이용한다. 이는 숯을 부엌에 두었다가 다시 놋쇠화로에 담아 뜨거운 재로 덮은 것이다. 창문은 두꺼우면서도 내구성이 강한 부드러운 종이로 바른다. 이렇게 하면 차가운 바람이 들어오거나 열이 새나가는 것을 막을 수 있다. 그러나 정말로 중요한 난방시설은 캉(炕)이라고 하는 일종의 온돌 침상이다. 캉은 방안에 설치하며 전체 크기는 대개 방의 크기에 따라 다르지만, 길이는 2.1~2.4m로 서양의 침대 길이와 비슷하다. 캉을 만드는 재료는 흙과 벽돌이다. 캉을 데울 때는 집 밖에서 불을 때며, 낮에는 의자 대용으로 쓰고 저녁에는 침상으로 사용한다. 가난한 가정은 난방비를 아끼기 위해 겨울에는 온 가족이 모두 하나의 캉 위에서 잠을 잔다. 보통 사람들은 꼴로 만든 자리를 방바닥에 깔고, 부유한 가정에서는 두껍고 화려한 양탄자를 깐다. 사람들은 겉옷 안에 속옷을 몇 겹씩 입기 때문에 저녁에도 잠옷으로 갈아 입을 필요가 없다. 실제로 날씨가 추울 때에는 아주 유용하다. 일부 몹시 가난한 만주인들은 벌거벗고 자기도 하는데, 이는 속옷이 닳을까 봐 그러는 것이다.

사나운 바람이 불면 마른 나뭇가지가 부러져서 지붕 위에 떨어져 쌓이기도 한다. 이렇게 되면 집안은 오히려 아늑하고 훈훈해진다. 밤의 장막이 드리워지면, 집안에는 평온이 감돈다. 그것은 고요인 동시에 고요가 아니다. 바로 후퉁(胡同, 사람이나 인력거가 다니는 2차 교통로로 주로 주거지역에 있는 좁은 거리—옮긴이)이 천천히 활기를 띠기 시작하기 때문이다. 옛날에는 종루에서 인정(人定, 밤에 통행을 금하기 위하여 종을 치던 일)을 알렸지만, 지금은 시청에서 고용한 야경꾼이 골목을 돌면서 딱따기를 치는데, 자정에 세 번을 치고 동틀 무렵에 다섯 번을 친다. 후퉁에서 행상들이 외치는 소리는 약간 부드러우면서도 낮게 가라앉아 있어서 멀리까지 울려퍼진다. 몇몇 유럽 사람들은 이런 행상들의 소리가 수면을 심각하게 방해한다고 말하지만, 어떤 사람들은 그 소리가 독특하고 평화로워서 잠을 부르는 자장가 같다고 말하기도 한다.

겨울이든 여름이든 행상들이 외치는 소리는 후퉁을 가득 채운다. 그들은 골목의 고요함을 깨지 않으려 신경쓰면서, 은근히 사람들의 생활을 부산하게 만든다. 행상들은 주부들에게 적잖은 도움을 주며, 주부들도 행상들에게 늘 고마워한다. 그도 그럴 것이 행상 덕분에 주부들은 시장에 가지 않고 필요한 물건을 살 수 있기 때문이다. 장사꾼들은 물건을 집까지 배달해 주기도 한다. 생선장수는 대략 오전 열시쯤에 오지만, 바늘과 실·끈·장난감 같이 여성에게 긴요한 물건을 파는 방물장수는 오는 시간이 일정치 않다. 또 하나 색다른 거래는 후퉁에서 빈 병을 성냥과 교환하는 것이다. 빈 병을 수거하는 고물장수도 부정기적으로 찾아오지만, 그들이 오면 알뜰한 주부들은 미리 모아둔 빈 병을 성냥과 교환한다. 이런 행상들의 왕래는 후퉁의 한적함을 깰 정도로 빈번하지는 않으며, 오히려 후퉁에 생기를 불어넣는다.

거리의 행상들은 저마다 알리는 소리가 다르기 때문에 쉽게 구별할 수 있다. 더운 여름날 나른해지는 오후에, 대형 소리굽쇠의 진동음은 아이들에게 이발사가 왔음을 알린다. 이발사는 뜰 안으로 불려들어 가고, 만일 이발사가 원하면 아이의 어머니는 기꺼이 대야와 수건을 빌려 줄 것이다. 놋쇠 쟁반 치는 소리는 사람들에게 쏸메이탕(酸梅湯) 장수가 왔음을 알린다. 쏸메이탕은 매실로 만든 새콤달콤하고 시원한 음료이다.

밤 11시경에 들려오는 도자기 두드리는 소리만큼 사람들이 반기는 것은 없다. 설탕물에 담근 탕위안(湯圓, 찹쌀가루로 반죽한 피〔皮〕에 참깨·호두 등을 설탕에 버무린 소를 넣어 만들거나 소 없이 바로 빚는 새알심 비슷한 음식―옮긴이) 장수가 왔다는 소리이기 때문이다. 낮이든 밤이든 반질반질하고 달콤한 얼린 감(凍柿子) 장수의 소리를

들을 수도 있다. 또한 아이들이 좋아하는 빙탕후루(冰糖葫蘆, 산사나무나 해당화 열매를 꼬치에 꿰어 설탕물에 묻혀서 굳힌 과자―옮긴이)로 사람들의 관심을 끄는 행상도 있다. 송대(宋代)의 단편소설에도 행상들이 주택가를 돌면서 꿩구이나 메추라기구이를 파는 장면이 나온다. 탕위안·온면·청량음료 등은 모두 밤에 먹는 간식으로, 전화가 널리 보급되지 않은 상황에서 이런 이동식 식당은 상당히 편리하여, 주부들은 다소 값이 비싸긴 하지만 멀리 나가지 않고도 먹거리를 살 수 있었던 것이다.

이런 장사꾼들에게 특이한 점이 하나 있는데, 바로 그들이 손으로 자신의 귀를 막는 모습이다. 두손을 확성기처럼 입가에 대고 외

치면 리드미컬한 소리가 상당히 멀리까지 전해질 텐데, 그들은 손으로 자신의 귀를 막으면 소리가 훨씬 더 잘 전달된다고 믿었던 것 같다. 물론 그들 자신이 더 잘 들을 수 있었겠지만.

봄이 오면, 사람들은 교외에서 봄을 상징하는 복사꽃 가지를 꺾어 들고 인력거나 사륜차를 타고 서직문(西直門) 대로나 합덕문(哈德門) 대로를 돌아다닌다. 성(城) 안에는 사찰과 공원이 많이 있다. 상춘객들은 때로는 전문(前門) 밖에 있는 오래된 절에 가서 정향나무를 감상하거나, 소효사(昭孝寺)에 가서 모란을 관상(觀賞)한다. 그렇지 않으면 더 멀리 선농단(先農壇)에 가거나 외성 남문(南門)에서 이제 막 싹트기 시작한 뽕잎을 관상한다. 또 제화문(齊化門) 밖의 동악묘(東岳廟)에 가서 결혼과 장수(長壽)를 주관하는 각 신령들에게 참배할 수도 있다. 전문 밖의 천교(天橋, 前門과 永定門 사이에 있는 번화가―옮긴이)는 대중적인 오락장소로, 태극권 시범을 보이거나 곡예를 시연하며 살아가는 예인들의 공연으로 매우 활기가 넘친다. 꽃시장은 대개 교외에서 열린다. 먀오후이(廟會, 명절 또는 일정한 날에 절 안이나 절 부근에 서던 장―옮긴이)는 일년 내내 자주 열리는데, 주로 성 동쪽의 융복사(隆福寺)와 성 서쪽의 호국사(護國寺)에서 번갈아 열린다. 정해진 날이 있어서 한쪽에서는 초하루·열하루·스무하루에 열리고, 다른 쪽에서는 초사흘·열사흘·스무사흘에 열린다.

성밖 백운관(白雲觀, 베이징에서 가장 유명한 도교사원) 부근의 경마장에는 레이스 코스가 있다. 또 더 멀리 떨어진 만수사(萬壽寺)에서는 강에서 배를 탈 수도 있는데, 이 강은 이화원(頤和園)으로 이어진다. 시산(西山, 베이징 서쪽 교외에 있는 산들의 총칭. 남쪽의 쥐마산〔拒馬山〕에서 시작하여 북서쪽의 쥔두산〔軍都山〕으로 이어지며, 링산〔靈山〕, 먀오펑산〔妙峰山〕, 샹산〔香山〕, 위취안산〔玉泉山〕 등이 있다―옮긴이), 위취안산(玉泉山)이나 와불사(臥佛寺), 또는 조금 먼 시산 팔경

(八景)을 유람하려면 적어도 하루는 걸린다. 봄 휴가를 얻은 사람이라면 교외에 있는 명십삼릉(明十三陵)이나 쥐융관(居庸關) 일대의 만리장성까지 둘러보는 것도 괜찮을 것이다.

베이징은 봄이 아주 짧고, 가을이 왔나 생각하면 금세 겨울로 접어든다. 봄은 추운 지역에서는 부지불식간에 가장 이상적인 계절인 여름으로 넘어간다. 공원에는 많은 찻집(茶館)이 있어서 늙은 측백나무 아래서 차를 마시거나 낮은 등나무 의자에 누워 한가로이 주변 풍경을 둘러볼 수 있다. 일요일마다 중앙공원(中央公園)은 사람들로 북적대지만, 주중의 중앙공원이나 선농단에는 적막이 감돈다. 고풍스런 담과 황성의 성문 근처에 있는 찻집에 앉아 있다가 2전(錢)하는 국수 한 그릇을 사 먹을라치면, 사람을 즐겁게 해주는 방법에 이골이 난 점원이 옆에서 성심껏 시중을 드는데, 이런 점들이 베이징 생활의 정수를 느끼게 하는 것 같다. 이 또한 먀오후이(廟會)를 구경하는 것과 마찬가지로 그 속에서 편안하고 한가로운 분위기를 느낄 수 있다. 한가로움이란, 일종의 과거에 대한 인식, 역사에 대한 평가, 또는 세월은 유수와 같이 흐른다는 자각과 일상사에 대한 초연한 자세에서 저절로 솟아나는 것이다. 중국 문학이나 예술의 정수는 아마도 이런 여유로움에서 만들어진 것이리라. 이것은 있는 그대로의 실재가 아니라, 사람의 마음속에서 재창조되고 마음을 반영한 것으로 삶에 환상적인 면을 부여한다.

가을이 되면, 도시 남쪽의 넓은 늪지에서는 여름 동안 통통하게 살이 오른 물오리와 강가의 관목 사이에 숨어 있던 왜가리들이 따뜻한 남쪽으로 이동하기 시작한다. 중앙공원과 시산은 울긋불긋 단풍으로 물들고 시산의 황토와 파란 하늘이 선명한 대비를 이루어 저 유명한 자줏빛 언덕(紫坡)을 빚어낸다. 저 멀리 산꼭대기는 점점 짙은 자주색과 회색으로 변해 간다. 가을의 색깔이 다양하다지만, 건조하고 추운 베이징은 더욱 그러하다. 대자연은 다가오는 겨울을 예

고하면서 모든 생명체에게 저장하고 보관하고 휴식하라고 일깨워
준다. 베이징에 사는 남방인들은 새들이 남쪽으로 떠나가는 것을 보
고 고향 생각에 가끔 눈물짓기도 한다.

　베이징 사람들은 매년 최소한 한 차례 정도는 몽골에서 불어오는
사막의 거센 모래폭풍을 대비해야 하는데 이 모랫바람은 대개 오월
이나 시월에 불어닥친다. 하늘은 먼지구름으로 뿌옇고, 태양은 노란
빛으로 변한다. 먼지가 귀와 콧구멍을 간지럽히는가 하면, 입안에서
는 모래가 버석거린다. 아름다운 여인이 인력거에 앉아 멋진 실크
스카프로 얼굴을 가리는 순간, 스카프는 바람에 펄럭인다. 집안의
모든 물건들은 가는 모래를 한 꺼풀 뒤집어쓰게 되는데, 문이나 창

3. 이화원(頤和園)의 낙
타등처럼 생긴 타배교
(駝背橋)

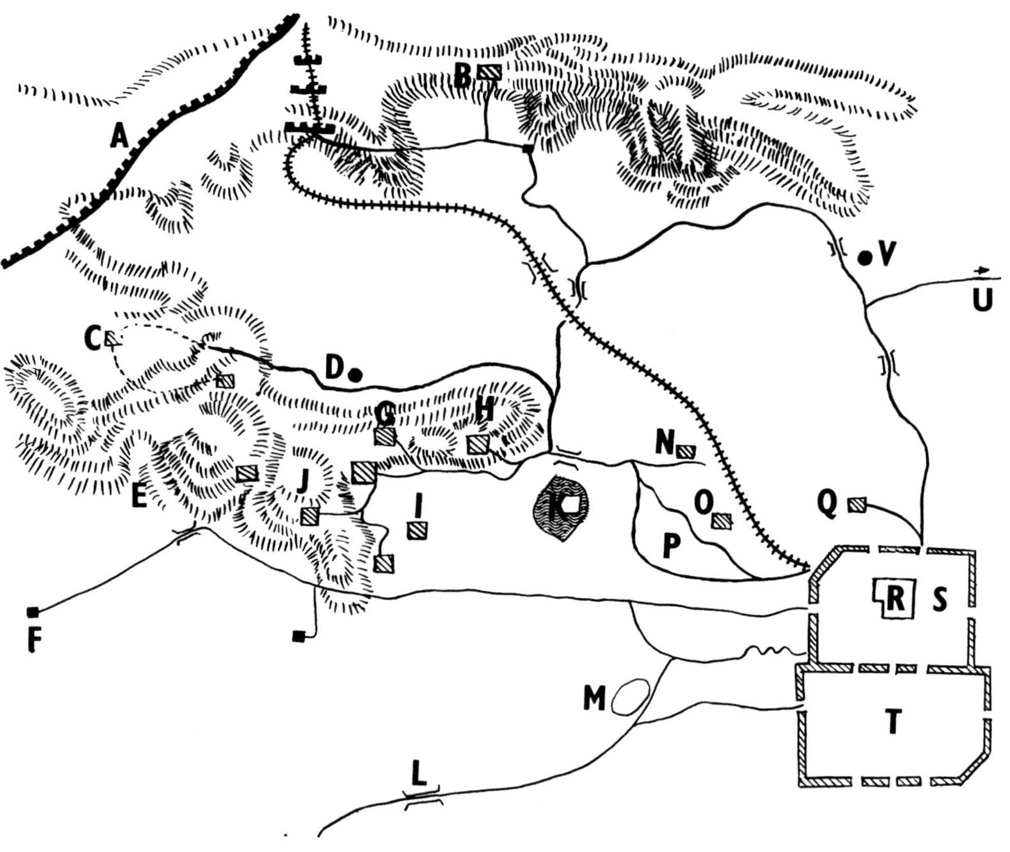

베이징과 그 주변도

A. 만리장성

B. 명십삼릉

C. 먀오펑산(妙峰山)

D. 온천

E. 황가총(皇家塚)

F. 먼터우거우(門頭溝)

G. 와불사(臥佛寺)

H. 위취안산(玉泉山)

I. 소묘(昭廟)

J. 수렵공원(현재 샹산〔香山〕공원)

K. 이화원(頤和園)

L. 노구교(盧溝橋, 마르코폴로교)

M. 경마장

N. 원명원(圓明園)

O. 대종사(大鐘寺)

P. 동물원

Q. 황사(黃寺)

R. 자금성(紫禁城)

S. 내성(內城)

T. 외성(外城)

U. 러허(熱河)로 가는 길

V. 탕산 온천(湯山溫泉)

28

문을 아무리 꼭 닫아도 먼지는 틈새를 비집고 들어온다. 모래폭풍이 하루나 이틀 정도 계속된 뒤에야 비로소 태양이 다시 환한 미소를 짓는다.

늦가을은 아주 빨리 찾아오는데, 이루 다 헤아릴 수 없을 정도로 다양한 국화들이 융복사와 창덴(廠甸, 베이징 화평문〔和平門〕 밖에 있다. 여기에 유리요〔琉璃窯〕가 있었기 때문에 류리창이라고 부르게 되었으며, 책·골동·문구 등의 상점이 모여 있다─옮긴이)에서 팔려 나간다. 정양루(正陽樓, 유명한 음식점)의 게는 살이 쪄서 향기롭고, 마치 세월이 노인의 몸에 변화를 가져오듯 초목의 나뭇잎은 바싹 말라 바스락거린다. 늦가을의 바람은 정원의 소나무와 대추나무 사이를 지나며 횡횡 소리를 낸다. 여름에 나뭇잎을 살랑 살랑 흔들던 산들바람이 격한 소슬바람으로 변한 것이다. 여름은 기억 속으로 사라지고, 화롯가의 귀뚜라미는 부질없이 울어댄다. 사람들은 문 앞이나 뜰에 떨어진 낙엽을 치우면서도 차마 모두 쓸어버리기가 아쉬워 낙엽 몇 개를 그대로 남겨 둔다.

겨울이 다시 오면, 1년의 계절주기는 완성된다. 세계적으로 유명한 베이징의 백송(白松)은 마치 흰색의 길고 수척한 정령처럼 산꼭대기에 우뚝 서 있고, 너덜너덜한 삼베옷을 걸친 걸인들은 추위에 덜덜 떤다.

3. 도시

지리적으로 베이징은 중국의 동북쪽에 자리하고 있다. 톈진(天津) 항에서 기차로 2시간 정도 걸리고, 북쪽 만리장성에서 기차를 타고 1시간 정도면 갈 수 있다. 베이징이 만리장성과 인접해 있다는 것은 중요한 역사적 사실을 대변해 준다. 이는 늘 중국 정치의 중심이 북방에 있었다는 것을 의미한다. 중국 문명의 요람은 대부분 황허(黃河)에 있었다. 중국의 삼대(三大) 왕조인 주(周, B.C. 1122~B.C. 256)·한(漢, B.C. 206~A.D. 220)·당(唐, 618~907)의 수도가 서북부에 있었는데, 대체로 현재의 산시(陝西) 성 시안(西安)에 해당한다. 북송(北宋)의 수도는 황허 주변의 카이펑(開封)에 있었다. 원(元, 1271~1367)·명(明, 1368~1644)·청(淸, 1644~1911) 왕조 동안은 물론이고 13세기부터 오늘날까지 비록 잠시 단절이 있기는 했지만, 베이징은 줄곧 중국의 수도였다.

지리상으로 보면, 중국은 서부의 티베트(西藏) 고원과 서남부의 히말라야 산맥이 병풍처럼 둘러싸고 있으며, 동쪽과 남쪽의 해안 또한 중국을 외세로부터 안전하게 지켜 주었다. 그러나 19세기에 서구의 함대는 이 해안으로 밀고 들어와 영해권을 탈취했다. 기원전 천여 년부터 지금에 이르기까지 북방으로부터의 위협은 줄곧 있어 왔다. 기원전 8세기에 주(周)나라 왕은 서북부에 거주하던 험윤(玁狁, 흉노의 옛 명칭)과 융(戎)이 출몰하여 소동을 피우자, 낙양(洛陽)으로 수도를 옮겼다. 기원전 3세기 초에, 베이징이 속해 있던 연(燕)

은 당시에 이미 만족(蠻族)의 침략을 막기 위해 만리장성의 일부를
쌓았다. 이 강력한 연 나라는 진의 시황제에 의해 멸망한 마지막 제
후국의 하나였다. 그후 시황제는 중국을 통일했고, 기원전 210년경
북방을 방비하기 위해 만리장성을 완성했다.

  베이징을 조감하는 가장 좋은 방법은 궁전 뒤편에 있는 메이산
(煤山, 자금성의 신무문〔神武門〕 북쪽에 있는 이 산은 명 초기 자금성의
해자〔垓子〕를 파내고 생긴 흙으로 만든 완쑤이산〔萬歲山〕으로 순치 12년
〔1665〕에 징산〔景山〕으로 개칭했다―옮긴이)의 정자에서 도시를 굽어
보는 것이다. 북쪽 성벽에서 가까운 메이산은 이 일대에서 가장 높
은 곳으로 도시 전체를 한 눈에 조망할 수 있다. 여기에 오르면, 황
성의 화려한 광채와 장엄함이 눈 앞에 펼쳐진다. 도시의 중심축을   4. 이화원(頤和園)

31

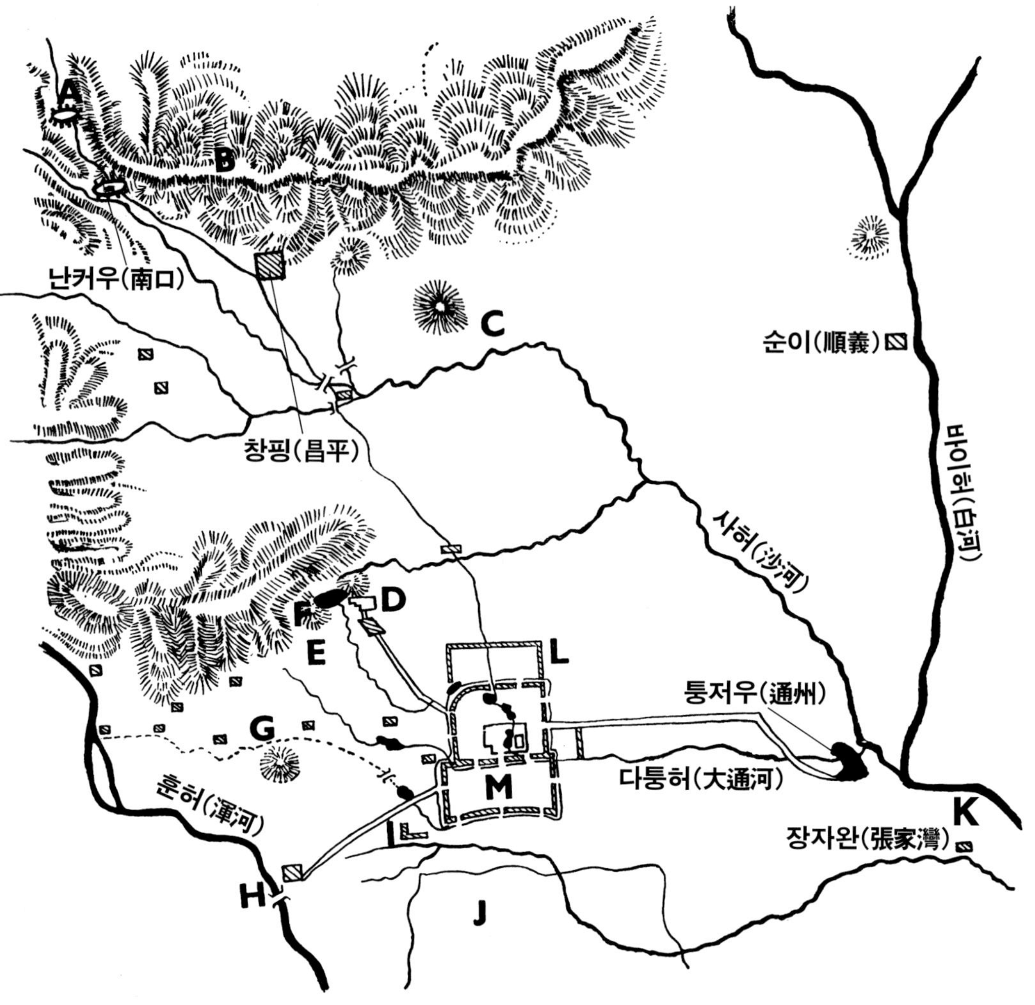

1870년, 베이징과 그 주변도 (브렛슈나이더의 도면에 따랐음)

A. 쥐융관(居庸關)

B. 명십삼릉(明十三陵)

C. 탕산 온천(湯山溫泉)

D. 원명원(圓明園)

E. 이화원(頤和園)

F. 위취안산(玉泉山)

G. 옛 운하

H. 노구교(盧溝橋, 마르코폴로교)

I. 금대(金代)의 성벽

J. 남원(南園)

K. 대운하

L. 원대(元代)의 성벽

32

따라 대칭적으로 이루어진 설계는 매우 독특하며, 성 안에는 보석 같이 아름다운 성이 또 자리하고 있고, 황금빛 기와지붕은 무성한 녹음과 대비를 이루면서 더욱 두드러져 보인다. 성가퀴와 잿빛 흉벽(胸壁)의 성벽 너머 4km 거리에 내성(內城)의 높고 당당한 문루(門樓)가 보인다. 8km 밖에는 외성(外城)의 문루가 환영처럼 구름 속에 어른거린다. 구름 한 점 없이 화창한 날에는 멀리 외성의 성벽까지 볼 수 있다. 외성을 속칭 '모자성'(帽子城)이라고 하는데, 이것은 외성의 동서 길이가 내성보다 좀더 길어서 외성이 마치 내성 위에 씌워져 있는 모자처럼 보이기 때문이다. 내성은 대략 남북이 5.3km, 동서가 6.7km에 달하며, 내·외성은 약 29km에 걸쳐 연결되어 있다.[1] 성벽의 총 길이는 67km에 달한다.

메이산에 서서 바라보면, 베이징의 웅장한 대칭적 구조와 분명한 윤곽선이 화려한 색상과 조화를 이루어 아주 강렬하게 다가온다. 가장 먼저 눈에 들어오는 것은 자금성(紫禁城)의 찬란하고 눈부신 지붕이다. 지붕들은 황성이라 불리는 분홍색의 사각형, 즉 총안(銃眼)이 있는 성벽에 에워싸여 있다. 전경(前景)의 왼편으로는 동북쪽 모퉁이에 각루(角樓)가 우뚝 솟아 있는데, 황성을 에워싸고 흐르는 해자(垓子)에 거꾸로 비치는 황금빛 유리기와와 비취빛이 감도는 처마가 눈을 사로잡는다. 이 눈부신 황금색은 주변을 에워싸고 있는, 특히 황성의 서쪽 윤곽을 흐릿하게 하는 울창한 서원(西苑) 지역의 짙푸른 수목과 선명한 대조를 이룬다. 이 울창한 숲에서 볼 수 있는 것은 베이하이(北海)의 백탑(白塔)뿐이다. 오른쪽으로는 시산 언덕이 있다. 이곳의 사원에는 신선한 샘물이 있어 도시의 먼지를 피하기에 아주 좋다. 북쪽으로는 연녹색의 버드나무에 뒤덮인 스차하이(什刹海) 호수가 있고, 그 너머로 이화원(頤和園)이 있다.

메이산은 그 자체가 청록색의 예술이다. 여기에는 5개의 정자(亭子)가 약 92m 높이의 인공 언덕 위에 고르게 배치되어 있다. 중앙

의 정자는 가장 높은 곳에 있고 주위의 다른 정자들은 그 아래쪽에 있다. 황금색, 연자주색과 청색과 녹색이 잘 어우러진 이 정자들은 정자 건축의 아름다운 전형이다. 중앙의 정자는 사각형의 3중 지붕이며, 그것의 좌우로 조금 낮은 곳에 있는 두 정자는 6각형의 2중 지붕이고, 가장 낮은 곳에 있는 두 정자는 원형 지붕이다. 전해지는 말에 의하면, 13세기에 쿠빌라이 칸은 아무리 큰 나무라 하더라도 "코끼리를 이용하여 여기까지 운반했다. 이렇게 해서 그는 세계에서 가장 아름다운 나무를 얻었다. 쿠빌라이는 구릉 전체를 파란 광석으로 뒤덮게 했다. 나무만 푸른 것이 아니라 언덕도 푸르러 푸르지 않은 것이 없을 정도였다. 그래서 사람들은 루산(綠山)이라 불렀다. 실제로 이 이름은 정말 잘 어울린다. 산 정상에는 대전(大殿)이

5. 6. 천불탑(千佛塔)과 그 세부

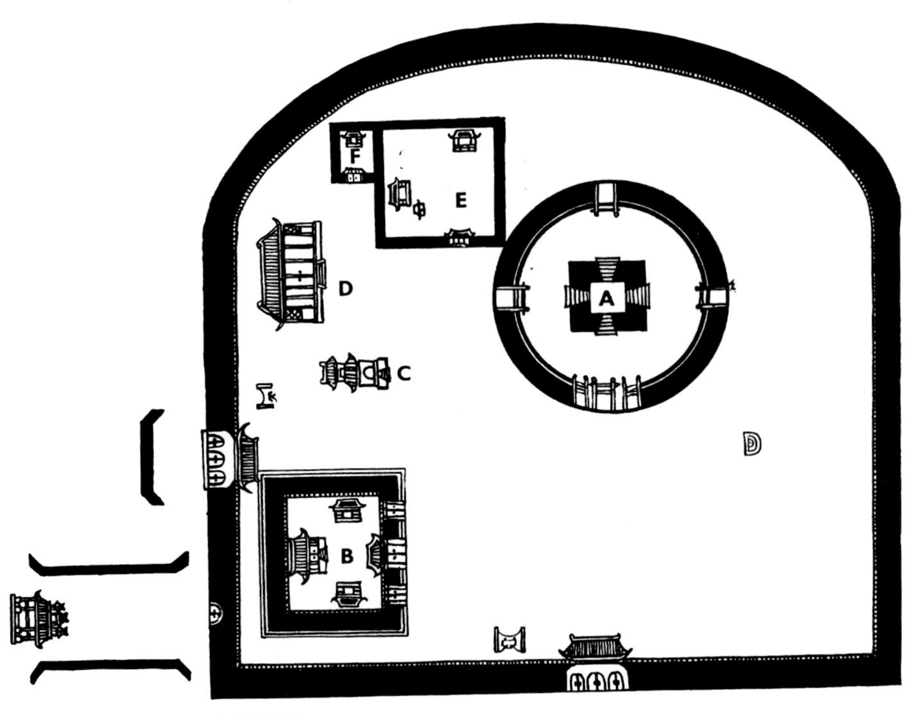

일단(日壇)

A. 배신단(拜神壇)

B. 갱의당(更衣堂, 탈의실)

C. 종루(鐘樓)

D. 악기와 다른 용품을 보관하는 창고

E. 영패당(靈牌堂)과 신주(神廚)

F. 재생정(宰牲亭)

있는데, 대전 안팎도 온통 녹색을 띠고 있다. 이렇게 구릉·수목·궁전이 하나가 되어 매혹적인 풍광을 이루고 있다. 그 색채의 조합이 얼마나 경이로운가! 그 누구라도 이곳을 바라보면 마음이 탁 트이고 상쾌함을 느낄 것이다. 쿠빌라이는 이렇게 매혹적인 경관을 만들어 놓고서 내면의 평안과 위안과 희열을 얻었다."[2] 바로 이처럼 아름다운 곳에서 명대(明代) 마지막 황제—숭정제(崇禎帝)—는 1643년 쥐엄나무에 목을 매어 자살했다.

베이징은 크게 내성과 외성으로 나누어져 있다. 서양에서 출판된 책에서는 흔히 '타타르성'(韃靼城)과 '중국성'(中國城)으로 구분한다. 그러나 이 명칭은 적합하지 않다. 중국의 역사문헌에 의하면 단

36

지 내성과 외성으로 부르고 있기 때문이다. 청 초기의 현명한 황제들은 황성 안에는 믿을 만하고 충직한 만주족 후예들이 거주해야 한다고 생각하여 내성을 '팔기'(八旗, 청대 만주족의 군대조직과 호구편제. 전체 군을 각각 기의 색깔에 따라 정황[正黃]·정백[正白]·정홍[正紅]·정람[正藍]·양황[鑲黃]·양백[鑲白]·양홍[鑲紅]·양람[鑲藍]의 팔기로 나누었다—옮긴이)에게 할당해 주었다. 그러나 이런 군사계획은 실행이 불가능했다. 팔기의 자제들만으로 이 도시 전체를 채울 수 없었을뿐더러 그들이 생활하기 위해서는 한족 상인들의 상업활동이 필요했기 때문이다. 그후 수세기가 흐르면서 내성에는 한족의 수가 팔기보다 점차 많아지게 되었다.

'타타르성'이라는 말은 아마도 마르코 폴로에게서 유래한 것 같다. 마르코 폴로는 일찍이 이 말을 베이징에 거주하는 사람들을 지칭해서 사용한 적이 있는데, 경멸의 뜻으로 사용하지는 않았다. 아무튼 만주족은 한족의 풍습을 따르면서 표준적인 베이징어를 쓰게 되었고, 어떤 사람들은 한자이름을 써서 다른 사람들이 자신이 만주족이라는 사실을 알아차리지 못하도록 했다. 그들은 자신이 '타타르'(韃靼, 옛날 한족의 북방 유목민족에 대한 총칭—옮긴이)로 불리는 것을 싫어했다. 중국어에서 '타타르'라는 말은 경멸적인 의미를 담고 있는 단어이기 때문이다. 보통 사람들은 만주족을 가리킬 때 중국어로 '치런'(旗人)이라고 했다.

비록 정확한 통계숫자는 남아 있지 않지만, 만주족보다 한족이 내성에 훨씬 많이 있었을 것이다. 외성, 곧 정양문(正陽門) 밖에도 번화가가 있었는데, 그곳에는 작은 여관이나 오래된 사찰, 등롱(燈籠)이나 모자를 파는 상가, 유명한 식당, 대중들의 오락장소, 그리고 홍등가로 이름난 바다후퉁(八大胡同)이 있었지만, 더 많은 상인들이 내성에서 활동했다. 우리가 베이징 성이라고 부르는 곳은 바로 내성을 말한다.

원대(元代)의 도성을 '타타르성'이라 일컫는 것은 비교적 타당해 보이는데, 왜냐하면 쿠빌라이가 모든 타타르인을 성벽에서 1.6km 이내에 거주하도록 명령했기 때문이다. 동시에 그는 금(金)의 수도인 캄발룩의 주민들을 이 새로 조성한 도시로 강제로 이주시켜 살도록 했다. 마르코 폴로는 당시 도시의 모습을 탁월하게 묘사했다.

"여러분은 반드시 캄발룩 성의 성곽 안팎으로 얼마나 많은 집들이 있고, 얼마나 많은 사람들이 그곳에 모여 살고 있는지, 또한 그 밀집도가 전대미문에 이를 정도라는 것을 알아야만 한다. 12개의 성문 밖마다 망망한 교외가 펼쳐져 있다. 여기에 사는 주민의 수는 성안에 비하여 훨씬 많다.(성문 밖의 교외까지 넓게 펼쳐져 있고 대략 5~6km에 달했다.)[3] 그런 교외의 작은 집들에는 외지의 상인과 여행자들이 머물렀는데, 그 대부분은 황제에게 공물을 바치러 온 사람들이거나 조정에 물건을 팔러 온 사람들, 그리고 그 도시에 매우 좋은 시장이 있어서 몰려든 장사꾼들이었다.(교외는 대개 도시로부터 1.6km 정도 떨어져 있으며 세계 각지에서 몰려든 상인들이 머물 수 있는 훌륭한 여관들이 많이 있다. 서로 다른 지역의 사람들이 각기 다른 여관에 머물고 있었는데, 예를 들면 롬바르디아인들이 머무는 곳이 있는가 하면 독일인이나 프랑스인들이 주로 머무는 곳도 있었다.) 따라서 많은 대

7. 옹화궁(雍和宮)
8. 건청문 광장의 유리
영벽(影壁)

7

8

지주와 귀족들의 저택을 제쳐두더라도 성밖에는 성안 못지않게 좋은 집들이 많이 있다."

"한편 관기(官妓)들은 성안에 살지 못하고 모두 교외에 산다. 깜짝 놀랄 만한 사실은 많은 관기들이 외국인들의 여흥을 위해 제공된다는 것이다. 실제로 2만 명 이상의 관기들이 몸을 팔아서 생활하고 있다. 많은 사람들이 이렇게 살아간다는 것은 수도에 살고 있는 인구가 그만큼 많다는 것을 의미하기도 한다."

"이 도시에는 고가의 희귀한 물건들이 많이 있는데, 세계의 그 어느 도시보다도 그 종류가 다양하고 물량이 풍부하다."

"내가 또 한 가지 말해 두고 싶은 것은 1천 근 가량의 비단이 연중 단 하루라도 성밖에서 성안으로 운반되지 않은 날이 없다는 점이다. 이 비단은 아름다운 중국 옷이나 금은보석, 또 다른 물건과 교환되기도 한다. 이것은 결코 이상한 일이 아니다. 주변 지역에서 아마(亞麻)가 생산되지 않기 때문에 모든 옷을 비단으로 만들 수밖에 없다. 사실, 중국의 일부 지역에서 면화와 아마(亞麻)가 생산되는 것은 확실하지만, 공급이 수요에 미치지 못한다. 그러나 중요한 원인이 꼭 이런 이유 때문은 아니다. 비단이 충분히 생산되어 값이 저렴하기 때문에 아마와 면화에 비하여 훨씬 많이 찾기 때문이다."

원대(元代)의 도성은 지금보다 조금 더 컸다.(부록 참조) 메이산에서 바라보면, 그것은 마치 작은 언덕이 한 줄로 길게 이어진 것처럼 3km 가량 뻗어 있었는데, 북쪽은 지금의 성벽 밖까지 이어져 있었다. 그러나 전반적인 설계와 궁전뿐 아니라 도성 내부의 계획은 기본적으로 변하지 않았다. 대체로 벽돌로 쌓은 현재의 도성은 명대 영락제가 1417~1420년에 걸쳐 중건한 것이다. 설계는 기본적으로 중국의 고도(古都)인 시안(西安)과 동일하다. 옛날에 황제는 북쪽에서 남쪽을 향해 앉으므로 사람들은 북쪽을 향해 절했다. 이런 의례는 이슬람교에서 성지를 향해 경배하는 것 못지않게 엄격하게 이어져왔다.

전통과 점성술 또한 황성(皇城) 사람들의 관념에 영향을 미쳤다. 오늘날 사람들은 남쪽에 천단(天壇)이 있고 북쪽에 지단(地壇)이 있으며 동문 밖에 일단(日壇)이 있고 서문 밖에 월단(月壇)이 있는 것을 알고 있다. 황성 중앙에는 극금성(極禁城, 종종 자금성으로 오인하기도 한다)이 있는데, 극금성은 하늘을 빙빙 돌며 운행하는 북극성을 가리킨다. 극금성은 조정의 권력을 상징했다. 이런 관념이 점차로 강해지면서 그 상징적 의의 또한 조정의 관리들 사이에서 엄격하게 지켜졌으며, 그들은 별의 영향이 강력하며 영원하다고 믿게 되었다.

도시계획에 따라 간선도로는 남북과 동서로 뻗어 있다. 그래서 베이징 사람들은 길을 잃을 염려가 없다. 인력거꾼들은 뒤에 앉아 있는 손님의 주의를 환기시킬 때 중국어로 "왼쪽으로" "오른쪽으로"라고 하지 않고 "동쪽으로" "서쪽으로"라고 소리친다. 남쪽 합덕문루에서 북쪽 안정문루에 이르는, 5km 가량 화살처럼 곧게 뻗어 있는 합덕문 거리는 쉽게 잊을 수 없다. 도시의 중심축이 시원스럽게 탁 트여 있기 때문이다. 중심축은 전 도시를 관통하며 전문(前門)에서 시작되어 위로는 중화문(中華門, 지금의 마오쩌둥기념관 자리에 있었던 문—옮긴이)·천안문(天安門) 그리고 각 중앙 대문과 궁전을 통과하여 고루(鼓樓)·종루(鐘樓)에 이른다.

이렇게 장엄한 설계는 어느 정도는 공간에 대한 자유로운 운용에 의해 구상된 것이다. 자금성 바로 앞에 동서로 뻗어 있는 천안문 거리는 폭이 최소 45m이며, 합덕문 거리는 최소 21m이다. 심미적 관점에서 보면, 도시 전체가 웅장함보다는 탁 트인 공간감과 평온함을 준다. 베이징에는 높이 솟아 있는 건축물이 없다. 그보다는 점점이 넓게 퍼지는 경향이 있는데, 이는 낮고 넓게 쭉 이어지는 궁전의 황금색 지붕을 돋보이게 하는 효과를 가져왔다. 높이 제한은 현대까지

9

계승되고 있다. 보통 주민들은 1층 이상의 집을 짓는 것이 금지되어
있다. 여기에는 어떤 신민(臣民)이라도 그의 지붕이 황궁보다 높아
서는 안되며, 이웃해 있는 관저를 들여다볼 수 있을 만큼 높아서도
안된다는 관념이 깔려 있다. 그 결과 하늘을 가리는 그 무엇도 없게
된 것이다.

이 바둑판식 구성과 넓은 공간개념 역시 쿠빌라이 시대 도성의
특징이다. 여기에 대해서는 마르코 폴로도 언급하고 있다. "도로는
폭이 넓고 일직선으로 곧게 뻗어 있어서 한쪽 끝에서 다른 쪽 끝까
지 막힘 없이 볼 수 있고, 각 성문에서 맞은 편의 성문을 볼 수도 있
다. 도성 안 곳곳에는 멋진 궁전과 아름다운 여관과 훌륭한 주택이
많이 있다.(주택이 세워진 부지는 모두 사각형이고 직선으로 구획되어
있으며 각 부지 안에는 크고 넓은 전각이 적당한 규모의 안뜰과 정원을
갖추고 있다. 이런 부지들은 각 가문의 가장들에게 주어진다. 이 사각형

42

부지들의 주위에는 사람들이 왕래하는 아담한 길이 나 있다. 이와 같이 도시 내부 전체가 마치 바둑판처럼 사각형으로 구획되어 있고, 배치상태가 흠잡을 데 없이 완벽하여 이를 적절히 묘사하는 것은 거의 불가능하다.)"

호텔, 식당, 모자·모피·등롱(燈籠) 등을 파는 유명한 상점, 고서점과 노점상 등이 밀집해 있는 도시의 중심부는 전문 밖 외성 근처에 있다. 내성의 동쪽에는 부호의 저택·정부청사·은행과 병원 등이 있다. 내성의 서남쪽 모퉁이에서 이어지는 외성의 서쪽은 가장 오래된 지역으로 7~13세기에 만들어진 옛 사찰과 탑이 즐비하다. 대표적인 명승고적으로 백운관(白雲觀)과 천녕사(天寧寺) 등이 서편문(西便門) 근처에 있다. 덜 유명해서 관광객이 뜸한 곳이라도 역사적으로는 오히려 더 중요한 곳도 많다. 예를 들면, 서문(西門, 평칙문) 부근의 백탑(白塔)은 가장 완벽하게 남아 있는 중요한 사찰유적으로 쿠빌라이 칸이 매년 2월 15일에 많은 수행원들을 거느리고 와서 참배했던 곳이다. 이 지역에는 만주족 친왕(親王)의 개인 정원들이 잘 보존되어 있다. 중국문학의 명작인 『홍루몽』(紅樓夢)을 연구한 한 전문가는 소설 속의 부유한 자(賈) 가문의 거대한 정원은 바로 베이징 성 서북쪽에 있었다고 주장했다. 내성 동쪽에 자리한 많은 부호들의 저택은 합덕문 거리에서 멀리 떨어져 있는 한적한 후퉁에 둘러싸여 있다.

고도(古都) 베이징은 도로가 사통팔달로 뻗어 있다. 도심에서 서남 방향으로 약 19km 정도 떨어진 곳에 노구교(盧溝橋)가 있다. 이 다리는 훈허(渾河) 또는 쌍간허(桑乾河)라고 부르는 강에 가로놓여 있다. 이곳은 예로부터 많은 병법가들이 전략상 중요시한 군사 요충지로서 베이징을 노리는 세력과 방어하는 세력이 이곳에서 여러 차례 전쟁을 벌였다. 1937년 중일전쟁의 포화도 바로 이곳에서 처음 터졌는데, 훈허는 서쪽의 산에서 흘러 내려오면서 탁류로 변해 도시의 남쪽으로 흐른다. 이 방향을 따라 모든 철로는 남쪽으로는 후난

(湖南) 성의 한커우(漢口) 방면으로 이어지고 동쪽으로는 산둥(山東) 성의 톈진(天津) 방면으로 뻗어나간다.

동쪽으로 약 20km 떨어진 곳이 바로 퉁저우(通州)이며, 퉁저우 가까이에 장자완(張家灣)이 있다. 장자완은 베이징과 양쯔 강 하류의 항저우(杭州)를 연결하는 대운하의 종착지이다. 일찍이 608년에, 수(隋) 양제(煬帝)는 100만 백성을 동원하여 대운하를 완공했다. 3년 후 양제는 대운하를 거쳐 당시 쥐저우(涿州)로 일컫던 베이징을 방문했다. 양제는 또한 무절제한 사치로 악명 높았는데, 그는 궁녀들을 한 조에 70~80명씩 세 조—각 조마다 다른 색깔의 옷을 입었다—로 편성하여 교대로 자신의 유람선을 끌게 했다. 1860년대 매카트니 백작이 '대사선'(大使船)을 타고 베이징을 방문한 기록을 보면 상당히 흥미로운 부분이 있다. 퉁저우로 가려면 대운하의 수문을 넘어가야 했는데, 배를 들어올려서 넘어갔다는 점이다. 사진으로 보면,[4] 배는 양 둑 높은 곳에 설치된 캡스턴으로 조절하는 로프에 의해 들어올려졌다. 톈진—푸커우(浦口) 철도가 건설되기 전에는 중국의 관원이나 그 가족들이 베이징에 오려면 언제나 배를 타고 대운하를 지나 퉁저우에서 하선하여 동문(東門)을 통과하여 베이징으로 들어왔다. 대운하는 세계에서 가장 긴 운하로, 노구교가 중국 동부에서 가장 중요한 육로인 것과 마찬가지로 중국 남쪽에서 북쪽으로 가는 가장 중요한 수로였다.

서쪽 성문은 옛날부터 성의 서쪽 교외로 통하는 도로의 기점으로 간주되어 왔다. 서문(평칙문)은 가장 오래되었을 뿐만 아니라, 훼손이 적은 성문이다. 바로 이 문루(門樓)는 아직도 고대 성문의 특징을 간직하고 있으며, 문정(門庭)을 나서면 시장과 교외로 뻗어나가는 길이 나 있다. 성 서북쪽 모서리의 서직문(西直門)에 넓은 돌길이 놓이면서 시산 자락에 있는 이화원(頤和園)으로 가는 큰 도로가 생겨 서문(西門)은 점차 그 중요성을 잃게 되었다.

북쪽에서 안정문(安定門) 밖의 지단(地壇)으로 가는 도로를 계속 따라가면 순이(順義) 현을 지나 만리장성의 구베이커우(古北口)에 다다르며, 이곳은 러허(熱河)와 만주(滿洲) 각지로 통한다. 북쪽 성벽의 덕승문(德勝門)을 나와 북쪽으로 48km를 가면 창핑(昌平) 현이 나오는데, 여기서는 명십삼릉으로 갈 수도 있고, 서쪽으로 조금 더 가서 역사적으로 유명한 만리장성의 쥐융관(居庸關)을 구경할 수도 있다. 쥐융관은 장자커우(張家口)와 산시(山西) 성의 유명한 다퉁(大同) 석굴 지역과도 연결된다.

서쪽 교외에는 상당히 많은 유원지가 있다. 그 중에는 1894년 서태후(西太后)의 지시로 증축된 이화원(頤和園)이 있다. 옛 여름궁전인 원명원(圓明園, 강희제와 건륭제가 즐겨 찾던 곳으로, 1860년 영불연합군의 방화로 불타버렸다)에는 아직도 황자들의 거처가 남아 있다. 서남쪽의 펑타이(豐臺) 구(區)는 꽃으로 유명하다. 이 지역엔 광활한 저지대가 있는데 명의 영락제는 이곳을 자신의 사냥터로 만들었다. 동남쪽은 그야말로 한적한 농촌이다. 서북쪽에는 병사를 수송하는 중요한 운하체계가 있었으며, 사적(史籍)에도 북방의 군함이 일찍이 이곳을 지나간 적이 있다고 기록되어 있다. 서북쪽 끝에는 넓은 저수지가 있다. 명 홍무제(洪武帝)가 수도를 건설할 당시에는 저수지가 둘로 나뉘어 있어서 절반은 현재의 성벽 밖에 있었고 나머지 절반은 덕승문 안에 있었다. 이곳에 순친왕(淳親王)과 다른 몇몇 만주족 황족의 저택이 세워졌다. 저수지에서 흘러나오는 물을 이용해 만든 호수와 연못은 도시의 서북쪽에 도심의 다른 지역보다 훨씬 농촌다운 풍치를 선사했다. 이 물은 스차하이(什刹海)의 3대 호수(前海·中海·後海)를 지나 태액지(太液池)를 거쳐 고궁(故宮) 앞 태화문(太和門) 광장을 가로지르는 진수이허(金水河)가 된다. 물줄기는 줄곧 서북쪽에서 동남쪽으로 흘러간다. 그것은 위취안(玉泉)에서 발원하여 서북쪽에서 두 갈래로 나누어지는데, 성을 에워싼 해자

11. 자금성의 일구(日晷, 해시계)와 향로(香爐)

로 흘러 들어가는 지류는 동남쪽으로 흘러가고, 다른 한 지류는 서쪽 성벽을 따라 흘러가다 다시 남쪽 성벽을 돌아 동쪽으로 방향을 바꾼다. 두 지류는 동편문(東便門) 부근에서 합류하여 퉁저우(通州)의 다퉁허(大通河)로 흘러간다.

여기서는 스차하이(什刹海)에 대해서 좀더 이야기할 필요가 있다. 스차하이는 도시의 서북부에 있고 풍광이 순박하여 농촌에 와 있는 듯한 착각을 불러일으킨다. 초록빛 나뭇가지와 연꽃으로 뒤덮여 있는 호숫가 제방에는 버드나무가 빼빽이 들어차 있다. 그래서 피서에 그만이다. 황혼녘엔 젊은 남녀 대학생들이 나무그늘 아래에서 쏸메이탕(酸梅湯)을 마시기도 한다. 제방 곳곳에서 쏸메이탕 장수의 놋쇠 쟁반 두드리는 리드미컬한 소리가 울러퍼진다. 밤에는 검은 그을음을 길게 피워올리는 유등(油燈)이, 길가에 늘어서 있는 행상들과 한가로이 산책하는 사람들을 환히 비춘다.

4. 지난날의 영광

베이징이 중국의 수도가 된 때는 노르만족이 잉글랜드를 정복한 시기와 비슷하다. 베이징은 고대의 영광을 상기시켜 줄 뿐만 아니라, 그것을 건설한 사람들의 위대한 업적의 생생한 증거이기도 하다. 수많은 성가퀴가 달린 잿빛 성벽은 우리 시대와 다른 강인함과 고풍스러움을 드러낸다. 도쿄의 황궁을 제외하면 베이징의 궁전만큼 지구상에서 고대 동방의 영화와 권력에 대한 환상을 불러일으키는 곳은 다시 없을 것이다. 톈진(天津)을 출발한 기차가 베이징에 가까워져 석양 노을 아래 성 모퉁이를 스쳐 지나갈 때면, 거대한 각루(角樓)·총안(銃眼)·성가퀴(女墻)가 끊임없이 이어지고, 높이가 24m나 되는 문루들이 순식간에 나타났다 금방 사라져 버리는 광경은 절로 탄성을 자아낸다. 그 순간, 모든 서양 문명에 대한 기억은 머리 속에서 완전히 사라지고 지난날의 꿈이 현실로 재현된 듯 베이징은 눈앞에 끝없이 펼쳐진다. 베이징은 마치 영원히 늙지 않는 도시 같다.

　베이징 하면 몇몇 역사적인 장면들이 떠오른다. 12세기 초, 북송의 흠종(欽宗)·휘종(徽宗) 두 황제가 금나라의 여진족 수장에게 포로가 된 곳이 베이징이었다. 칭기즈 칸은 일찍이 베이징 서·북 양쪽에서 성벽을 공격했고, 약 50년 후 그의 손자 쿠빌라이는 이곳에 새로운 캄발룩을 건설하고, 영토가 흑해(黑海)에 이르는 대제국의 수도로 삼았다. 명 태조의 병사들은 대장군 쉬다(徐達)의 지휘 아래 해자의 다리를 건너 동쪽 성벽을 타고 올라 몽골의 마지막 통치자를

몰아냈다. 몽골의 마지막 황제는 비빈들을 거느리고 자신의 선조가 중수한 서원(西苑)을 지나 황급히 도망쳤다.

이런 사건들이 발생하기 전부터 베이징은 이미 역사와 떼려야 뗄 수 없는 관계를 맺고 있었다. 전설에 의하면 일찍이 기원전 23세기 말에 순(舜, 기원전 2255~2206) 임금은 네 명의 신하들을 유저우(幽州)로 추방했다고 한다. 고대의 지리지(地理志)에 따르면 유저우는 지금의 창핑(昌平)에서 19km쯤 떨어진 곳에 있었다고 하니, 만리장성 너머 쥐융관(居庸關) 부근이다.

주(周)나라 초기, B.C. 1122년경에 주 무왕(武王)은 황제(黃帝)의 자손을 거느리고 이 지역에 정착했다고 한다.[5] 서북 성문 밖으로 1.6km쯤 떨어진 곳인데 지금은 황정(皇亭)이 서 있다. 건륭제의 제자(題字)가 걸려 있는 이 황정은 바로 그 옛날 연(燕)나라의 도성인 지청(薊城)의 한 성문이 있었던 곳이다. B.C. 2세기 이래 한대와 당대에 이르기까지 여러 차례의 반란과 동란을 겪은 이 지역은 계속해서 연왕(燕王)의 땅이었다. 그래서 베이징은 지금도 역사적으로 유구한 이름인 옌징(燕京)으로 불리기도 한다. 명대에 이 서북지역은 넓은 유원지였고, 곳곳에 아름드리 고목이 서 있었지만 지금은 보이지 않는다.

서기 4세기에서 6세기까지, 중국의 북방을 다섯 이민족이 통치하고 있었다. 이민족들은 차츰 정착해 나가는 과정에서 한족(漢族)과 통혼하게 됨으로써, 한족에게 새로운 피를 나누어주었다. 한편 비교적 부유한 한인 가족들은 남쪽으로 옮겨가, 난징(南京) 부근에 예술과 우아한 생활과 심미적 취미를 누릴 수 있는 중심지를 형성했다.[6]

베이징에서는 바로 연왕을 자칭하던 타타르 출신의 안루산(安祿山)이 8세기에 반당(反唐) 반란을 일으켜, 사치와 비극적인 죽음으로 유명한 양귀비(楊貴妃)를 사로잡으려 했다. 안루산은 당 현종(玄宗)을 쓰촨 지방까지 몽진(蒙塵)하게 만들었다.(그림 49) 안루산의

12. 「산자고와 가시나무 위의 참새」(山鷓棘雀圖), 전(傳) 황쥐차이(黃居寀) 작. 오대(五代).

51

난 이후 당(唐)은 다시는 세력을 회복하지 못했다.

당 왕조가 쇠망한 이후에는, 요(遼)나라 사람들(거란족)이 서기 936~937년에 베이징을 점령하여 '南京'(남쪽 수도)이라 명명했는데, 이는 멀리 랴오둥(遼東)에 있는 수도와 구별짓기 위해서였다. 그들은 베이징을 장악하여 서기 1122년까지 지배했고, 그 뒤 만주족과 혈연관계가 있는 또 다른 북방 부족인 여진족(女眞族)이 베이징을 점령했다가, 다시 송(宋) 왕조에게 빼앗겼다. 3년 후, 여진족이 북송(北宋)을 멸하자, 송 왕조는 남부의 항저우(杭州)에 수도를 건설했다. 남송(南宋, 1127~1279) 왕조 내내 중국 북방은 여진족인 금(金)나라의 지배를 받았다. 따라서 베이징이 처음으로 수도가 된 것은 요와 금 치하에서였다.

1211~1215년에 칭기즈 칸의 지휘 아래 몽골인은 수차례 총공세를 편 끝에 마침내 금이 지배하던 베이징 성을 함락시켰다. 아울러 칭기즈 칸은 세계 정복에 박차를 가하여 카스피해와 흑해로 진군했다. 칭기즈 칸 사후 10년 뒤인 1234년에 몽골인은 금나라를 멸망시켰지만, 내몽골과 중앙아시아의 분쟁이 끊이지 않았고, 1260년 쿠빌라이 칸이 등극하고 나서야 비로소 평화가 찾아왔다. 금 왕조 치하에서, 베이징은 이미 웅장하고 번영하는 도시가 되었다. 1264년, 쿠빌라이는 중국의 나머지 지역을 정복하기에 앞서 베이징을 수도로 삼았다. 이처럼 베이징은 수세기 동안 여러 이름으로 불렸다. 그 가운데 몇몇 이름은 지금까지도 문헌 속에 남아 있다.

10세기 이전: 옌징(燕京), 지청(薊城), 유저우(幽州)

요(遼): 옌징(燕京), 뒤에 남경(南京)으로 부름

금(金): 중도(中都)

원(元): 대도(大都) 또는 캄발룩

명(明): 베이핑(北平)

각 시대마다 도시의 규모와 위치가 같지는 않았다. 그 동안의 많은 연구를 거치면서 사람들은 역사적 사실들을 밝혀냈는데, 특히 『일하구문』(日下舊聞)이라는 책은 베이징이 역사적으로 어떻게 변해 왔는지를 상세히 서술하고 있다.

대학자이자 청 강희제(康熙帝)의 친구인 주이쭌(朱彝尊, 1629~1709)[7]이 쓴 『일하구문』은 당시 사람들에게도 매우 중시되어 건륭제는 이 책의 증보판을 간행하게 하여 원작자가 빠뜨렸던 자료들을 보완했다.[8]

많은 서양 학자들도 베이징의 역사를 헌신적으로 연구해 왔다. 그 중에서도 야셍트 비추린(Hyacinthe Bitchurin) 신부와 브렛슈나이더(Emil Bretschneider) 박사, 파비에(Alphonse Favier) 신부, 오스발드 시렌(Osvald Sirén) 박사 등이 대표적이다.[9] 에밀 브렛슈나이더의 작업은 유럽 학자들에게 기본적인 자료를 제공했다. 그는 중국의 자료에서 풍부하고도 상세한 정보를 알아내어 정확한 유적 지도를 만들었다. 유감스러운 일은 알퐁스 파비에 신부가 말한 금(金)나라 도성의 위치가 정확하지 않았음에도 불구하고, 그의 주장이 역대 학자들에게 적잖은 영향을 미쳤다는 점이다. 그의 지도는 줄리엣 브레든(Juliet Bredon)의 『베이징』(*Peking*), 알링턴(L. C. Arlington)과 루이슨(William Lewisohn)의 『옛 베이징 탐구』(*In Search of Old Peking*), 모리스 파브르의 『베이징』(*Pékin*) 등에 그대로 인용되었다. 이제는 파비에의 잘못을 바로잡아야 할 때이다.(부록 참조)

지청(薊城)의 규모가 어느 정도였는지 아직 단정지을 수는 없다. 또한 오늘날 도성의 동서 성벽과 원대(元代) 도성의 성벽이 일치하지 않는다는 것을 보여주는 믿을 만한 증거도 없다. 원대 도성 남쪽

13

14

의 경계는 몇 가지 문제로 인해 확정지을 수 없다.(부록 참조) 성문
의 이름은 영락제가 공식적으로 바꾸었지만, 사람들은 여전히 원대
의 명칭으로 부르고 있다. 더욱이 누구나 잘 알고 있는 합덕문(哈德
門)의 유래는 원대로 거슬러 올라가는데, 이 문은 바로 합덕친왕(哈
德親王)의 왕부(王府)에 인접해 있었기 때문에 합덕문으로 불렸다.
금(金) 도성의 바깥 경계도 정확히 어디라고 말하기 어렵다. 그렇다
고 해서 금대의 궁전이 모두 파비에가 추정하는 위치에 있었던 것은
분명 아니다.(부록 참조)

    일반적으로 현재의 도시는 대략 1270년에 쿠빌라이의 명령으로
건설되었다고 한다. 약 100년 후인 1368년에 명은 원을 멸하고, 명

13. 내정(內廷)의 구룡벽
(九龍壁), 명대
14. 구룡벽의 세부
15. 내정의 침궁 입구

태조 홍무제는 수도를 대대적으로 확장하고 개축했다. 15세기 전반 영락제 치하의 베이징 성은 전성기를 맞이했다. 여진족이 정복지에서 한인 건축가를 고용하여 그들의 설계에 따라 궁전을 건축한 것과 마찬가지로 영락제 또한 난징의 금릉성(金陵城)을 모델로 삼아 궁전·사찰·주택 등을 "더욱 웅장하고 아름답게" 재건했다.[10] 후대 황제들은 지속적으로 도시를 축성·개수했다. 1553년 명의 가정제(嘉靖帝)는 외성 성벽을 중건했다.(외성 성벽과 내성 성벽은 1950년대 말 철거되어 지금은 볼 수 없다―옮긴이)

베이징의 보수와 개축은 1564년까지 계속되었다.(부록 참조) 그로부터 80년 후 명의 마지막 황제는 스스로 목을 매어 죽었고, 만주족이 왕조를 계승했다. 만주족 황제인 강희제(康熙帝)와 건륭제(乾隆帝)는 궁전과 도시의 기본구조는 바꾸지 않고, 도시와 인접한 시산(西山)에 몇몇 궁전을 짓고 사원을 아름답게 장식하는 데 각별한 노력을 기울였다.

도시의 서남쪽 밖, 경마장에 인접한 백운관(白雲觀) 부근에는 10세기나 11세기쯤 축성된 것으로 보이는 일련의 토성이 있다. 또 여기보다 훨씬 먼, 지금의 외성 서남단에서 4km쯤 떨어진 곳에는 금나라 도성의 서남쪽 일부를 포함하는 좀더 긴 토성이 있다. 이 토성의 연대는 12세기까지 거슬러 올라간다. 이 유적들은 옛 베이징 터에서 시기가 가장 앞선 것들이며, 내성 북쪽에 있는 원대의 토성보다 훨씬 오래된 것이다.(부록 참조)

수많은 자료가 입증하듯이 당에서 송(7~13세기)에 이르는 시기에 베이징은 지금의 내성 서남단 바깥쪽에 자리하고 있었다. 구체적으로 말해서 외성 서편의 좁고 긴 지대를 포함하고 있었는데, 만일 금나라 도성의 행궁(行宮)을 제외한다면 내성과는 떨어져 있었던 셈이다.

쿠빌라이는 금나라 도성의 동북쪽에 자신의 도시를 세웠다. 지금

『일하구문』(日下舊聞)의 저자 주이쭌(朱彝尊)

의 베이징과 옛 도성 사이의 거리는 고금의 학자들마다 각기 의견이
다르다. 정사인 『원사』(元史)에서는 3리라 했고, 오도릭은 800m라
고 했으며 이란의 역사가 라시드 웃딘은 서로 인접해 있었다고 하
지만, 마르코 폴로는 "강을 사이에 두고 있었다"고 말한 바 있다.

이 강은 지금의 싼리허(三里河)로, 서쪽에서 내성 서남쪽의 성곽
해자를 둘러싸고 흘렀다. 고대 역사서에서 이 강은 요(遼)의 소태후
(蕭太后)가 건설한 운하로 기록되어 있다. 소태후는 강한 성격 때문
에 역사에서 높은 평판을 얻은 여성이다. 7세기 이후 대운하는 베이
징 동쪽으로 20km쯤 떨어진 퉁저우(通州)에 이르렀는데, 소태후는
바로 이 운하를 퉁저우 동쪽의 다퉁허(大通河)와 연결시켰다. 12세
기 초, 북방의 금나라는 베이징의 요(遼)와 카이펑(開封)의 송을 압
박했다. 금나라의 위협을 받자, 소태후는 송과 협상을 벌였다. 그런
데 1112년, 소태후 휘하에 있던 한족 장수 귀(郭) 씨는 8천 명의 병
사를 이끌고 송나라 조정에 귀순해 버렸다. 10월에 송나라 군대는
요의 수도 서남쪽 16km 지점, 곧 오늘날의 노구교에 진지를 구축했
다. 밤이 깊어지자, 귀 장군은 병사들의 입에 재갈을 물려 찍 소리도
안 나도록 하고서 병사들을 이끌고 조용히 강을 건넜다.

이튿날 날이 밝자, 5천 명의 병사들은 농민으로 가장하여 농민들과 뒤섞여 남쪽 성문으로 잠입한 다음 민충사(憫忠寺, 지금의 法源寺)로 진격하여 소태후에게 투항을 요구했다. 소태후는 항복하지 않겠다고 선언하고 밤이 깊어질 때까지 격전을 벌였다. 마침내 소태후의 구원병이 도착했고, 귀 장군은 불과 수백명 남짓되는 병사만을 이끌고 성곽을 넘어 도망쳤다. 결국 송의 요나라 기습은 실패로 끝났다.

한편 금나라 장군 아구다(阿骨打)는 쥐융관(居庸關) 북쪽의 산맥에서 군대를 거느리고 호시탐탐 기회를 엿보고 있었다. 그는 송이 전쟁에 패했다는 소식을 입수하자 곧바로 베이징 평원을 기습했다. 명성이 자자했던 소태후도 도망을 가고 도시는 함락되었다. 이렇게 해서 요는 멸망했다.

1113년에서 1115년 사이에 금나라는 〔요 통치하의〕 베이징을 송나라에 귀속시켰다. 송 왕조 때 베이징은 줄곧 하나의 행정단위, 곧 '옌산'(燕山) 부(府)였다. 1115년에 금은 정식으로 건국했고, 11년 뒤 송의 도성인 카이펑을 점령했다. 송 휘종(徽宗)과 그의 아들은 포로가 되어 북방으로 끌려갔다. 침략자들은 카이펑 성의 재보(財寶)를 약탈했고, 또 베이징 성을 중건하고 아름답게 만들기 위해 한인 건축가들을 잡아갔다.

금의 통치하에서 베이징은 '중도'(中都)로 불렸다. 중국 북방의 수도로서, 그 규모도 커지고 정치적으로도 한층 중요해졌다. 여기에는 일찌감치 외벽이 중건되었는데, 그 길이는 약 37km에 달했으며, 현재 베이징 서남부에 위치했다.[11]

황족과 거족들은 성내와 성밖 교외에 멋진 집들을 차지했다. 이

16. 「카자흐 공마도권」(哈薩克貢馬圖卷)의 일부, 카자흐인이 건륭제에게 말을 바치는 광경, 예수회 신부 카스틸리오네 작, 두루마리, 1757.

59

물시계. 물이 아래로 흘러내리면 그림 속의 작은 인형이 낙수의 양에 따라 움직이면서 시간을 알려준다. 24시간에 한 번씩 물이 채워진다.

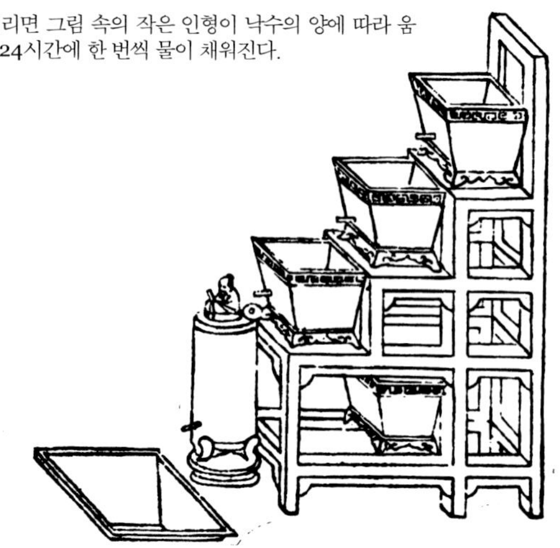

보다 더 아름다운 곳은 현재 황성 안에 있는 베이하이(北海)지역으로, 금의 역대 황제들이 모두 이곳을 피서지로 삼았다. 이후 이곳은 충화다오(瓊華島)라고 불렸다. 금나라 장종(章宗, 1190~1208)의 총명하고 아름다운 리귀비(李貴妃)의 내실이 바로 여기에 있었다. 그녀는 황실의 흥망성쇠를 목격하고, 황실의 금은보화에 대해 "금은보화의 소유자가 반드시 그 수호자가 되는 것은 아니며, 금은보화의 수호자가 반드시 그것의 소유자가 되는 것도 아니다"라고 말했다 한다.

『해릉기』(海陵紀)에는 이렇게 적혀 있다.

"옌청(燕城)의 대부분은 자금성이 차지하고 있어서 일반 백성들은 거의 살지 않았다. 구불구불 이어진 성벽이 사방을 에워싼 금빛 찬란한 궁전은 높기가 구름을 찌르는 듯하고, 진(秦)의 아방궁(阿房宮)이나 한대의 건장궁(建章宮)에 견주어도 전혀 손색이 없다. 내가 황제의 부름을 받고 공무차 옌산(燕山)에 간 그날, 금위군(禁衛軍)의 위용이 장관이었다. 칠보를 상감한 옥좌(玉座) 양쪽에는 3m나 되는 사자가 있었다. 금의 통치자인 완옌량(完顔亮, 곧 해릉왕〔海陵

王])은 얼굴색이 까맣고 수염을 길게 길렀으며 눈은 아래로 굽어보고 있었다. 나(『해릉기』의 작자)는 숭원전(崇元殿)에서 직접 그(해릉왕)를 보았다."

금이 남송을 조공국으로 삼았던 시기에, 남송 사신은 황제의 생일이나 그 밖의 국가적 행사 때 축하예물을 바치기 위하여 정기적으로 중도(中都)를 방문했다. 당시 금나라 궁정의 웅장하고 장엄한 모습을 기록한 문헌들이 지금도 많이 남아 있다. 고위관리이자 뛰어난 여행가였던 판청다(范成大, 1126~1193)는 금나라 궁정에 대한 개인적 인상을 다음과 같이 전하고 있다.[12]

"잠시 후에 선명문(宣明門)을 지나면 후전문(後殿門)이 나온다. 문 안에는 경비병 200여 명이 도열하고 있는데, 모두 한 쌍의 금색 봉황이 새겨진 두건을 쓰고 꽃무늬를 수놓은 붉은 비단 옷을 입고 편안한 자세로 서 있었다. 나는 인정전(仁政殿) 안으로 들어갔다. 입구 앞에는 봉황을 수놓은 넓은 양탄자가 전정(前庭)의 반이나 차지하며 전각의 양 옆에는 동상합문(東上閤門)과 서상합문(西上閤門)이라 불리는 2층 높이의 건물이 있다. 두 건물 주위에 설치된 낭하(廊下)에는 장막이 드리워져 있으며 갑옷을 입은 병사들이 벽을 따라 서 있다."

"동쪽에 서 있는 자는 붉은 갑옷을 입고 금실을 두른 창을 들고 있으며 청룡이 그려진 황금빛 깃발을 들고 있다. 서쪽에 서 있는 자

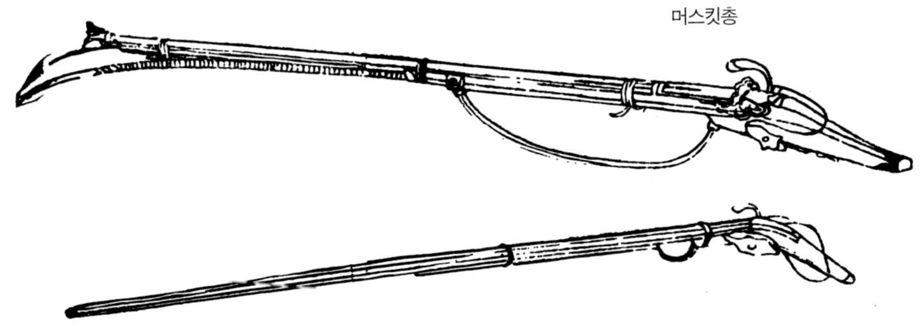

머스킷총

17. 베이하이의 백탑
18. 다층지붕과 처마
19. 공묘(孔廟)의 현종
(懸鐘)과 비각(碑刻), 석
고(石鼓)

는 푸른 갑옷을 입고 금실을 두른 창을 들고 있으며 황룡(청룡으로 되어 있는 판본도 있음)이 그려진 백색 깃발을 들고 있다. 이러한 모습은 대전 아래까지 계속 이어졌다. 다만 문 아래 서 있는 근위병만이 검은 도포를 입고 활과 화살을 메고 있었다. 입구로 이어지는 계단 양쪽에는 의물(儀物)이 세워져 있는데, 마치 도사(道士)가 제단에 차려놓는 장식물 같았다. 알현자는 관리의 안내를 받아 궁전 섬돌 아래에서 동쪽 계단을 올라가 남쪽으로 돈 다음 다시 노대(露臺)에서 북쪽으로 가면 대전으로 들어갈 수 있다."

"금나라 제왕은 두건을 쓰고 붉은 도포에 옥대를 두르고 칠보(七寶)가 박힌 옥좌에 앉아 있었는데, 옥좌 뒤에는 용이 물 속에서 솟아오르는 그림이 그려진 커다란 병풍이 세워져 있었다. 사면 벽에 드리워진 장막에는 붉은색 용이 수놓아져 있었다. 두공(枓栱)과 대들보도 화려하게 장식되어 있다. 두 원초(圓礎) 사이의 바닥에는 만(卍)자가 새겨진 양탄자가 깔려 있고 그 위에는 많은 금사자들이 향을 내뿜고 있었다. 양편에는 금빛 고기가 새겨진 옥대를 두르거나, 황금색 허리띠를 두른 열댓 명의 관리들이 마주선 채 도열해 있었다."

"궁전 앞뒤로 수많은 건축물들이 있는데 기품이 비범하고 정교하기 이를 데 없어 사치스러워 보일 정도였다. 양왕(煬王) 량(亮)이 처음 여기에 도읍을 정했을 때 건축물들은 쿵옌저우(孔彦舟)의 설계에 따라 지어졌다. 여러 해에 걸쳐 궁전을 짓는 동안 80만 명의 인부와 40만 명의 병사가 동원되었으며, 죽은 자도 헤아리기 힘들 정도였다. 창문·병풍·가리개 등은 북방의 수도 볜량(卞梁, 북송의 수도인 카이펑〔開封〕)의 궁정 건물에서 썼던 것을 운송해 왔다. 볜량의 목수 가운데 옌융(燕用)이라는 사람이 있었는데, 그는 탁월한 장인이었고 그의 모든 작품에 자신의 서명을 넣었다. 그가 옌(燕, 즉 베이징)에서 고용된 것은 이미 그의 이름에서 예견되었던 것이다."

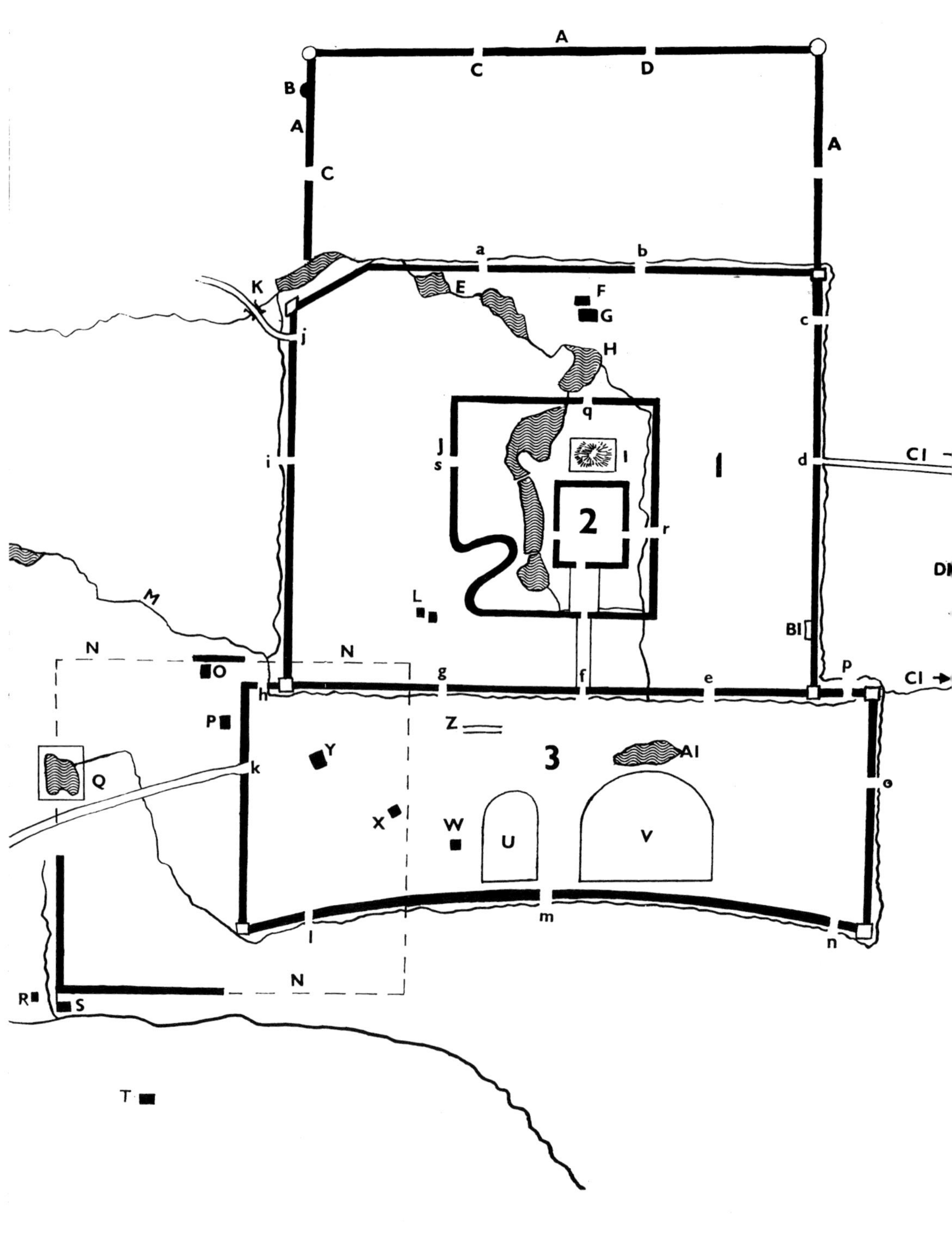

A
C
D
B
A
C
A
a
b
c
K
E
F
G
j
H
i
J
q
s
l
1
d
Cl
2
r
Dl
L
Bl
N
N
g
f
e
P
O
h
Cl
P
Z
k
Y
3
Al
Q
X
W
U
V
o
l
m
n
N
R
S
T

AAA. 원대(元代)의 토성	R. 흑공묘(黑公墓)	g. 선무문(宣武門)
B. 황정(皇亭, 옛 지	S. 어팡잉(鵝房營)	h. 서편문(西便門)
〔薊〕의 성문)	T. 류춘(劉村)	i. 평칙문(平則門)
C. 소서문(小西門)	U. 선농단(先農壇)	j. 서직문(西直門)
D. 소동문(小東門)	V. 천단(天壇)	k. 창의문(彰義門)
E. 적수담(積水潭)	W. 헤이야오창(黑窯廠)	l. 우안문(右安門) 또는
F. 종루(鐘樓)	X. 법원사(法源寺)	남서문(南西門)
G. 고루(鼓樓)	Y. 토지묘(土地廟)	m. 영정문(永定門)
H. 스차하이(什刹海)	Z. 류리창(琉璃廠)	n. 좌안문(左安門)
I. 메이산(煤山)	AI. 금어지(金魚池)	o. 사와문(沙窩門) 또는
J. 벤(卞) 부인묘	BI. 관상대(觀象臺)	광거문(廣渠門)
K. 가오량교(高梁橋)	CI. 퉁저우(通州) 방면	p. 동편문(東便門)
L. 쌍탑사(雙塔寺)	DI. 옛 성벽(연대 미상)	q. 후문(後門)
M. 싼리허(三里河)	a. 덕승문(德勝門)	r. 동안문(東安門)
NN. 금대(金代) 내성의	b. 안정문(安定門)	s. 서안문(西安門)
경계(추정)	c. 동직문(東直門)	1. 내성(內城)
O. 백운관(白雲觀)	d. 제화문(齊化門)	2. 자금성(紫禁城)
P. 천녕사(天寧寺)	e. 합덕문(哈德門)	3. 외성(外城)
Q. 연화지(連花池)	f. 전문(前門)	

　　금은 가장 강력한 북방민족인 몽골의 공격을 받고 멸망했다. 칭기즈 칸은 울란바토르 서쪽에서 카라코람 산맥에 이르는 지역을 통치했지만, 쿠빌라이는 둬룬(多倫) 현 부근의 상도(上都, 당시의 수도)에서 황제에 등극하자, 베이징에서 가장 가까운 쪽의 만리장성을 넘어 베이징에 입성했다. 그는 금나라 도성을 기본 구조로 삼아 새로운 수도를 건설하기로 결정했다. 풍요로운 중국 남방제국의 문화와 문명은, 그로서는 거부할 수 없을 만큼 매혹적이었다. 남중국은 몽골의 황야, 투르키스탄, 파미르 고원과 척박한 티베트(西藏)와는 비교가 되지 않았다. 한인의 우아한 문화에 자극받은 쿠빌라이는 평화로운 제국을 건설하기로 마음먹었다. 그는 중국이 기원전 3세기에 2,800km에 이르는 만리장성을 세웠다는 사실에 감탄했고, 서기 600년에 건설한 베이징과 항저우를 연결하는 대운하(大運河)를 보

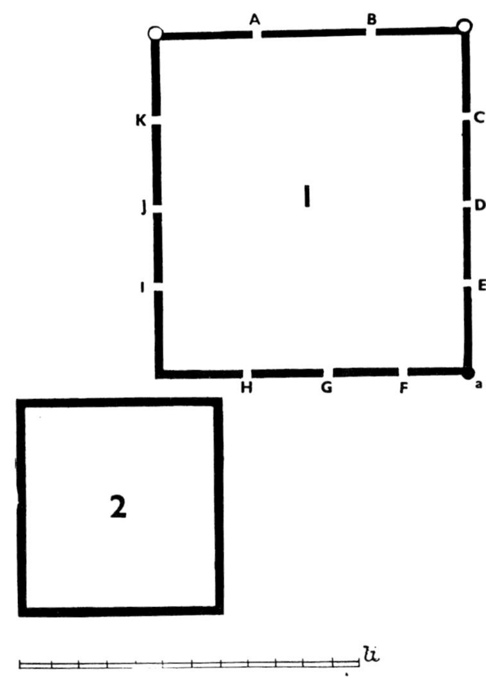

원의 대도(大都)(브렛슈나이더의 도면에 따랐음)

1. 대칸성(大汗城), 원대
   A. 건덕문(健德門)
   B. 안정문(安貞門)
   C. 광희문(光熙門)
   D. 숭인문(崇仁門)
   E. 제화문(齊化門)
   F. 문명문(文明門)
   G. 여정문(麗正門)
   H. 순승문(順承門)
   I. 평칙문(平則門)
   J. 화의문(和義門)
   K. 숙청문(肅淸門)
   브렛슈나이더에 따르면, 대도의 둘레는 50리(里, 동서가 11.64리이고, 남북은 13리가 채 못되었다)였다. 중국의 기록들은 60리로 측정하고 있다.(14리는 약 8km)

2. 금의 중도(中都)
   브렛슈나이더가 작성한 이 지도는 성의 둘레를 28(4×7)리로 잡는데, 이는 당대 유저우(幽州) 성의 규모와 같다.

고도 찬탄을 금치 못했다. 비록 그의 조부 칭기즈 칸이 물려 준 거대한 제국은 이미 분열의 조짐을 보였지만, 칭기즈 칸 사후에도 몽골군의 전력은 막강했다. 몽골군은 가는 지역마다 초토화시키며 정복전쟁을 흑해(黑海)와 카르파티아 산맥까지 확대했다. 예를 들면, 마르코 폴로가 베네치아로 돌아가기로 결정했을 즈음, 쿠빌라이의 종손 중에는 페르시아의 왕이 된 사람도 있었다. 쿠빌라이는 상당히 개방적인 인물이었던 만큼 중국 문화와 풍속에 대해서도 지대한 관심을 보였다. 만리장성 너머의 상도(上都)는 너무 멀고 전체 아시아 대륙의 사신들이 조견(朝見)을 오기에도 불편했기 때문에 쿠빌라이 자신이 몽골 유목 부락에서의 유목생활, 장막·말젖(그는 베이징의 황궁 안에도 몇 가지의 몽골 초원의 식물들을 심었다) 등을 사랑했음에도 불구하고, 그는 1264~1267년에 베이징 성의 재건에 착수했다.

68

1272년 쿠빌라이는 이곳을 대도(大都, 마르코 폴로가 지칭한 캄발룩)라고 부르기로 결정했다. 그는 상도(上都)에서 봄과 여름을 보내고, 사막의 초목이 말라 갈 무렵 베이징으로 와서 겨울을 났다.

일찍이 쿠빌라이가 어렸을 때, 그의 조부 칭기즈 칸은 쿠빌라이의 재능을 칭찬하면서 신하들에게 손자가 하는 말을 경청하라고 했다. 쿠빌라이는 "살이 적당히 붙고 신체가 건장하며 자태가 단정하고, 키는 크지도 작지도 않은 중간이다." 마르코 폴로는 다음과 같이 기록했다. "그의 피부색은 희면서도 붉은 빛을 띠고 있으며 눈동자는 검고 아름답다. 코는 오똑해서 보기 좋다. 그는 4명의 부인을 두었는데, 그들에게 합법적인 황후의 칭호를 내렸다. 황후들은 저마다 자신의 넓고 화려한 궁전이 있으며, 적어도 300명 이상의 아름답고 매혹적인 시녀들의 시중을 받는다. 그밖에도 황후들은 많은 시종과 환관과 남녀 노예들을 거느린다. 곧 한 명의 황후에게 1만이 넘는 사람들이 시중을 들고 있는 것이다."[13]

마르코 폴로는 자신이 직접 본 웅장하고도 아름다운 베이징의 모습을 그림처럼 묘사하여 우리에게 남겼다. 확실히 그는 생활의 즐거움을 음미할 줄 알았던 쿠빌라이 칸을 대단히 좋아했던 것 같다. 마르코 폴로는 폴로라는 상인 집안의 영민함을 계승한 총명하면서도 아주 젊고(당시 21세) 쾌활한 사람이었다. 그는 이렇게 말한다. "여러분은 이것이 역사상 가장 큰 궁전이라는 사실을 알아야 한다." "궁전은 거의 6천여 명을 수용할 수 있는 크기이다. 만약 여러분이 그 안에 얼마나 많은 방이 있는지를 알게 되면 놀라서 입을 다물지 못할 것이다. 이 건물은 지구상의 어느 누구도 이보다 더 훌륭한 설계를 할 수 없을 정도로 웅장하고 호화롭고 아름답다. 지붕의 겉면도 주홍색·황색·녹색·청색 등 온갖 색깔로 화려함을 뽐내면서 각 색깔이 조화롭게 잘 어울려 수정처럼 영롱하고 찬란하게 궁전 전체에 광채를 드리운다."

칸의 거대한 연회장에서는 여인들이 남자들과 함께 앉았다. 이것
은 중국의 관습과는 전혀 다른 것이었다. 마르코 폴로의 이 장면에
대한 묘사는 사람들을 더욱 매혹시킨다.

"궁중의 어떠한 연회라 하더라도 칸이 착석하는 방식은 다음과
같다. 칸은 다른 사람보다 상당히 높은 곳에서, 연회장의 북쪽 끝에
서 남쪽을 향해 바라보며 앉는다. 황후는 그의 왼쪽에 앉는다. 황자
와 황족들은 그의 오른편에 앉지만 그들의 머리는 칸의 발 높이에
올 만큼 낮게 위치한다. 다른 왕족들은 그 맞은편의 좀더 낮은 곳에
자리한다. 여성들 가운데 황자와 황족의 부인들은 칸의 오른쪽에 마
련된 더 낮은 식탁에 앉고 왕족의 여인들은 그 옆으로 더 낮은 곳에
자리한다. 이 모든 자리는 칸의 명령에 의해 결정된다. 이렇게 식탁
을 배치하는 까닭은 칸이 연회에 참석한 모든 사람들을 잘 볼 수 있
도록 하기 위해서이다."

"칸이 향연을 베푸는 연회장의 한편에는 한 변의 길이가 세 걸음
이나 되는 궤짝 모양의 크고 아름다운 세공품이 놓여 있다. 그 궤짝
의 표면에는 정교하게 새기고 금박을 입힌 동물형상이 있다. 궤짝의
가운데는 움푹 파여 있는데 거기에는 보통의 포도주통 만한 커다란
순금 용기가 놓여 있다. 이 커다란 용기의 네 귀퉁이에는 좀더 작은
통이 있어 포도주나 값비싼 향료를 배합한 음료수를 작은 그릇에 뽑
을 수 있다. ……이런 용기들의 가치는 엄청나다. 실제로 칸이 가지
고 있는 다양한 형태의 금은 식기들은 여태껏 듣도 보도 못한 믿어
지지 않는 것들이다."

"칸이 참석하는 곳이라면 어디서나 마찬가지지만, 연회장 각 입
구에는 거인처럼 큰 두 사람이 손에 장대를 쥐고 좌우에 서 있다. 그
들의 직무는 사람들이 들어올 때 문지방을 밟지 않도록 하는 것이
다. 만일 실수로 문지방을 밟는 사람이 있으면 그 사람의 옷을 벗겨
압수한다. 실수한 사람이 옷을 찾아가려면 벌금을 내야 한다. 옷을

21. 이화원의 장랑(長廊)

압수하지 않는 경우에는 곤장을 친다."

"칸의 식탁에서 시중드는 사람들은 칸의 접시와 술잔에 그들의 입김이 닿아 얼룩지지 않도록 비단이나 금색 천으로 만든 멋진 베일로 코와 입을 가린다. 칸이 술을 마시려 할 때 온갖 악기로 편성된 악대가 연주를 시작한다. 칸이 잔을 들면 모든 대신과 참석자들이 무릎을 꿇고 엎드려 최대의 경의를 표하고 그런 다음에 칸은 술을 마신다. 이런 의례는 칸이 술을 마실 때마다 매번 반복된다."

"여기서 꼭 알아두어야 할 것은 문관이든 무관이든 반드시 부인을 동반한다는 사실이다. 고관들의 부인은 다른 여인들과 함께 식사를 한다. 식사가 끝나면 식탁을 치우고, 이어서 많은 광대와 곡예사가 나와 칸과 배석자들 앞에서 온갖 화려한 묘기와 공연을 능숙하게 펼쳐 보인다. 그러면 모든 사람은 박장대소하며 즐거워한다."[14]

샤오쉰(蕭洵)은 명 홍무제(洪武帝, 1368~1398)가 몽골인을 몰아내고 정권을 장악한 초기에 궁전건축을 담당하는 공부낭중(工部郎中)에 임명되었다. 샤오쉰은 그의 대단히 가치 있는 저작인『고궁유록』(故宮遺錄)에서 원대의 궁전을 언급하는데, 특히 황제의 거처에 대해 아주 명확하게 묘사했다.

샤오쉰의 기록에 의하면, "대명전(大明殿)은 황제의 어전으로 대관식이나 신년하례, 생일축하연 등이 거행되었다. 대명전은 11칸(間)으로 너비가 60m, 폭이 36m, 높이가 27m이고, 그 주위의 낭하는 7칸으로 폭이 72m, 너비가 13m, 높이가 15m이다. 침궁은 5칸으로 그 양옆으로 방이 2개 딸려 있다. 뒤쪽은 향각(香閣)과 이어져 있다. 기둥을 받치는 원초(圓礎)는 진초록색이고, 기둥 위의 박공은 잘 다듬어진 돌로 되어 있다. 바닥에는 두 겹의 양탄자가 깔려 있다. 붉은 대들보에는 금분을 칠한 용이 새겨져 있다. 사방의 벽에는 가장자리를 고리로 장식한 붉은 창문이 나 있다. 천장도 금분으로 장식되어 있다. 양쪽 계단은 대리석으로 만들었으며, 계단의 붉은 색

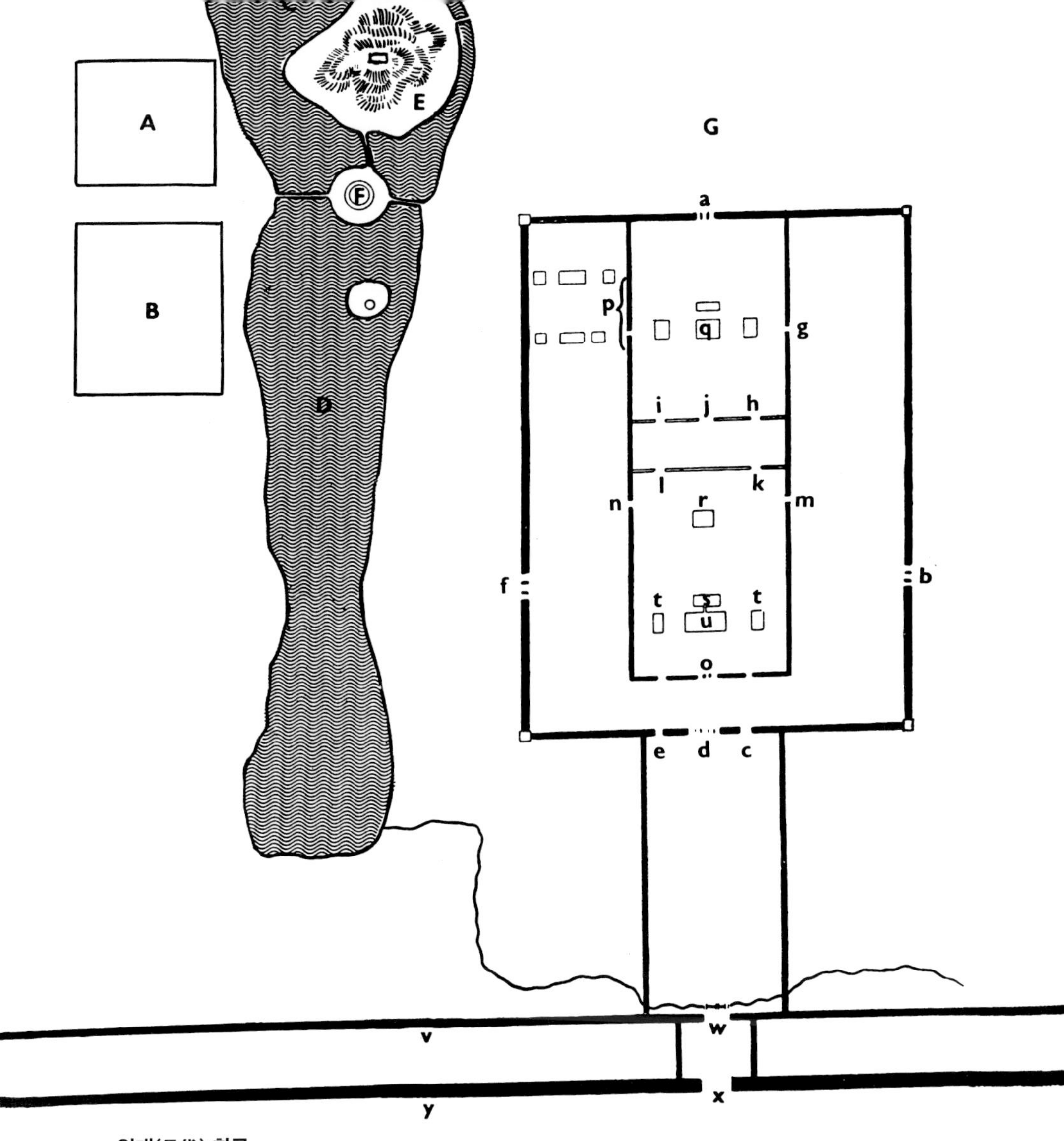

원대(元代) 황궁

A. 흥성궁(興聖宮)
B. 융복궁(隆福宮)
C. 태액지(太液池)
D. 하이쯔(海子)
E. 충화다오(瓊華島)
F. 단성(團城)
G. 어원(御園)
 a. 후재문(厚載門)
 b. 동화문(東華門)

c. 성공문(星拱門)
d. 숭천문(崇天門)
e. 운종문(雲從門)
f. 자단전(紫檀殿)
g. 경요문(景曜門)
h. 의범문(懿範門)
i. 가칙문(嘉則門)
j. 연춘문(延春門)
k. 가경문(嘉慶門)

l. 경복문(景福門)
m. 봉의문(鳳儀門)
n. 인서문(麟瑞門)
o. 대명문(大明門)
p. 내궁(內宮)
q. 연춘각(延春閣)
r. 보운전(寶雲殿)
s. 향각(香閣)
t. 문사전(文思殿)

u. 대명전(大明殿)
v. 소태후(蕭太后, 遼나라) 성벽
w. 영성문(靈星門)
x. 여정문(麗正門)
y. 캄발룩 남쪽 성벽

난간에도 도금을 했다. 구름과 용무늬가 새겨진 칠보 옥좌 위에 구리로 만든 매 한 마리가 날아오르고 있다. 흰색 보를 씌운 옥좌에는 황금색 방석이 놓여 있다."

지은이는 책에서 중요한 사실 하나를 언급하고 있는데, 몽골 통치자들은 정전(正殿)에 언제나 황후를 위한 자리도 마련해 두었다는 점이다.

여기에선 후궁이나 도서관, 사찰 그리고 원(元)의 수도에 있던 유흥시설들을 자세히 소개할 필요는 없을 것 같다. 이에 대해서는 14세기 타오쭝이(陶宗儀)의 『철경록』(輟耕錄)에 상세히 묘사되어 있다. 그러나 당시의 부자들과 건축에 표현된 관념에 대해서는 간단히 언급할 필요가 있다. 그것은 완쑤이산(萬歲山, 지금의 징산〔景山〕)과 하이쯔(海子, 성곽 주변의 인공호수)를 건설한 데서 잘 드러난다. 이것들은 지금의 서원(西苑)과 싼하이(三海, 北海·中海·南海를 지칭

22. 만리장성의 난커우 (南口)

74

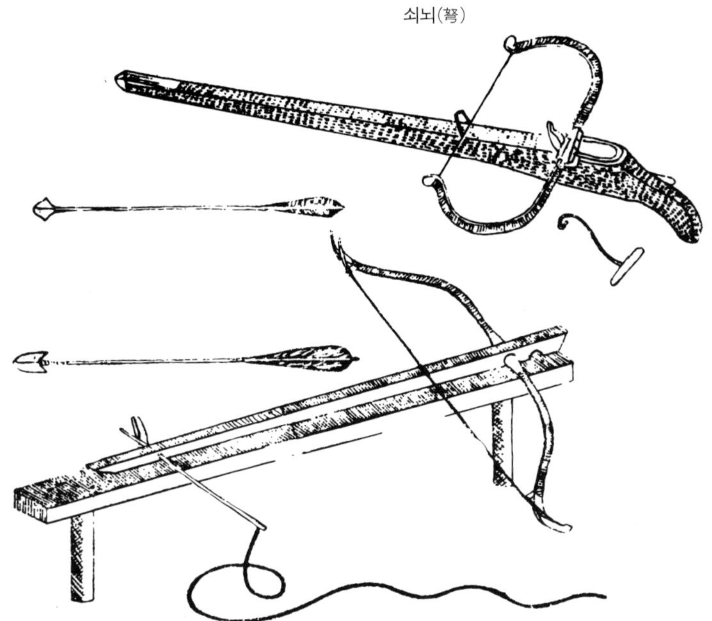

함)에 해당하는, 원(元)제국의 유원지였다. 오늘날의 후문(後門)에 해당하는 후재문(厚載門) 근처에 있던 궁전 뒤에 성 전체를 굽어볼 수 있는 높은 탑들이 있었다. 원의 통치자들은 여기에서 궁중 무용을 즐겼다. 지대가 낮은 서쪽에는 목욕탕이 있었고, 목욕탕의 옆문은 '하이쯔'(海子)와 연결되어 있었다. 기록에 따르면, 호수의 너비만도 3km였다고 한다.

샤오쉰이 지은 1만 4천 자의 『고궁유록』은 이렇게 전하고 있다. "[베이하이] 호수 가운데에는 가비교(駕飛橋)가 서쪽 나루와 영주원전(瀛洲圓殿, 지금의 단성[團城]으로 원성[圓城]이라고도 한다)을 이어주고, 석성(石城)과 둥근 문으로 영주원전을 에워싸고 있다. 호수에는 작은 섬들이 조성되어 있는데, 이것들은 홍교로 연결되어 있고, 다리 밑으로는 용주(龍舟, 황제의 유람선)가 지나다닐 수 있다. 영주원전(瀛洲圓殿) 뒤 북쪽에는 긴 다리를 놓아 완쑤이산으로 오를 수 있도록 했다."(완쑤이산은 원대에 베이하이의 큰 섬에 붙여진 이름으로, 현재는 이곳에 백탑이 서 있다.) 『고궁유록』에는 또 이렇게 쓰여 있다. "완쑤이산의 높이는 수십 장(丈)에 달하며, 온갖 기암괴석이 솟아 있는 바위산이다. 전면에 있는 홍예문(虹霓門) 세 개는 남쪽의 영주(瀛洲)와 마주보고 있다. 동쪽은 태액지(太液池)와 닿아 있으며, 서북쪽으로는 하이쯔(海子)가 내려다보인다. 길은 석문에서 동서로 나누어진다. 반쯤 올라가면 옛 절터가 나오는데, 여기에는 금나라 황제들이 바둑을 두었다는 석대(石臺)가 있다."

샤오쉰은 사람들이 어떻게 소나무 같은 상록수가 우거진 공원지역 뒤에 숨어 있는 방호전(方壺殿) 외에 여공동(呂公洞)·금록전(金鹿殿)·옥홍전(玉虹殿)에 올라갈 수 있는지를 기술한다. 금록전과 옥홍전은 산 정상의 광한전(廣寒殿, 곧 월궁〔月宮〕)으로 이어지는 길을 따라가다 보면 나온다. "광한전은 금과 진주 그리고 원형 창문으로 장식되어 있고, 금침상들이 놓여 있다. 광한전에는 12개의 들보가 있고, 벽면에는 황금색으로 칠한 용과 구름이 부조되어 있다. 옆면과 뒷면에는 수천 수만 개의 백단목 조각에 정교하게 새겨넣은 구름무늬가 황금색 용이 그려진 천장을 향해 올라간다. ……밖에는 하얀 돌 난간이 설치된 노대(露臺)가 있다. 그 옆으로는 높이가 12척쯤 되는 쇠 장대가 있고 장대 꼭대기에는 금으로 만든 조롱박 세 개가 쇠사슬에 묶인 채 매달려 있다. 이것은 금나라 장종(章宗)이 그 아래 용담(龍潭)의 기운을 누르기 위해 세운 것이다. 난간에 기대어 멀리 사방을 바라보면, 앞쪽으로는 영주전(瀛洲殿)과 세 대전(大殿)의 금빛 찬란한 지붕이 펼쳐지고, 뒤쪽으로는 시산 위에 두둥실 떠 있는 구름과 성문까지 이어진 푸른 숲을 볼 수 있다. 물결이 원을 그리며 반짝이고 하늘이 낮게 드리우면 이곳이야말로 신선이 사는 곳이 아닐까 하는 생각이 든다."

"산 왼쪽으로 수십 보를 가면, 수천 그루의 버드나무 사이에 욕실이 있고, 그 앞에 작은 궁전이 있다. 궁전을 돌아가면 욕실이 나오는데, 욕실 안에는 9개의 굴실(窟室)이 있다. 굴실은 모두 돌로 지어져 있으며, 하나같이 아주 밝다. 사람들은 여기서 자칫 잘못하다가 출구를 잃어 버릴 수도 있다. 9개의 굴실에는 온천수가 쏟아져 나오고, 가운데 굴에는 머리를 쳐들고 있는 용의 입 안에서 여의주가 돌고 있다. 9개의 굴실 모두 거품이 이는 물로 가득 채워지면 용의 입에서 향기로운 증기가 뿜어져 나온다. 이것은 참으로 절묘하다."

"서쪽 제방으로 건너가면 저 유명한 흥성전(興聖殿)과 융복궁(隆福宮)을 만나게 된다. 이곳 건축의 외관과 욕실·내실·장서각·동물원 등의 설계는 동쪽 언덕의 그것과 대체로 비슷하다. 3~4리 떨어진 곳에는 길이가 100척 가량 되고, 붉은 비단 꽃줄로 난간을 장식한 용주(龍舟)가 있다. 용두(龍頭)가 움직이면 내부의 모든 부분들이 그와 동시에 움직인다. 용주 주위에 있는 다른 네다섯 척의 배도 대단히 특이하게 만들어졌다. 배를 끌어당겨 놀이를 나가면 바깥 세상과 자신을 잊게 되니 그 얼마나 황홀하겠는가! 신전(新殿) 뒤엔 수정으로 지은 이원전(二圓殿)이 물 위로 솟아 있다. 햇빛이 이원전을 비추면, 빛이 반사되어 마치 용궁처럼 보인다. 가운데에는 긴 다리가 있고, 넓은 길을 따라가면 가희전(嘉禧殿)이 나온다. 다리 선단에는 2개의 바위가 마주 서 있는데, 높이는 20척이고 너비는 1척이 조금 넘는다. 해가 비추면 이 바위들은 금색비단을 씌워놓은 것처럼 빛을 발한다. 다리를 건너 꽃이 만발한 곳을 지나면 의덕전(懿德殿)에 이른다. 의덕전은 주요 궁전과 마찬가지로 회랑과 침실을 완벽히 갖추고 있다. 이곳은 몽골의 왕이 베이징을 수도로 삼았을 때 가장 먼저 기거했던 곳이기도 하다."

사료에 따르면, 당시 베이징에서는 분명히 수많은 흥미로운 기계 장치들이 사용되었다. 용주 안의 사자들과 용은 내부의 기계로 움직이며, 베이하이(北海)의 물방아는 사람의 힘이나 가축의 힘을 전혀 사용하지 않고 작동되었는데, 진수이허(金水河)의 물을 월궁(月宮) 꼭대기까지 끌어올리도록 설계되어 있었다. 대명전(大明殿)의 물시계는 특히 흥미로워서 4~5종의 자료가 모두 이것에 대해 언급했다. 샤오쉰은 이 시계를 다음과 같이 묘사한다.

"여기에는 등루(燈漏, 물시계)가 있었다.(60쪽 참조) 등루는 수력에 의해 움직이는 기계장치이다. 손에 목패(木牌, 시각을 표시)를 들고 있는 작은 인형은 시각을 가리킨다. 등루는 나무로 되어 있으며 안쪽에는 은분이 칠해져 있고, 구불구불한 황금빛 용과 구름이 새겨져 있다. 15척 높이에 60석(石) 이상의 물을 채울 수 있다."

『원사』(元史)는 이런 기계장치를 더 상세히 기술하고 있다. "대명전에 있는 등루의 구조는 다음과 같다. 등루는 금으로 높이와 길이가 각각 5m인 골조를 세워 만들었다. 들보 위에는 운주(雲珠)를 설치했는데, 그 왼쪽은 해(日), 오른쪽은 달(月)을 나타낸다. 운주 아래엔 다시 구슬을 하나 걸었다. 들보의 양끝은 용머리로 장식되어 있으며, 용의 입이 벌어졌다 달혔다 하고 눈이 움직인다. 이것은 물이 흐르는 속도를 알려주어 유속을 조절할 수 있게 해준다. 가운데 들보 위에는 여의주를 갖고 노는 두 마리의 용이 있는데, 물의 높이에 따라 떠올랐다 가라앉았다 한다. 이것은 물의 균형을 살피고 조절하게 하는 장치이다. 둥근 등은 금은 보석으로 화려하게 장식되어 있다. 등루의 내부는 4층으로 나누어져 있고, 위에는 사신(四神)이 둥글게 배치되어 있는데, 이는 해·달·별 등의 위치를 나타내며, 하루에 한 바퀴씩 왼쪽으로 돈다. 다음층에는 용·호랑이·새·거북 인형이 정해진 자리에 있는데, 각기 자신의 방향에 따라 일정한 시각이 되면 뛰어 올라 기계장치 내부의 움직임에 맞추어 종을 친다. 그 다음층에는 운주에 백각(百刻)의 눈금을 새기고 그 위에 12신(神, 2시간 단위)이 배열되었는데, 각각 시패를 쥐고 있다가 자신의 시간이 되면 밖으로 튀어나와 시간을 알렸다. 아래 네 귀퉁이엔 각각 인

형이 종·북·징·바라를 지키고 있어서 1각(刻, 중국식 시간단위로 15분—옮긴이)에는 종을 울리고, 2각(30분)에는 북을 치고, 3각(45분)에는 징을 치고, 4각(60분)엔 바라를 친다. ……상자 안에 들어 있는 이 기계장치는 물에 의해 움직인다."

다른 전적에도 이와 유사한 기계장치에 대한 묘사가 나온다. "원(元) 지정(至正) 14년(1354)에 순제(順帝)는 칙령을 내려 용선(龍船)을 한 척 건조했는데, 길이는 120척이고 높이는 20척이었다. 24명의 사공을 고용하여 황금색과 자주색으로 된 옷을 입히고 노를 젓게 했다. 순제는 배를 타고 전궁(前宮)과 후궁(後宮) 사이를 오가거나 호수 가운데 있는 섬을 돌며 유람했다. 배가 움직일 때에는 용의 머리·입·발톱·목·꼬리가 함께 움직였다. 황제는 또 높이가 6~7촌(寸)에 너비는 그 반쯤 되는 황실용 물시계도 만들게 했다. 물이 담긴 용기를 나무상자가 둘러싸고 있다. 상자 위에는 삼신묘(三神廟)가 있고, 그 옆에는 선비들이 시각을 지시하는 시패를 들고 있다. 정해진 시간이 되면 선녀가 위로 떠올라 수면과 수평을 이룬다. 양옆에는 황금갑옷을 입은 인형이 각각 종과 징을 쥐고 있다. 밤이 되면 이 인형들은 종을 치며 시간을 알리는데 조금의 오차도 없었다. 종과 징이 울릴 때엔, 한 쪽에선 사자가 춤을 추고, 다른 한쪽에선 봉황이 날개짓을 했다. 상자의 동쪽과 서쪽에는 각각 일묘(日廟)와 월묘(月廟)를 장식하고, 그 앞에 각각 여섯 명씩의 궁녀가 서 있다. 이들은 자정과 정오에 짝을 이루어 다리를 건너 삼신묘에 왔다가 제자리로 돌아간다. 그 정교함은 가히 인간의 상상을 초월한다."

베이징 역사 연표

왕조	요·금	행정단위	명칭	역사사건
우(虞) B.C. 2255-2206			유저우(幽州)	4대 부족이 난커우(南口) 밖으로 추방됨.
주(周) B.C. 1122-257		연(燕) (제후국)	지(薊), 연의 수도	B.C. 12세기에 황제의 후예가 이곳에 정착. B.C. 723-222년, 연나라. B.C. 300년경에 연왕이 만리장성의 일부를 축성.
진(秦) B.C. 246-207		군(郡)	상곡(上谷)	B.C. 214-210년 만리장성 완성.
한(漢) B.C. 206-A.D. 220		연(燕) (제후국)	연(燕), 후에는 유저우	수차례 반란이 일어남. A.D. 227년 위(魏)에 귀속됨.
위(魏) 220-264		연(燕) (제후국)	유저우	중국 동북부를 통치하던 독립왕국.
진(晉) 265-419		범양(范陽) (제후국)	유저우	307년부터 북방은 이민족이 통치하게 되면서 여러 차례 정권이 바뀜.
남북조(南北朝) 420-588				
수(隋) 589-618		군(郡)	줘우군(涿郡)	608년, 대운하 베이징까지 개통.
당(唐) 618-906		도독부 (都督府)	유저우, 범양(範陽)	757년, 안루산이 반란을 일으켜 '연왕'이라 칭함. 760-910년, 그후 28명의 반독립적인 절도사가 통치.
오대(五代) 907-959				
북송(北宋) 960-1126	요(遼) 907-1115 (거란)	요(遼)의 수도	'남경'(南京); 옌징(燕京) (1012년 이후)	베이징은 937년부터 요의 '남쪽 수도'(南京)가 됨.
남송(南宋) 1127-1279	금(金) 1115-1234 (여진)	금(金)의 수도	'중도'(中都) (1153)	1113-1115년, 금은 요 통치하의 베이징을 탈환하여 송에 귀속시킴. 1115년, 금이 베이징을 탈환. 1151년 베이징 확장.
원(元) 1280-1367 (몽골)		수도	'대도'(大都), 캄발룩	1215년, 칭기즈 칸 군대 베이징 함락. 1260년, 쿠빌라이 등극. 1264-1267년, 베이징 재건. 1275년, 마르코 폴로가 쿠빌라이 접견. 1276년, 몽골군이 남송의 수도 항저우 점령.
명(明) 1368-1643		수도	베이핑(北平); 베이징 1403년 이후	1368년, 베이징 개조·확장. 1417-1420년, 영락제 칙령으로 베이징 확장·재건. 1436년, 다시 개조. 1553-1564년, 베이징 외성 증축.
청(淸) 1644-1910 (만수족)		수도	베이징	강희제와 건륭제, 베이징 성 증·개축.

5. 군벌과 황후·비빈

서양의 역사에는 오스트리아의 마리아 테레지아나 영국의 엘리자
베스 1세와 같은 위대한 여왕이 많이 있었다. 그러나 중국에는 그런
위대한 여왕이 나타나지 않았는데, 이는 아마도 뛰어난 황후들은 지
혜와 조언으로 황제를 돕는 것을 더 좋아했기 때문이었으리라. 그러
나 중국의 황후들이 관습의 벽을 부수고 드리워진 장막을 찢고 나왔
을 때는 파행적이 되기도 했다. 먼 옛날 대제국의 수도가 베이징에
건설되기 전 측천무후(則天武后, 서기 684~704년 재위)는 일찍이
일련의 책략들을 세웠다. 측천무후는 남편인 황제와 황자들을 제거
하고 그녀 자신의 왕조를 건립하려 했다.[15] 755년에 일어난 안루산
(安祿山)의 난은 비록 당 왕조의 종실을 사지로 몰아넣지는 못했지
만 매우 심각한 타격을 입혔다. 반란이 발생한 원인은 바로 양귀비
(楊貴妃)가 자신과 동갑인 안루산을 '양자'로 삼은 데 있었다. 안루
산의 생일날 양귀비는 90kg에 달하는 이 '갓난아기'를 목욕시킨 후
나신을 보자기로 감싸 궁전에 데리고 들어가서는 조정 신하들에게
향연을 베풀었다.

　우리는 종종 제국 통치의 배후에서 활약한 장군과 황후·비빈(妃
嬪)들의 이야기를 듣는다. 사실 한(漢)과 명(明) 왕조는 황후와 후
궁 및 궁중 여성들에게 가장 가까이 접근할 수 있었던 환관(宦官)들
에게 휘둘리다 망했다고 할 수 있다. 명 말기에는 악명 높은 환관이
정권을 좌지우지했다. 그는 조정 신하들에게 태형을 가하기도 했고,

82

마음만 먹으면 그들을 사지(死地)로 보낼 수도 있었다. 예로부터 중국에서 일정 등급 이상의 관원은 태형을 면제받는 특권이 있었는데도, 명 왕조에서 이런 상황이 발생한 것은 역사상 유례 없는 일이었다. 조정의 관원을 벌할 때에는 그가 죽을지 살지 알 수 없었기 때문에 환관들은 항상 들것을 대기시켜 두고 있었다. 이들 무성(無性)의 '반인'(半人)은 바로 황후를 등에 없고 무소불위의 권력을 휘둘렀던 것이다.

천위안위안(陳圓圓)은 단지 총애를 받던 첩이었지, 결코 악녀(惡女)는 아니었다. 그럼에도 불구하고 그녀는 명나라의 쇠퇴와 만주족이 베이징을 점령하는 일련의 과정에서 중요한 역할을 했다. 반명(反明)의 기치를 내세운 리쯔청(李自成)이 1643년 베이징을 공격할 때, 명 왕조 마지막 황제인 숭정제(崇禎帝)는 스스로 목을 매어 죽었다. 당시 리쯔청은 명의 장수인 우싼구이(吳三桂)의 애첩 천위안위안을 포로로 잡았다. 자신의 애첩을 구하기 위해 우싼구이는 만리장성 밖의 만주족에게 지원을 요청했고, 만주족 명장 도르곤(多爾袞)은 베이징을 공격하여 군기(軍紀)가 해이한 리쯔청의 군대를 몰아냈다. 그후 만주족 군대는 산하이관(山海關) 밖으로 돌아가지 않았다. 비록 우싼구이는 사랑하는 여인을 되찾았지만, 뒤늦게 자신의 실수를 깨달았다. 그래서 한족인 우싼구이는 만주족에 투항하지 않고 윈난(雲南) 서남부에 독립왕국을 세웠다. 몇십 년간 그는 천위안위안과 함께 국왕과 왕후로 행세하며 만주족의 통제에 저항했다. 또한 그는 왕후를 위해 거대한 쿤밍(昆明) 호가 내려다보이는 곳에 황금지붕을 얹은 정자를 짓기도 했다.

시간상으로 우리와 가장 가까운 시기에 살았고 세인들에게 많이 알려진 여성은 바로 서태후(西太后)이다. 서태후는 베이징의 역사에 매우 큰 영향을 미쳤다. 그녀는 이화원(頤和園)을 증축하도록 지시하기도 했고, 1900년 베이징에 재난을 불러오는 데 일조하기도

포(炮)

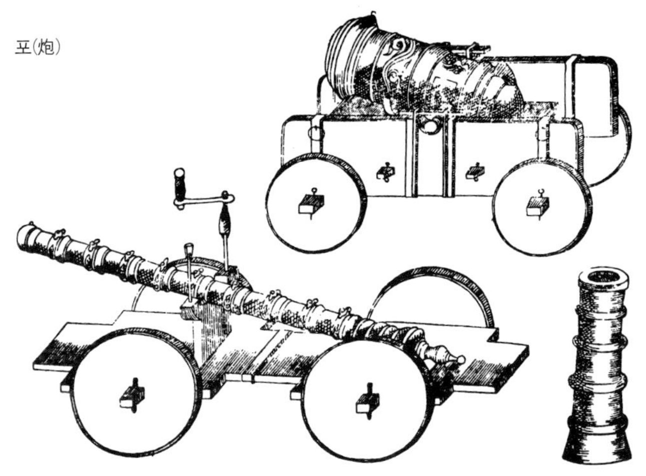

했다. 빅토리아 여왕과 동시대에 서태후는 반세기 동안 정권을 장악했다. 확실히 서태후는 정치적 예지, 강인한 성격, 과단성 있는 정책 결정능력과 확고한 정권 장악능력을 갖고 있었다. 또한 그녀는 인간관계에 영향을 미칠 수 있는 여성 특유의 계교(計巧)에 뛰어났다. 젊어서부터 그녀는 권모술수에 능했지만, 함풍제(咸豊帝, 1851～1861년 재위) 사망 직후에는 한 차례 위기를 겪기도 했다. 그러나 결과적으로 말한다면 서태후는 우매하고 완고한 여인이었다. 중국이 서양의 도전에 직면하여 존망의 기로에 섰던 반세기 동안 그녀는 국가의 발전을 가로막았다. 이와 유사한 상황에 직면해 있던 일본은 재빨리 변혁에 나서 근대국가를 이룩했다. 서태후의 식견 부족은 도저히 이해할 수 없을 정도였다. 그녀는 포르투갈(Portugal)이라는 국가가 실제로 존재한다는 사실조차 믿지 않았다. 포르투갈은 중국어로 '포도의 씨'(葡萄牙)나 '포도의 싹'(葡萄芽)이라고 음역되었기 때문이다. 서태후는 "대체 '포도의 싹'이라는 이름의 국가가 어떻게 있을 수 있느냐"며 반문했다.

그녀의 통치는 의화단(義和團)의 봉기로 극에 달하여 의화단이 외국 공사관을 포위하는 지경에까지 이르렀고, 공사관원들을 구출

하려는 열강의 구조활동은 베이징에 큰 재난을 불러오고 말았다. 이 사건에 얽힌 에피소드는 믿을 수 없을 만큼 중세시대의 고사와 비슷하다. 서태후는 총신(寵臣)인 룽루(榮祿)와 단친왕(端親王)의 진언을 받아들여 의화단(義和團)의 마법을 믿었다. 그래서 그녀는 외국 사절단을 포위하고 공격하도록 명령했다. 산둥 성 순무(巡撫)였던 위안스카이(袁世凱)는 서태후보다는 현명해서 마법을 믿지 않고 의화단을 자신이 관할하는 성(省)에서 쫓아냈다. 교육을 받은 학자였던 장즈둥(張之洞) 같은 사람들도 의화단을 믿지 않았다. 위안스카이는 주문으로 간단히 총알을 막아낼 수 있다고 하는 의화단의 허황된 주장을 논박했다. 그는 이를 증명해 보라고 하면서, 즉각 10명의

의화단원을 들여보내라고 했다. 의화단을 내심 신뢰하던 몇몇 막료들도 그의 곁에 서 있었다. 그는 휘하의 부대장에게 의화단원을 향해 총을 쏘라고 명령했다. 놀랍게도 그들은 죽지 않았다. 위안스카이의 막료들은 의기양양해했다. 그러자 위안스카이는 리볼버 권총을 꺼내 직접 의화단원을 한 사람씩 쏘았고, 총을 맞은 단원은 그 자리에 고꾸라졌다. 그는 계획적으로 휘하의 부대장에게 공포탄을 쏘도록 지시해 두었던 것이다.

『북경호일』(北京好日)에서 내가 요약하려고 했던 비참한 장면을 여기에 소개한다.

"서태후는 양자택일의 기로에 서 있었다. 서양인에게 화의를 구해 전쟁을 피하든지, 아니면 총알을 막을 수 있는 마법이 있다고들 하는 강력하고, 잘 알려져 있지 않은, 호전적인 의화단의 힘을 이용해서 서양의 함대에 맞서는 것이었다. 의화단의 목표 가운데 하나는 중국에 있는 서양인을 모조리 죽이는 것이었다. 서태후는 우왕좌왕했다. 어느 날은 의화단의 수령을 체포하라는 명령을 내렸고, 다음 날에는 친의화단 인사인 단친왕(端親王)을 외무대신으로 지명하기도 했다. 의화단을 진압하기로 한 결정을 뒤집는 데는 궁정의 음모가 중요한 역할을 했다. 서태후는 이미 자신의 조카인 광서제(光緒帝)의 실권을 박탈하고 그를 제거하려는 계략을 꾸미고 있었다. 그녀는 평범하고 무능하기 짝이없는 단친왕의 아들을 제위 계승자로 삼았다. 단친왕 짜이이(載漪)는 서양인과의 교전이 그의 권력을 증대시킬 뿐만 아니라, 아들을 제위에 앉히는 데 유리하다고 판단하여, 의화단은 확실히 서양인의 총탄을 막을 수 있는 법력(法力)이 있다고 서태후가 믿도록 온갖 방법을 다 썼다. 그 밖에도 의화단은 나라에 반역을 꾀한 '일룡이호'(一龍二虎)를 사로잡아 하늘에 제사지내려 했다. '한 마리 용'(一龍)이란 '100일 개혁'을 단행하여 중국 보수파 관리들에게 충격을 안겨 주었던 개혁파 황제(광서제)를 가리

킨다. '두 마리 호랑이'(二虎)란 연로한 경친왕(慶親王) 이쾅(奕劻)
과 리홍장(李鴻章)을 말하는데, 이들은 대외정책을 맡고 있었다.”

“단친왕은 베이징 주재 외교사절단의 외교 각서 내용을 위조하
여, 그들이 서태후에게 조정의 실권을 광서제에게 돌려줄 것을 요구
하고 있다는 식으로 꾸며댐으로써, 서태후는 황제를 폐위하고 다른
사람을 제위에 세우려는 자신의 계획을 외국열강이 방해하고 있다
고 여기게 되었다. 그래서 서태후는 의화단과 운명을 같이하기로 결
정했고, 의화단원의 전투적 구호 —“서양인을 몰아내자”(趕走洋
人)—가 바로 그들의 신비한 법력 자체라고 믿게 되었다. 의화단은
외국공사관을 불태우기 시작했다. 이런 행동은 외교 관례에 합치하
지 않는다고 생각한 진보적인 조정 신하들의 반대를 불러일으켰다.
그러나 그들은 모두 단친왕의 하수인들에게 살해되고, 경사대학당
(京師大學堂, 지금의 베이징 대학)의 총장도 상황에 쫓겨 자살하고
말았다.”

“의화단원은 실제 베이징 성 안에서만 활동했다. 조정에서 의화
단과 대적하라고 파견한 연대장은 복병을 만나 살해되었고, 병사들
은 의화단에 투항해 버렸다. 민심을 얻고, 전투마다 승리를 거둔 의
화단이 베이징을 점거했다. 그들은 외국인과 중국인 그리스도 교도
를 살해하고 교회를 불살라 버렸다. 외국의 외교사절단은 항의를 했
지만, 의화단을 조사한 경친왕 이쾅은 오히려 의화단은 '서양인을
몰아내고 국치를 씻도록 하늘이 보낸 사람들'이라고 보고했을 뿐만
아니라 몰래 수만 명의 의화단원을 베이징으로 끌어들였다.”

“일단 베이징에 진입하자, 의화단은 서태후와 단친왕의 비호 아
래 도시를 공포의 도가니로 몰아넣었다. 그들은 떼지어 거리를 돌아
다니면서 '양모자'(洋毛子)와 '이모자·삼모자'(二毛子·三毛子)를 잡
아다가 살육했다. '양모자'(洋毛子)는 외국인을 말하며, '이모자·삼
모자'(二毛子·三毛子)는 바로 중국인 그리스도 교도와 외국기관에

25
26
27

28

29

30

31

28. 종루(鐘樓)와 시장
29. 베이징의 한 제과
점
30. 위취안산의 석탑과
멀리 보이는 옥봉탑(玉
峰塔)
31. 위취안산 석탑의 세
부

32

33

34

서 일하거나 조금이라도 영어를 할 줄 아는 중국인을 가리킨다. 의화단은 곳곳에서 교회와 양옥집을 불태우기 시작했고, 서양의 안경·우산·시계·신발을 찾아내 박살냈다. 실제로 그들이 살해한 사람은 서양인보다 중국인이 훨씬 많았다. 그들이 어떤 중국인이 '이모자'(二毛子)인지를 가려내는 방법은 아주 간단했다. 용의자를 거리로 끌고 나와 의화단의 제단 앞에 무릎을 꿇어 앉혔다. 그런 다음 의화단 수호신의 말이 적혀 있는 종이를 태워 재가 위로 올라가는지 아니면 아래로 떨어지는지에 따라 유죄 또는 무죄를 선고했다. 의화단의 제단은 길거리에 해가 지는 방향으로 설치되었다. 의화단을 따르는 사람들은 원숭이 춤이 공연되는 동안 향을 사르며 신에게 제사를 올렸다. 원숭이 신은 의화단 대중들이 가장 믿고 떠받드는 여러 수호신들 가운데 하나였기 때문이다. 향 연기가 거리를 자욱하게 메울 때쯤이면 사람들은 마치 『서유기』(西遊記)에 나오는 신비한 경지로 빠져드는 것 같았다. 심지어 고관들조차 집안에 제단을 설치하고 의화단의 수령을 집으로 초대했으며, 때때로 하인들도 의화단에 가입하여 주인을 능멸했다."

"……서양 상점인 '바오웨이'(寶維)는 약탈당했다. 사람들은 상점 안의 모든 시계와 안경을 박살냈다. 어떤 사람은 향수를 과실주로 착각하고 마시기도 했다. 그는 곧바로 얼굴색이 샛노래지면서 땅바닥에 벌렁 자빠져서 자신이 서양인이 제조한 독주 때문에 죽게 되었다고 난리를 쳤다. 당시 그 상점에서 일했던 사내아이는 사람들이 전화기를 부수고 전선을 끊어 버렸다고 증언했다. 의화단원들은 전화기가 그들을 날려버릴 폭탄이라고 생각했던 것이다. 어떤 사람은 서양인 여성 패션모델을 붙잡아다 옷을 빼앗고, 벌거벗겨서 조리 돌렸다. 군중들은 환호성을 질렀고, 그 여성으로 말미암아 극도로 흥분했다. 아이들은 뛰어다니면서 그녀의 금발머리를 다투어 뽑으려 했으며, 서로 자기가 갖겠다고 싸움질을 하기도 했다."

이 사건의 내막을 자세히 알고 싶은 사람들에게 블랜드와 백하우스가 함께 쓴 『서태후 치하의 중국』(*China under the Empress Dowager*)을 추천하고 싶다. 또한 퍼트넘 윌은 『베이징에서 보낸 사려 깊은 편지』(*Indiscreet Letters from Peking*)에 베이징의 약탈 사건에 대해 장문의 진술한 기록을 남겼다.

비틀거리는 청 제국은 확실히 노쇠하여 뭔가 새로운 것을 배울 여력이 없었으며, 점점 쇠락해 가고 있었다. 완고하고 우매한 여인 서태후는 이미 속에서부터 완전히 썩어 버렸다. 베이징이 재난에 휩싸여 있을 때, 서태후는 서북지방의 시안(西安)으로 피신했다. 그녀는 과거에 사로잡혀 현실을 외면했다. 1902년 베이징에 돌아와서도 여전히 고집불통이었고 잘못을 뉘우치는 기색이 전혀 없었으며 또다시 황제를 영대(瀛臺)에 감금했다. 입헌군주제에 대한 갈망이 10년 동안 지속되는 가운데 중국인의 인내심은 한계에 달했다. 1908년 서태후는 마침내 세상을 떠났다. 공화주의자 쑨원(孫文)의 투쟁은

승리했다. 그러나 쑨원의 투쟁이 승리할 수 있었던 것은 중국인이 입헌군주정보다 공화정을 선호해서가 아니라, 한인(漢人)이 만주인을 증오했기 때문이다. 이렇게 해서 1911년에 중화민국이 수립되었다.

중화민국 역사의 1단계를 지배한 것은 황후·귀비가 아닌 군벌들이었다. 제국의 붕괴 이후 군벌의 지배는 엄청난 충격과 혼란을 초래했다. 군벌들 가운데 대표적인 인물로는 만주 군벌 장쭤린(張作霖)을 비롯하여 '개 장군' 장쭝창(張宗昌), 차오쿤(曹錕) 등을 들 수 있다. 장쭝창은 자유주의적 성향의 베이징 대학 교수들을 베이징에서 추방했으며, 대총통 차오쿤(曹錕)은 공공 연회에서 자신의 발톱 미용사를 총리석 위에 앉도록 했다. 또한 '개 장군' 장쭝창은 항상 러시아 출신의 백인 여자를 무릎에 앉히고 외국 영사를 접견했다. 그가 사랑하던 이 러시아 여자는 푸들 한 마리를 애지중지 기르고 있었는데 장쭝창은 전 사병들이 푸들 앞에서 사열하도록 명령하기도 했다. 한편 장쭝창은 조국을 깊이 사랑하고 어머니에 대한 효성이 지극했다. 또한 공정하게 시비를 가렸다. 만약 그가 남의 아내를 가로챘다면, 아내를 빼앗긴 남자에게 시경국장 같은 좋은 자리를 주었을 것이다.

인성(人性)이 일찍이 변한 적이 있었던가? 베이징 민중이 사랑하는 것, 고통스러워하는 것 그리고 그들의 무한한 인내심은 예나 지금이나 변함이 없다. 옷차림도 마찬가지이다. 1956년 한 프랑스 작가가 『르 피가로』에 한 편의 글을 발표했다. 그는 베이징에서 열린 국제회의에 참석하러 왔다가 한 호텔에 묵었을 때 겪었던 일을 기술했다. 어느 날 새벽 1시 경에 그는 확성기 소리와 징 소리에 놀라 잠에서 깼다. 알고 보니 베이징 주민들이 참새를 쫓는 소리였다. 사람들은 참새도 인간과 마찬가지로 며칠 밤을 못 자도록 하면 정신적으로 생존투쟁을 포기하는 상태가 될 것으로 생각했던 것이다. 이런 관념은 전국에 퍼져 있었다. 인간의 식량을 축내는 사회의 천적인 참새는 깡그리 없애야 한다는 논리였다. 과학적인 실험에 의하면 참새는 두세 시간 이상은 날 수 없다고 한다. 너무 시끄럽고 놀라서 나무에 앉아 쉴 수 없으면 참새는 떨어져 죽어 멸종할 것이다. 아, 가련한 참새들…….

몽골인의 영광, 만주인의 권력은 이미 지나간 역사가 되었다. 한 사치스러운 중국 황후는 농민들에게 궁정 안의 개구리들을 모조리 죽여 없애도록 했다. 개구리가 밤에 수면을 방해한다는 것이 이유였다. 그래도 개구리는 여태껏 살아 남았으니, 개구리에게는 그들만의 자연이 있었던 것이다. 이 사실을 반박할 여지는 없다. 나는 무고한 참새가 언젠가는 다시 농촌이나 베이징의 골목에서 옛날처럼 즐겁게 짹짹거리며 노래하리라고 확신한다.

35. 「목마도」(牧馬圖),
한간(韓幹), 당(唐)

6. 궁전과 어원(御苑)

베이징을 찬란하게 빛나는 황금빛 지붕을 가진 보석 같은 도시로 만들어 온 것은 바로 예술이며, 긴 거리와 높은 문루를 설계하고 인생을 더욱 매력적으로 만들어 준 것 역시 예술이다. 건축뿐만 아니라 고궁박물원 안이나, 류리창(琉璃廠)에서 볼 수 있는 회화·조소·도자기·골동·목판본 고서 등 모든 것이 베이징을 독특한 도시로 만들었다. 고궁박물원에는 수세기 동안 전해 내려오는 귀중한 역사적 유물들이 많이 있다. 지난날 이 유물들이 베이징의 황궁에 보관되어 있을 때는 세상 사람들이 이것을 볼 기회가 거의 없었다. 유물은 원래 중앙 태화전(太和殿) 좌우 양측의 문화전(文華殿)과 무영전(武英殿)에 보관되어 있었다. 1933년, 항일전쟁이 임박할 무렵 이 진귀한 보물들은 난징으로 옮겨졌고, 다시 타이완 타이중(臺中)의 한 지하 창고에 보관되었다. 중국의 가장 뛰어난 예술품은 모두 그곳에 있다. 그곳 역시 고궁박물원이라는 명칭을 가지고 있는데(현재는 타이베이에 있다―옮긴이), 사람들은 아직도 이곳의 보물들을 베이징과 연관지어 말하고 있다. 마치 우리가 루브르 박물관의 보물과 파리를 함께 연관짓는 것처럼.

중국 건축의 특징은 형태·선·색채와 구조 등이 구상의 기초가 되었다는 점이다. 이것은 서구 건축과는 크게 다르다. 베르사유 궁전이나 햄프턴 궁전 같은 서양 궁전은 색채를 많이 활용하지 않는다. 이런 경향은 영국과 프랑스의 고성(古城)에서도 역시 마찬가지다.

유럽 궁전의 주요 색채는 베르사유 궁전처럼 당시 유행하던 흰색이
거나 유서 깊은 황갈색 또는 회색이었다. 그들은 짙푸른 나무에 둘
러싸인 녹지 한복판에서 세련되고 아름다운 자태를 드러낸다. 하지
만 베이징의 궁전과 부속 건물들은 건축가의 설계에 따라 그 색채가
화려하기 그지없다. 이것은 유리기와를 이용했기 때문에 가능했다.
색의 다양한 조합으로 붉은색·노란색·남색·녹색·연자주색·옥색
을 얻었다. 마찬가지로 나무를 사용한 부분도 도료와 옻칠을 이용해
다양한 색으로 장식했다.

한편 중국의 건축은 건축재료로 돌을 경시했기 때문에 수명에 한
계가 있을 수밖에 없었다. 전제군주 치하에서 노동력은 얼마든지 동
원할 수 있어서 집을 짓는 것은 문제가 되지 않았지만, 약한 재료는
당연히 부식도 빨라서 중국은 수천년의 역사를 가졌으면서도 오늘
날 자랑할 만한 옛 건축물이 별로 없다. 반면 석재를 사용한 구조물
은 수세기가 지난 뒤에도 살아남았다. 절벽이나 묘비에 새겨진 글씨
가 좋은 예이다. 원명원(圓明園)은 1860년 청군과 영불연합군이 교
전할 때 파괴되었다. 사람들은 불타버리고 남은 폐허를 보면서 많은
것을 느꼈다. 정자와 탑이 즐비했던 이 거대한 황실 정원에서, 지상
최고의 낙원에서 이제 유일하게 볼 수 있는 것이라곤 '허물어진 이
탈리아식 담장'과 이탈리아식 궁전의 잔해뿐이었다. 이 궁전은 로코
코 건축가들이 돌을 이용해 지은 것이다. 로코코식 돌기둥은 쓰러져
있고, 무성한 초목 사이로 벽의 가두리와 삼각지붕이 언뜻언뜻 나타
났다. 그것들은 모두 돌로 지은 것이라서 지금까지 남아 있는 것이
다. 강희제와 건륭제의 전설적인 낙원에 세워진 아름다운 정원과 화
려한 궁전은 거의 다 사라지고 남은 것이라곤 연못과 갈대뿐이다.

시안 부근에 있었던 진(秦)·한(漢)·당(唐)의 궁전도 마찬가지다.
진의 시황제(B.C. 3세기)가 건설했던 유명한 아방궁(阿房宮)은 폐허
가 되었고, 우리가 볼 수 있는 것은 높이가 15~18m에 길이가 90m

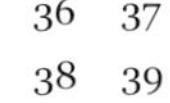

36　37
38　39

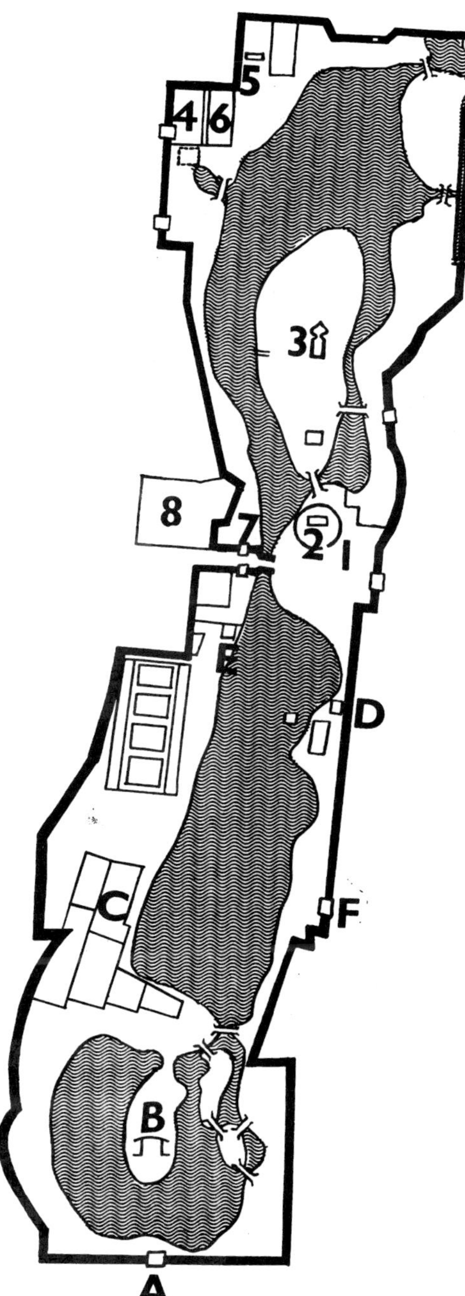

베이하이(北海)

1. 단성(團城)
2. 옥불(玉佛)
3. 백탑(白塔)
4. 대서천(大西天)
5. 구룡벽(九龍壁)
6. 쑹포도서관(松坡圖書館)
7. 금오옥동교(金鰲玉蝀橋)
8. 국립도서관

중하이(中海)와 난하이(南海)

A. 신화문(新華門)
B. 영대(瀛臺, 광서제가 10년간 구금
   되었던 곳)
C. 위안스카이 총통부(袁世凱總統府)
D. 만선전(萬善殿)
E. 자광각(紫光閣)
F. 동문(東門)

36. 태릉(泰陵, 옹정제
    릉) 입구의 홍예문(虹蜺
    門)
37. 명십삼릉의 화표(華
    表)
38. 태릉의 패루(牌樓)
39. 외관을 아름답게 장
    식하기 위해 세운 패루

쯤 되는 마치 비행기 활주로 같은 사다리꼴 언덕뿐이다. 한 무제(B.C. 2세기)의 거대한 미앙궁(未央宮)도 오늘날 볼 수 있는 것이라곤 시안 서북쪽에 있는 언덕뿐이다. 시안 북부에 있는 양귀비(8세기)의 경마장과 보탑(寶塔)은 보리밭과 농가로 변했다. 12세기 금 왕조의 궁전 같은 베이징의 모든 고건축(古建築)은 완전히 소실되었다. 현재 남아 있는 옛 원대의 토성은 마치 스러져 가는 보루 같아서 세월의 위력을 새삼 느끼게 한다.

나는 베이징의 금란전(金鑾殿, 태화전의 별칭)을 보고 정말 깜짝 놀랐다. 옥좌와 옥좌가 놓여 있는 단이 너무나도 낡아 있었기 때문이다. 재질이 그다지 좋지 않은 나무로 만들어서인지 표면이 갈라지고 색도 바랬다. 물론 이론적으로는 해마다 다시 칠을 해준다면 주홍색·금색·녹색 등이 선명하겠지만, 퇴색하는 것을 영원히 막을 수는 없으리라.

어쨌든 중국의 궁전은 서양의 궁전과 다르다. 중국의 궁전은 군대로 치면 평행적이고 폐쇄적인 대형이 아니라 펼쳐진 행진형 대열이다. 유럽의 궁전은 대개 거대한 구조물로 되어 있다. 루브르 궁전 앞의 튀일리 화원처럼 전면에는 정원이 있고, 폐쇄된 복도가 궁전의 사면을 둘러싸고 있다. 복도는 무수한 방들과 연결되어 있어서 사람들은 넓은 정원을 거쳐서 다른 건물로 들어갈 필요가 거의 없다. 베르사유 궁전 역시 마찬가지였다. 바꾸어 말해서 하나의 궁전은 바로 하나의 온전한 건축물이었다. 거꾸로 베이징의 궁전은 가정집처럼 본채와 별채가 분리되어 있는데, 이렇게 하여 서로 다른 정원에 다른 건물을 세우고, 기나긴 돌길과 햇빛을 가리는 회랑으로 연결되어 있다. 베이징의 궁전은 저마다의 생활공간으로 나뉘었다가, 결국에는 의전용 세 대전의 넓은 공간으로 연결되어 집약되는데, 무엇보다 강조된 것은 비스듬히 올라간 대리석 계단, 사방의 난간과 궁전 사이의 풍광이다.

궁전들은 자금성의 높고 붉은 성벽과 망루로 견고하게 둘러싸여 있다. 그래서 자금성은 마치 육중한 성벽 위에 기단의 높이가 9~12m, 너비가 15m 정도 되는 성루(城樓)를 세운 방어용 성(城) 같다. 한편 자금성을 둘러싸고 있는 황성은 붉은 색의 비교적 낮은 벽으로 되어 있지만 방어적 성격의 외관은 아니다. 황성 성벽과 자금성의 중간지대 서쪽에는 서원(西苑)이 있고, 동쪽에는 궁전의 살림살이를 관리하고 물자를 공급하는 여러 관청이 있다.

　　자금성의 남단에는 각종 의식을 거행하는 세 대전(大殿), 곧 태화전(太和殿)·중화전(中和殿)·보화전(保和殿)이 있다. 태화전은 '황

40. 「궁정의 연주」(按樂仕女圖), 오대 저우원쥐(周文矩)의 화풍을 모방하여 그린 족자, 당(唐), 비단에 수묵 채색

극전'(皇極殿)이라고도 부르며, 황제가 즉위식이나 생일이나 신년 하례를 거행할 때 신하들의 알현을 받는 장소였다. 중요성 면에서 태화전 다음이라고 할 수 있는 중화전은 일종의 휴식처로 황제가 태화전으로 행차할 때 여기서 잠시 쉬곤 했다. 보화전은 주로 전시(殿試, 과거시험 중 최고 단계의 시험으로 황제가 직접 참관했다―옮긴이)에서 우수한 성적을 얻은 학자를 접견하는 곳이다. 일반적으로 신하들을 접견하던 곳은 보화전 뒤에 있는 건청궁(乾淸宮)이다. 건청궁은 황실 침궁 안에 있었으므로 내정(內廷) 또는 동궁(冬宮)으로 불렸으며, 황제·황후·비빈 그리고 여러 황자들이 거주하던 곳이다.

건축물은 크게 공식적인 것과 비공식적인 것으로 나눌 수 있다. 전자는 화려하고 우아함을 강조한다. 반면 후자는 은밀하고 불규칙

적이며 묘하고 독특하며, 평화롭고 아름다울 필요가 있었다. 후자는 주거지와 주택 정원에 적용하는 방식이었다. 이들 두 종류 건축물의 차이는 선언이나 연설문, 또는 역사문헌 같은 공식문서와 개인적 견해나 열정 또는 친밀한 관계를 표현하는 비공식적인 글이 서로 다른 것과 비슷하다. 태화전은 공식건축물 중에서도 대표적인 건축물이며, 서원(西苑)은 대표적인 황실정원이다. 이 두 가지 예에서 중국 건축의 특징이 잘 드러난다.

자금성 남단의 세 대전으로 들어갔을 때의 첫인상은 바로 고요함이었다. 고요함은 내가 건축의 효과를 묘사하기 위해 선택한 단어이며 그것은 고딕식 성당이 상승하는 정신과 하늘로 향하는 열망을 표현하는 것과 좋은 대조를 이룬다. 두 가지 모두 그 웅장함으로 장엄한 분위기를 극대화했다. 프랑스의 수도원과 성당에 익숙한 사람에게 부르고스(스페인의 도시) 성당의 거대함과 세비야(스페인의 도시) 성당의 고딕식 석주의 웅장함은 넋을 잃을 정도다. 베이징의 경우, 궁전의 웅장함은 먼저 전문(前門)에서 천안문에 이르는 길이 800m를 지나는 동안 느낄 수 있다. 천안문은 총높이가 33.7m이다. 방어벽 같은 벽 위에 누각이 있고, 벽을 관통하는 대문은 너비가 20～24m에 달한다. 천안문 밖의 거대한 광장은 10만 명 정도는 너끈히 수용할 수 있다. 여기가 황성의 외곽이다. 다시 안으로 조금 들어가면, 두 개의 넓은 정원이 펼쳐지고 단문(端門)과 오문(午門)이 나온다. 이 두 문은 자금성의 시작을 알린다. 자금성은 마치 에덴 동산의 사과처럼 신성함과 신비한 색채로 충만해 있으며, 그 뒤에 묘한 매력과 아름다움을 감추고 있다. 오문의 벽위에도 마치 방어용 보루 같은 높은 누각이 있다. 이 문을 지나면 마침내 태화전의 넓은 정원으로 들어설 수 있다. 이들 중앙 대문은 황제의 공식행차, 이를테면 천단(天壇)에 제사를 드리러 가거나 개선하는 군대를 마중나가는 경우에만 열렸다. 평소 궁전을 출입하는 조정 신하들은 양옆의 서화

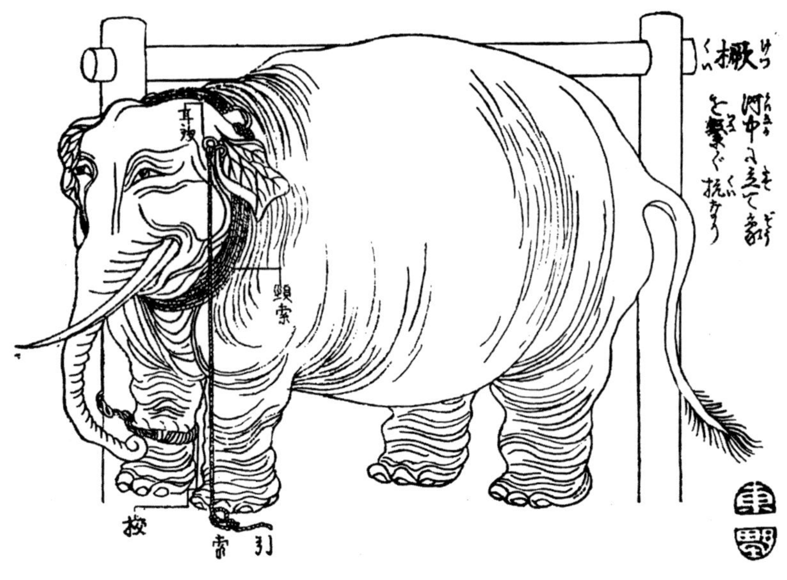

코끼리를 씻는 도구들

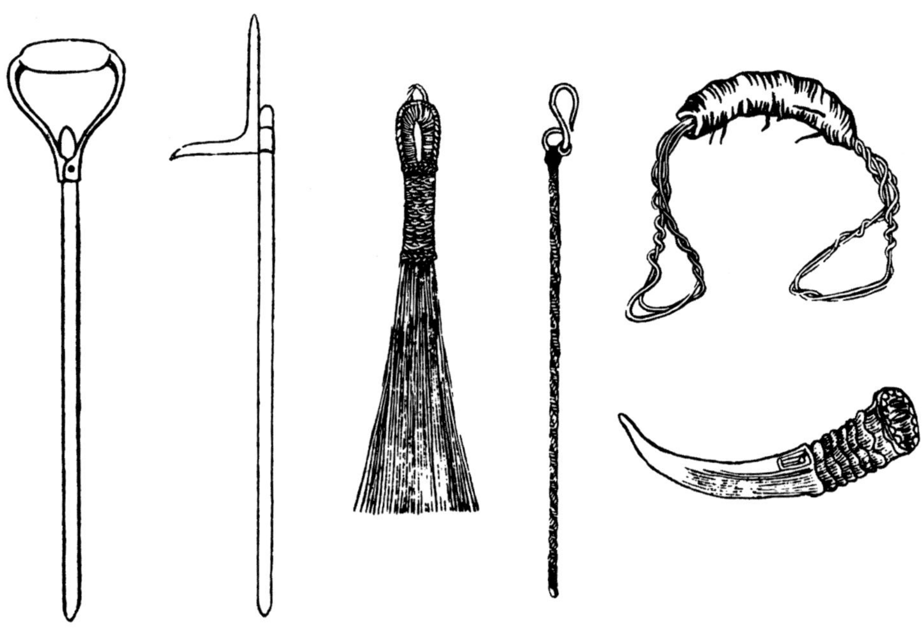

코끼리를 씻기는 광경

문(西華門)과 동화문(東華門)을 이용했다.

이상에서 볼 때, 궁전으로 들어가는 큰길(大道)에 나타난 관념은 분명하다. 태화전 앞뜰(前庭)은 아주 넓어서 길이와 너비가 각각 180m 가량 된다. 이 열린 공간은 제국의 장대함을 보여주는 한 부분이다. 영락(永樂)연간의 건축가들은 치밀한 계산에 의해서 바라던 결과를 얻었는데, 이런 종류의 건축물은 일정한 거리를 두고 보아야만 그 장대함을 느낄 수 있기 때문이다. 널따란 어도(御道), 태화문 앞 진수이허(金水河) 위에 걸려 있는 5개의 대리석 다리, 태화전으로 오르는 삼중의 대리석 월대(月臺), 그리고 완만하고 낮게 드리운 금색 지붕은 건축학적으로 혼연일체를 이루고 있다. 대전은 높이 돋우어 올린 돌기단 위에 세워져 있으며, 백색의 대리석 난간을 가로지른 계단을 올라가야 다다를 수 있다. 그래서 계단을 하나씩 올라갈 때마다 성역을 오르는 듯한 느낌을 받게 된다. 태화전 정면은 지붕이 덮인 낭하가 길게 이어져 있다. 월대는 세 부분으로 나누어지는데, 중월대에는 용과 그 밖의 상징물을 새긴 석판(石板)을 두어 황제가 교자를 탈 때 이용할 수 있도록 했다. 대전 앞 노대(露臺)에는 넓은 돌길(石道)이 펼쳐지고, 그 길에는 대리석 일구(日晷, 해시계)와 대리석 가량(嘉量, 중국 고대의 표준 계량기—옮긴이)과 백세 장수를 상징하는 청동 학과 청동 거북 한 쌍이 늘어서 있으며, 소방용 물을 저장하는 커다란 금도금 청동항아리 몇 개가 있다.

태화전은 높이가 37.4m이고, 너비가 63.7m이며 길이가 37.2m로 그 규모는 쿠빌라이 칸의 청정대전(聽政大殿)과 맞먹는다. 이 궁전은 현재 비어 있다. 중앙에는 일곱 단의 계단으로 된 대(臺)가 있으며, 그 위에 옥좌가 있다. 궁전 천장의 조정(藻井, 중국 전통건축물의 천장 장식으로 원형·정방형·다변형의 오목판 위에 꽃무늬를 새기거나 그림을 그린 것—옮긴이)은 녹색과 금색의 정방형 문양이 반복해서 그려져 있다. 앞에서 말했듯이 옥좌는 많이 낡았으며, 표면은 옻

칠 덕분에 광채를 유지하고 있다. 하지만 황제가 궁정 시위대와 조
정 신하들에게 둘러싸여 옥좌에 앉아 있었을 당시에는 위엄있고 당
당한 기개를 보였으리라는 것을 어렵지 않게 상상할 수 있다. 일본
에서 출판된 『당토명승도회』(唐土名勝圖繪)에는 태화전에서 대신
들이 오락을 즐기는 장면과 오문(午門) 밖의 풍경을 생생하게 묘사
한 목판화가 실려 있다.

　이런 목판화로도 재현되고, 중국 문헌에서도 확인되는 흥미로운　42. 이화원의 정교(亭橋)

풍경 하나는 바로 한 쌍의 코끼리가 서로 마주보고 길 양쪽에 서 있는 모습이다. 조정 신하들이 지나갈 때 코끼리들이 코를 위로 말아 올리며 오문 밖의 중앙대로를 막았다. 코끼리는 평소에는 순치문(順治門) 안의 코끼리 우리에 갇혀 있었다. 태화전 뒤쪽에는 조금 규모가 작은 중화전(中和殿)이 있다. 1898년 어느 날 광서제는 정무(政務)를 보러 가기 위해 이곳을 지나다가 서태후에게 붙잡혀 감금되었다.

궁전 건물의 은은한 풍격은 높이 치솟은 지붕이 아닌, 길게 뻗어나간 지붕에 의해 생겨난다. 줄리엣 브레든은 전체 지붕의 외관에 직선이 전혀 없다는 점에 주목했다. "심지어 지붕의 경사면도 약간 휘어진 곡선이고 물결을 이루고 있다. 이것은 우연한 것이 아니라 특별히 외형을 아름답게 장식함으로써 선의 순수함과 단순함을 손상시키지 않으면서 눈과 마음을 즐겁게 해주도록 배려한 것"이라고 말했다.[16] 이런 양식은 아크로폴리스의 기둥과 조금 비슷하지만 완전히 수직이 아니고 안쪽으로 약간 휘어져 있다. 그러나 그 정도가 아주 작기 때문에 곡선을 알아보기가 쉽지 않다. 한때는 또 다른 견해가 유행하기도 했다. 중국 건축의 지붕 곡선은 원래 몽골족의 이동주택인 파오의 선에서 왔다는 것이다. 이런 견해는 그럴듯하게 들리긴 하지만, 완전히 주관적인 억측에 불과하며, 형태와 선에 대한 중국인의 타고난 감각을 고려하지 않은 견해이다.

사람들은 궁전 앞에 서게 되면 궁전과 천단(天壇)의 순수한 선과 완벽함에 놀라게 된다. 이때 반드시 그런 형태와 구성에 대한 본능적인 감각과 비율·구조·곡선에 대한 꼼꼼한 감식력―중국 서예의 미학적 수용에서 나온―이 어느 정도인지 알 수 있다.

서예의 기본 원칙 중 하나는 "강함과 부드러움의 조화, 관대함과 강직함의 겸비"(剛柔相濟, 寬猛相兼)이다. 보통 건축물 높이의 절반을 차지하는 만곡형 지붕은 분명히 지붕 아래의 곧은 기둥이나 토대

43. 「솔바람 소리를 들으며」(靜聽松風圖), 마린(馬麟) 작, 1246년, 남송 궁정 화풍, 족자, 비단에 수묵채색

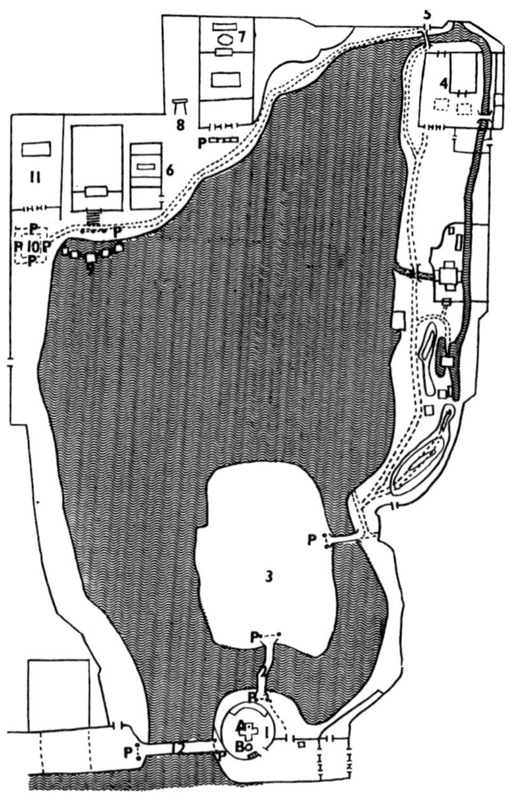

베이하이(北海)

1. 단성(團城)

 A. 옥불(玉佛)

 B. 옥옹(玉瓮)

2. 영안교(永安橋)

3. 충화다오(瓊華島)

4. 정심재(靜心齋)

5. 북문(北門)

6. 쑹포도서관(松坡圖書館)

7. 소서천(小西天), 만불루(萬佛樓)

8. 구룡벽(九龍壁)

9. 오룡정(五龍亭)과 오정교(五亭橋)

10. 관음당(觀音堂)

11. 대서천(大西天)

12. 금오옥동교(金鰲玉蝀橋)

ppp. 고루(鼓樓)

와 전체적인 조화를 이룬다. 견고한 구조가 없는 곡선은 우아한 대신 나약해 보이며, 곡선이 없는 직선은 지나치게 경직되어 보일 것이다. 뉴욕의 국제연합 빌딩이 그 좋은 예이다. 이 건물은 힘있어 보이긴 하지만 결코 우아하지는 않다. 30센티미터자처럼 매끈한 절단선만 있을 뿐이다. 선의 병치는 직선과 곡선의 상호작용에 의해서만 조화롭고 통일된 효과를 얻을 수 있다. 그러므로 건축이든 인간의 형상(形象)이나 성격이든 강함과 우아함은 아름다움을 실현하는 데 꼭 필요한 요소이다.

지붕은 베이징의 궁전에서 가장 독특한 부분이며, 건물의 거의 모든 선이 그것에 의해 좌우된다. 반짝이는 채색기와를 사용함으로

112

써 지붕은 한층 돋보이게 된다. 그래서 궁전 정원과 마찬가지로 복잡한 구성의 단층 지붕과 다층 지붕은 건물에서 가장 장식적인 부분이다. 이런 특징은 일본의 절이나 궁전 건축에서도 볼 수 있다.

중국 사회에서 조상숭배는 예로부터 일상생활에서 가장 중요한 부분이었다. 황실 역시 예외가 아니어서 황성 동남쪽에 위치한 황실 사당—태묘(太廟)—을 아주 중요하게 여겼다. 1년 중 매 계절의 첫 날은 소나 양을 제물로 바쳐 선제(先帝)의 영혼을 달래는 제사를 지냈다. 고대의 재회(齋會, 죽은 사람을 제도하기 위해 승려들이 모여 경을 읽고 공양하는 것—옮긴이) 풍속에 따르면, 황족의 장래 운명에 영향을 미치는 정책을 결정할 때에는 반드시 이곳에서 돌아가신 망

44. 이화원의 석방(石舫)

113

령들에게 일일이 고하여야 했다. 황가의 태묘에는 보통 사람들의 사당과는 다른 두드러진 특징이 있다. 묘당이 각각의 제실(祭室)로 나누어져, 각 제실마다 한 황제를 모시고 있을 뿐만 아니라 그의 황후와 비빈의 신주도 모시고 있다. 중앙에 황제의 위패를 놓고 양옆에 황후의 위패를 놓았다. 예를 들면 강희제는 황후가 4명이었으므로 양옆에 두개씩 4개의 위패를 세웠다. 건륭제는 황후가 2명이었고, 함풍제는 3명이었으며, 광서제는 1명이었다. 정원에는 수령이 오래된 소나무와 측백나무가 있어서 까마귀들이 많이 서식했다. 새들은 다른 성역들과 마찬가지로 이곳이 안전하다는 것을 잘 알고 있었다.

어쨌든 나에게 가장 인상 깊었던 곳은 문화전(文化殿) 뒤 문연각(文淵閣), 곧 황실 도서관이었다. 문연각은 2층 누각 건물로, 이곳에 있는 모든 책은 비단이나 양단으로 만든 책갑(冊匣)에 넣어 보관했으며, 책갑 옆면에는 옥으로 만든 핀이 달려 있다. 문연각에는 황제의 특별 서재가 있다. 아래층과 위층으로 되어 있는 이곳에서 황제는 독서를 했다. 여기에는 건륭제 때 완성된 4질의 필사본 가운데 한 질이 있는데, 그것이 바로 저 유명한 『사고전서』(四庫全書)이다. 원명원에 보관되어 있던 『사고전서』 1질은 1860년 영불(英佛)연합군의 방화로 소실되었다. 당시 중국에 대한 이해가 너무나 부족하여 영불연합군 병사들은 자신들이 불태운 것이 얼마나 소중한 유산인지를 전혀 알지 못했다. 건륭제가 중국 전역의 가치 있는 고서를 수집하도록 명하자, 수많은 책들이 수도로 보내졌다. 학자와 편집자들은 이 책들을 연구하고, 기존의 책들과 대조하여 엄선된 목록을 작성했다. 그리고 그 책들을 하나하나 필사하여 이 방대한 전집에 수록했다.

　그 밖에도 『사고전서』에 담을 수 없었던 우수한 서적의 목록을 따로 작성하여 덧붙였다. 당시의 편집자들은 모두 박식한 사람들이었다. 특히 원로학자 지윈(紀昀, 자[字]는 曉嵐)은 대단히 총명하고 유머가 풍부했던 훌륭한 학자로서, 건륭제는 그를 매우 아꼈다. 당시 『사고전서』에 수록된 책의 풍격과 저술과정 및 가치에 대한 편찬자들의 간략한 평론, 곧 '제요'(提要)는 지금까지도 고전 평론의 전범이 되고 있다. 이보다 일찍 편찬된 영락연간(1403~1424)의 전서(全書)—『영락대전』(永樂大典)—는 소각되거나 흩어지고 사라져 지금은 약 200여 권만 남았다. 『사고전서』는 바로 『영락대전』의 편찬방법을 본받아서 전문가들이 열심히 주해(註解)를 하고 매 글자마다 진지한 고증을 거친 것이다. 섬세하고 고운 먹을 사용했고, 또한 하얗고 두꺼운 최고급 종이를 사용했으며 책 표지를 비단으로 장정했다.

　강희제나 건륭제의 중국어 학습에 대한 열정 덕분에 일찍이 많은 한인들이 품었던 만주족 통치자에 대한 원한은 차츰 사라지게 되었다. 강희제와 건륭제는 문학과 예술의 보호자였고, 많은 사람들이 믿고 따르도록 백과전서·자전(字典)·참고서들을 편찬하게 했다. 이는 강희제와 건륭제의 통치기간이 각각 60년씩이나 지속되었기에 가능했을 것이다. 건륭제는 재위 61년이 되던 해에 위대한 강희제보다 오래 제위에 있을 수는 없다고 말하며 은퇴했다. 그는 내정(內廷) 동쪽에서 조용히 여생을 보냈다. 건륭제는 한족 문화를 깊이 이해했으며, 시와 아름다운 서예 작품을 많이 남겼다. 그래서 그런지 민간에는 아주 그럴듯한 소문이 떠돌기도 했다. 건륭제의 부모는 한인이며, 어렸을 때 그를 몰래 궁전으로 데리고 들어가서 계략을 꾸며 제위를 계승하게 했다는 이야기였다.

　청대 마지막 황제 푸이(溥儀)는 네 살 때 제위에 올랐다. 내가 베이징에 있을 때, 푸이는 스무 살의 청년이었다. 그는 궁정에 살면서

兩袖野色多自斂
迥人出鳥不成啼

舊墨踈豁有古
風夏家々法指
吟中神情目
是清而遠骨相
並饒秀員雄僧
寺我區心與淨
穿帆千里目難
窈渺煙割截失
名氏慘淡經營
軏解同
洞冠
丁亥仲春月

R. F. 존스턴 선생에게 영어를 배웠다. 존스턴 선생은 그에게 헨리 (Henry)라는 멋진 황족의 이름을 지어주었다. 내 친구 하나는 이 헨리 푸이의 책상 위에 헌틀리 앤 파머사에서 만든 비스킷 깡통 하나가 놓여 있는 것을 보았다고 했는데, 이것은 틀림없이 그의 영어 교사가 선물했을 것이다. 또한 푸이가 고서(古書)를 찢어 코를 닦는 것을 보았다는 사람도 있었다. 나중에 푸이는 '그리스도 교도'인 군벌 펑위상(馮玉祥)에 의해 멜로 드라마의 한 장면처럼 궁전에서 쫓겨났다. 물론 이는 그에게 무슨 잘못이 있어서가 아니었다. 이후 그는 일본인에게 납치되어 톈진으로 갔다. 그러고 나서 그는 만주국의 괴뢰황제가 되었고, 히로시마 원폭 투하 직후 다시 만주(滿洲)로 가는 도중에 소련군에게 붙잡혀 압송되었다. 내가 마지막으로 푸이의 소식을 들은 것은 1960년이었다. 당시 그는 이미 보통사람이 다 되어 자기 핏줄 속에 흐르는 '부르주아적' 죄악을 모조리 털어내고 성공적인 사회주의 건설을 완수하기 위해 일하기로 맹세했다고 한다.

서원(西苑)의 연못인 난하이(南海)·중하이(中海)·베이하이(北海)는 역대 황제들의 유원지로 고목으로 뒤덮여 있다. 베이하이의 티베트식 백탑은 황제가 그 위에서 베이징 성을 내려다보던 곳으로 멀리서도 이 백탑의 아름다운 모습을 어렴풋이 볼 수 있다. 프랑스어로는 백탑을 '박하병'(bouteille de peppermint)이라는 이상야릇한 이름으로 부르는데, 이는 매우 적절한 비유이다. 백탑 일대는 원래 쿠빌라이 칸이 세운 여러 궁전의 중심지였다. 당시의 궁전들에는 살쾡이와 담비가 걸려 있었고, 바닥에는 검은 담비 모피가 깔려 있었다. 쿠빌라이 칸의 사냥용 매를 키우는 우리는 서쪽에 있었다. 마르코 폴로는 "그의 공원에는 하얀 수사슴·노란 사슴·영양·수노루 그리고 다양한 종류의 예쁜 다람쥐가 뛰놀고 있다"고 썼다. 오도릭은 일찍이 기계식 공작(孔雀)을 만든 기술에 대해 크게 찬탄했고, 금으로 만든 물시계(水鐘)가 있다고도 했다. (4장 참조)

45. 「봄날의 산행」(春山行樂圖), 마위안(馬遠) 작, 남송(南宋), 비단에 수묵채색
46. 산수화, 샤구이(夏珪) 작, 남송, 종이에 먹

남쪽에는 풍광이 정말 아름다운 난하이(南海)가 있는데, 여기에 바로 가슴 아픈 비극이 발생했던 영대(瀛臺)라는 작은 섬이 있다. 좁고 길쭉하게 생긴 이 섬은 북쪽의 육지와 연결되어 있다. 영대는 흔히 '해양평대'(海洋平臺)라고도 하는데 이 말은 영대와 썩 잘 어울리지는 않는다. 오히려 '영'(瀛)이라는 글자가 암시하듯이 동해의 신선이 산다는 전설의 섬을 연상시킨다.

개혁파 황제인 광서제는 영대에 정확히 10년 동안 연금되어 있었다. 이 이야기는 철가면을 쓰고 지하감옥에 갇혔던 프랑스 왕자를 떠올리게 한다. 그 왕자는 아무도 모르게 지하감옥에서 죽었다. 프랑스 왕자가 죽은 그 작은 섬은 프랑스 칸(Cannes) 연안에 있다. 광서제의 운명은 프랑스 왕자보다는 덜 비참했다. 영대는 비록 작지만 풍광이 수려하고, 아름다운 건축물이 많았다. 물론 환관들의 삼엄한 감시가 없었던 것은 아니다. 환관들은 자신들의 보잘것없는 목숨을 부지하기 위해서 서태후의 뜻에 무조건 복종해야 한다는 것을 잘 알고 있었다. 그들은 항상 교대로 황제를 감시했고, 그래서 그 누구도 황제를 탈출시킬 수 없었다. 추운 어느 겨울날 한 환관이 창호지에 구멍이 난 것을 보고, 젊은 황제가 안쓰러운 나머지 그 구멍을 막아 주었다. 다음날 이 환관은 영락없이 쫓겨났다. 영대에서 일어나는 모든 일은 광서제의 숙모이자 실권자인 서태후에게 즉시 보고되었던 것이다. 광서제는 중국 정부를 근대적으로 개혁하려 했지만, 그의 계획은 위안스카이의 배신으로 수포로 돌아갔다. 아마도 그는 30대에 운명을 따르며 난하이 호숫가의 경치 변화를 감상하는 데 만족할 수밖에 없었을 것이다. 순한 남자가 암호랑이 같은 숙모에게 맞서서 무엇을 할 수 있었겠는가? 1900년, 의화단의 난이 일어났을 때, 8개국 연합군(의화단의 난이 일어나자 베이징을 공략하기 위해 조직된 영국·미국·독일·프랑스·러시아·일본·이탈리아·오스트리아의 연합군―옮긴이) 병사들이 성에 쳐들어오자, 광서제가 사랑했던 진비

(珍妃)는 광서제와 서태후가 서둘러 산시(陝西)로 도망가기 직전 서태후의 명령으로 우물에 던져졌다.

'진비정'(珍妃井)에 얽힌 사건을 목격했던 한 환관의 말에 따르면, 당시 상황은 이러했다. 서태후는 직접 명령을 내린 후에, 정원 맞은 편에 앉아서 환관이 진비를 우물에 던지는 것을 지켜보았다. 서태후의 이런 표독스런 행동은 그녀 자신의 위기감에서 비롯되었다. 서태후가 의화단을 지지한다는 방침을 세우자 폭동이 확대되었다. 광서제는 이에 당황하여 어찌할 바 모르고 있었지만, 진비는 오히려 그녀 나름의 생각을 가지고 있었다. 마지막 순간까지 그녀는 황제가 베이징에 남아서 외국 침략자들과 담판을 지어야 된다고 말하고 서태후를 설득하려 했다. 세인들은 모두 황제가 '양코배기'(洋鬼)에 대해 다소 유화적이라는 것을 알고 있었지만, 서태후는 서양인들의 이런 대응이 화근이 되어 황제가 다시 실권을 장악하지 않을까 두려워했다. 이것만은 절대로 용납할 수 없었던 서태후는 황제가 그녀와 함께 피신해야 한다고 명령했던 것이다. 이런 이유말고도 진비가 목숨을 잃은 것은 그녀가 매우 총명했기 때문이다. 궁중에서 총명한 여자는 한 사람으로 족했던 것이다. 오늘날에도 내정(內廷) 뒤쪽의 동북문(東北門)에 가면 관광객들에게 꼭 소개되는 곳이 있는데, 그곳이 바로 '진비정'이다.

역사상 '위대한' 황후와 여제는 더러 있었다. 당나라의 측천무후는 황제인 아들의 이름으로 천하를 통치했다. 그러나 결국에는 황제에게 반역죄를 씌워 폐위시키고, 수년 동안 외부와의 연락을 단절시켰으며, 외부인의 접견도 금지시켰다. 한 충성스러운 호위병은 젊은 황제를 보호하기 위해 할복자살함으로써 측천무후가 아들에게 박해를 가하는 것에 항의하기도 했다.

여기에서 광서제의 이야기를 하는 것은 내가 어떤 영어책에서 이 '위대한' 여성 통치자, 권모술수의 달인에 대해 일고의 가치도 없는

47

49

48

47. 쿠빌라이의 초상화
48. 「8명의 관원」(八官
人圖)의 부분, 730년대
에 활약한 천홍(陳鴻)의
서명이 있으나 오대(五
代)나 북송시기로 추정
49. 「쓰촨으로 몽진(蒙
塵)가는 당 현종」(明皇
幸蜀圖)의 부분, 족자,
비단에 수묵 채색, 8세
기의 원작을 12세기에
임모

찬사를 읽었기 때문이다. 또한 이 시기의 역사적 사건이 근대 중국 역사의 전과정에 많은 영향을 미쳤기 때문이다. 1908년, 광서제는 서태후보다 정확하게 하루 먼저 세상을 떠났다. 이것은 결코 우연의 일치가 아니었다. 분명한 사실은 자기가 이미 오래 살지 못하리라는 것을 안 서태후는 황제가 살아 있으면 자신의 망령에게 복수를 하고 자신의 명예를 훼손시킬지도 모른다는 생각에 사로잡혀 있었다는 것이다. 그래서 황제는 그녀가 죽기 하루 전날 '제때에' 저 세상으로 가준 것이다. 전해지는 이야기에 따르면 황제는 자신의 손가락을 물어 뜯어서 선혈로 마지막 소원을 써내려 갔는데, 내용은 1898년 그를 배반했던 위안스카이를 조정에서 영원히 쫓아내라는 것이었다. 소문의 진위가 어떠하든 간에 위안스카이는 광서제 사후(死後) 4년 동안 확실히 정계에서 물러나 있었다. 1911년 혁명이 일어나고 나서야 그는 다시 권좌에 올랐다.

베이징의 난하이·중하이·베이하이는 일련의 비극을 목격했다. 난하이에서 광서제는 죄수처럼 죽어갔고, 중하이와 관계 있던 한 인물—위안스카이—은 그를 배반했다. 위안스카이는 군대를 장악한 덕분에 민국 성립 후에 정치무대에 복귀했으며, 1915년에는 스스로 황제가 되려 했다. 그러나 1916년 차이어(蔡鍔)라는 사람이 윈난(雲南)에서 위안스카이를 몰아내려는 반란을 일으켜 위안스카이의 계획을 무산시켰다. 이 차이어라는 이름은 베이하이 서북쪽의 쑹포 도서관(松坡圖書館, 차이어의 字가 松坡이다—옮긴이)에 길이 남게 되었다. 차이어의 반란에 직면하자, 위안스카이가 오랫동안 준비했던 군주제 부활은 황량몽(黃粱夢, 원대 잡극 고사에서 나온 말로 허황된 일이나 허무한 꿈을 가리킨다—옮긴이)처럼 깨져 버렸는데, 그 이유는 민중들이 군주제를 반대했기 때문이다. 권력은 정상에 도달하는 순간 민중을 이탈하는 속성이 있다. 위안스카이는 공모자들에게 속아서 중국 전역에서 군주제를 지지한다고 생각했다. 그래서 사리

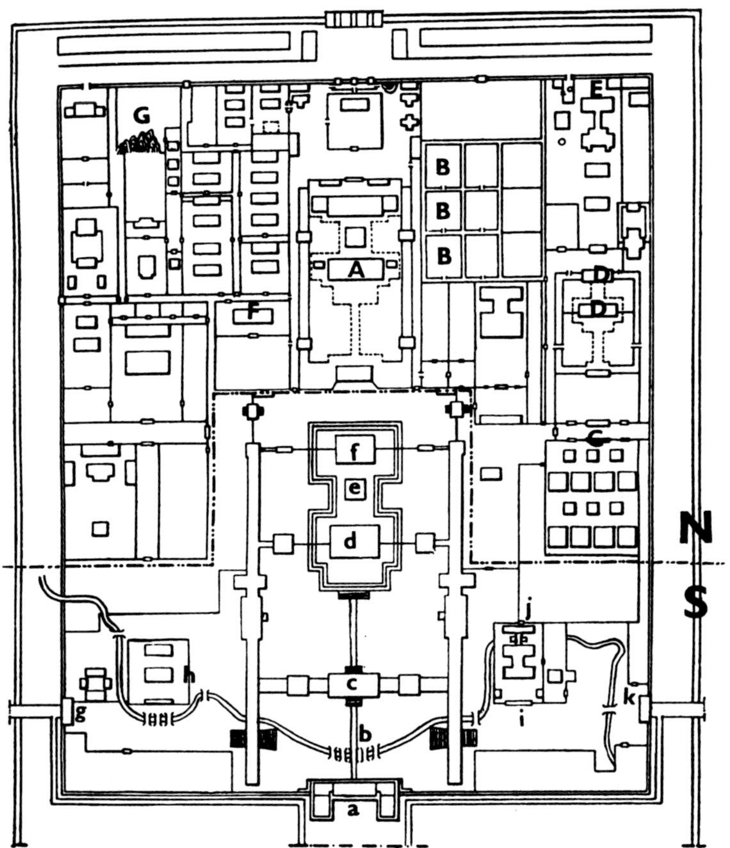

자금성(紫禁城)

황궁(皇宮)의 북부(내정〔內廷〕이라고도 함)

  A. 건청궁(乾淸宮)

BBB. 황자(皇子)의 거처

  C. 구룡벽(九龍壁)

DD. 건륭제 퇴위 후 황태후와 함께 거
     처한 곳

  E. 진비정(珍妃井)

  F. 양심전(養心殿)

  G. 어화원(御花園)

황궁(皇宮)의 남부

  a. 오문(午門)

  b. 진수이허(金水河)

  c. 태화문(太和門)

  d. 태화전(太和殿)

  e. 중화전(中和殿)

  f. 보화전(保和殿)

  g. 서화문(西華門)

  h. 무영전(武英殿)

  i. 문화전(文華殿)

  j. 문연각(文淵閣)

  k. 동화문(東華門)

사욕에 사로잡힌 그는 자기 마음대로 황제를 자칭하게 되었다. 항간에 떠도는 소문에 따르면, 량스이(梁士詒, 별명은 '행운의 신')는 일찍이 신문사를 세웠다. 그는 매일 아침 위안스카이에게 상하이에서 발행되는 신문을 갖다 바쳤는데, 이것은 뉴스 내용을 선별해서 재편집한 뒤에 베이징에서 다시 인쇄한 것이었다. 위안스카이는 이 신문들을 보고 여론이 중국의 군주제 부활을 강력히 요구한다고 착각했다. 명의 마지막 황제가 임종할 때 남긴 "신하들이 모두 짐을 기만하였다"(然皆諸臣誤朕)는 말은 바로 위안스카이의 마지막 감상이 아니었을까.

1911년 중화민국이 수립되면서부터 싼하이(三海) 대부분 구역은 일반인들에게 개방되었다. 금오옥동교(金鰲玉蝀橋) 어귀에는 베이징 국립도서관이 우뚝 솟아 있다. 이것은 매우 고아한 건축으로 주변의 격조 있는 고풍스런 배경과 잘 조화를 이루고 있다. 도서관은 중하이와 베이하이의 경계선에 있다. 이 일대, 특히 중하이는 서태후가 즐겨 찾던 곳이다. 이제는 호수 위에서 뱃놀이를 하거나 스케이트도 탈 수 있지만, 제국시기에는 출입이 금지된 구역이었다. 이곳의 자광각(紫光閣)은 동치제(同治帝, 1862~1877년 재위)가 처음으로 외국 사신을 접견했던 장소이다. 높이가 12~15m 정도 되는 이 건물은 사람들에게 의식을 거행하던 대전(大殿)만큼 깊은 인상을 주지는 못하지만, 대전보다 친밀감을 준다. 궁전 안 곳곳에는 건축예술의 진품(珍品)들이 산재해 있다. 이쪽에서는 숲속에 숨어 있는 완만한 곡선의 지붕을 슬쩍 볼 수 있고, 저쪽에서는 다리로 오르는 잘 장식된 무지갯길이 있다. 또 한편에는 오색찬란한 유리기와가 있는가 하면, 저기에는 대불(大佛) 하나가 있다. 전체적으로 근엄한 분위기로 주변 풍경과 썩 잘 어울린다. 딱 하나 잘 어울리지 않는 유럽식 건축물이 있다. 그것은 서태후가 충동적으로 건설한 것으로, 위안스카이는 이 건물을 총통 관저로 개조했지만, 오히려 개조

하고 나서 더욱 흉물스러워졌다. 전형적인 동방의 주변 풍경에서는 두드러져 보일지 모르지만, 서양의 관광객들에게는 몹시 눈에 거슬리는 건물이다.

줄리엣 브레든은 우아한 필치로 싼하이(三海) 지역의 형용하기 어려운 아름다움을 묘사했다. "이 잊혀지고 구석진 베이하이의 매력을 분석한다는 것은…… 거의 불가능한 일이다. 베이하이의 매력은 세심하게 음미해야 하는 어떤 맛이며, 마음속에 젖어드는 일종의 향기이며, 우리 눈에 비치는 어떤 색이다. 그것은 호수에 비친 버드나무 그림자에서도 발견할 수 있고, 마치 호숫가를 따라 굽이굽이 이어지는 거대한 용 같은 회색의 석조 제방에서도 발견할 수 있다.

50. 청자반(青瓷盤), 원대(元代)

또 남쪽으로 날아가는 오리떼 속에도 존재하고, 미풍에 흔들리는 푸른 풀 사이에도 존재한다. 그것은 부서진 대리석 난간을 부드럽게 스치는 잡초 속에 있고, 황금빛 지붕 사이로 우거진 관목들 속에도 있다. 또한 파란 물 위에 비친 유리기와의 그림자나, 라일락으로 뒤덮인 큰길에 연자주색으로 물든 까마귀 날개에도 있다. 황혼 무렵 바위 위에 앉아 있는 고독한 왜가리조차도 매력적으로 보이는데, 왜가리들은 받침대 위에 서 있는 동상처럼 미동도 하지 않고 있다. 그뿐인가. 쓸쓸하게 우리의 역사를 응시하는 기억 속에도, 누런 먼지에 부드럽게 뒤덮인 오늘의 황량함에도 매력은 존재한다.”

일찍이 중국의 우편행정체계를 만들었던 로버트 하트 백작의 질녀인 줄리엣 브레든은 매우 정감 있고 아름다운 필치로 베이징을 이야기했다. 그녀가 쓴『베이징』(*Peking*)은 이 고도(古都)에 관한 영어책 가운데 가장 잘 된 것이라고 말할 수 있다. 줄리엣 브레든이 묘사한 모든 사원과 장소에는 그녀가 직접 현지 답사했을 때의 감정이 진하게 녹아들어 있다. 정말 희한하게도 베이징을 가장 잘 묘사한 몇몇 작가들의 이름 첫 글자는 모두 ‘B’로 시작한다. 브렛슈나이더 (Bretschneider)는 가장 훌륭한 고고학 연구보고서를 썼고, 브레든 (Bredon)은 꼭꼭 숨어 있는 것을 탐색하는 자의 영민함으로 베이징성의 잊혀진 구석구석들에 대해 썼다. 백하우스(Backhouse)와 블랜드(Bland)는 전자의 중국에 대한 지식과 후자의 뛰어난 글재주를 결합하여 탐정소설 같은 역사책 두 권—『베이징 궁정 연보와 회상』 (*The Annals and Memoirs of the Court of Peking*),『서태후 치하의 중국』(*China under the Empress Dowager*)—을 내놓았다. 다른 작가의 책들도 나름대로 훌륭하지만, 이상 네 권의 책은 길이 기억될 것이다.

베이징의 중하이와 베이하이를 분리하는 대리석 홍예교는 금오옥동교라고 부른다. 이 다리는 예로부터 조공을 바치러 오는 사람들이 황성으로 진입하는 지정 도로였다. 다리 양쪽에서 사람들은 호수의 경치를 감상할 수 있다. 유명한 단성(團城)은 바로 다리 동쪽에 있고, 단성과 이어진 작은 섬(충화다오)에는 웅장하고 아름다운 하얀 사리탑이 있는데, 흔히 백탑이라고 부른다. 단성은 원성(圓城)이라고도 하며, 크지는 않지만 승광전(承光殿)에 안치되어 있는 옥불(玉佛)로 유명하다. 모나리자 같은 미소를 짓고 있는 이 불상은 더없이 섬세하고 아름다운 예술품이다.[17] 전해 오는 이야기에 따르면, 아무리 깨끗한 옥석이라도 옥불에 가까이 대면 바로 광채를 잃고 색이 변한다고 한다. 그러나 옥불은 유리 안쪽에 있어서 관광객들이 바짝 다가가야만 볼 수 있다. 승광전의 앞뜰에는 또 아주 귀한 물건이 있다. 옥병(玉瓶)이 바로 그것인데, 높이가 약 60cm이고, 표면에 용과 물고기 형상이 새겨져 있다. 이 옥병은 쿠빌라이 칸의 유물일지도 모른다. 마르코 폴로는 이런 종류의 옥으로 만든 용기에 대해 묘사하면서, 매우 귀한 물건으로 진주로 엮은 술이 장식되어 있으며 높이가 "1.5m에 달한다"고 설명한 적이 있다. 물론 내정의 양심전(養心殿)에 있는 건륭제의 방에도 이 옥병과 비슷한 것이 몇 개 더 있지만, 크기가 이것만 못하다. 역사기록에 의하면, 원의 궁성이 파괴될 때 이 병이 없어졌는데, 건륭제가 작은 절에서 그것을 발견하고는 미화 천 달러 정도를 주고 이곳에 옮겨 놓았다고 한다. 또한 건륭제는 병에 자작시 한 수를 썼다. 우리는 지금 몽골 통치자와 그보다 앞선 금(金) 통치자의 영광을 볼 수 있는 작은 섬에 서 있음을 기억해야 한다.

백탑은 중국에서 통용되던 양식과는 다르게 아주 기묘한 형태를 하고 있다. 정원에서 관람하는 사람들은 연꽃으로 뒤덮인 호수 저편에 햇빛을 받아 빛나는 하얀 탑을 볼 수 있다. 가까이 다가가 기단에 오르기 전에는, 탑이 얼마나 거대한지 가늠하기 어려울 것이다. 백탑의 꼭대기는 어쩌면 베이징 성에서 가장 높은 곳일지도 모른다.

보통 사리탑은 탑신(塔身)이 두껍고 둥글며, 꼭대기 부분에 작은 구조물이 있다. 이는 또 티베트·태국·버마 등에서 발견된 고승의 사리함을 생각나게 한다. 백탑은 베이하이의 어원(御苑) 중에서 가장 돋보이는 위치에 있으며, 12세기 이래 불교가 중국에 미친 영향이 지대했음을 알려준다. 실제로 불교의 영향은 더 멀리 4세기에서 6세기(베이징에서 가까운 윈강석굴〔雲崗石窟〕의 석불이 그 증거이다)까지 거슬러 올라갈 수 있다. 아주 오래 전에 붓다는 이미 중국인의 마음속 깊이 들어왔고, 불교는 사실상 19세기 이전까지 중국이 중시한 유일한 외래 사조였다. 당 이래로 불교 설화는 줄곧 중국 민중의 깊은 관심거리였고, 불교 용어도 이미 중국어의 관용어 속에 자리를 잡았다. 서태후는 존경의 뜻으로 '라오포예'(老佛爺, 부처라는 뜻으로 청대 황태후나 태상황제에 대한 존칭―옮긴이)로 불렸고, 귀여운 살찐 아이는 '샤오푸싸'(小菩薩, 작은 보살)라고 불렸다. 늦게 잡아도 4세기에 인도의 승려가 중국에 왔고, 이들을 가리켜 '서역승려'(西僧)라 했으며, 불교의 천당은 바로 '서천'(西天, 서방정토, 인도의 다른 이름―옮긴이)이라고 했다. 칭키즈 칸 시기에, 베이하이는 비범한 도사(道士) 추추지(邱處機)와 관계가 있었던 것 같다. 추추지의 도호(道號, 도교에 입문한 뒤의 이름)는 장춘(長春)으로 당시 쿤룬산(昆侖山)에 살고 있었는데, 칭기즈 칸은 그의 명성을 듣고 그를 초빙했다. 추추지는 즉시 몽골의 카라코룸으로 칭키즈 칸을 만나러 갔지만, 칸이 떠난 뒤였다. 그는 온갖 고생과 어려움을 겪으며 칭키즈 칸을 뒤쫓아간 끝에 마침내 인도와 중국의 국경지대에서 그를 만나게 되었다. 추추지는 칸에게 살생하지 말라고 충고했다. 이후 그는 중국으로 돌아와 베이하이 부근의 봉지(封地)에서 줄곧 살았다. 백탑은 1652년 첫번째 만주족 황제인 순치제(順治帝)가 달라이 라마의 베이징 방문을 기념하여 세운 것이다.(아마도 정치적 의도와 종교적 의도가 반반이었을 것이다.) 탑의 기단 위에 감실이 있는데, 그

안에는 머리가 7개에 팔이 34개, 다리가 16개 달린 불상이 안치되어 있다. 불상의 목에 사람의 두개골로 엮은 목걸이가 걸려 있는 것으로 보아 라마교의 영향을 받았음을 알 수 있다.

이 작은 섬 충화다오 정상에 서면, 하늘이 선사한 아름다운 경치를 즐길 수 있으며, 넓은 시골과 도성의 찬란함을 굽어볼 수 있다. 12세기에 저우원(周惲)이 이 섬을 묘사한 적이 있으며, 또 원대의 옛 영광을 서술한 『철경록』(輟耕錄)에도 유사한 기록이 보인다. 아래로 그다지 멀지 않은 호수에는 금빛 물결이 넘실대고, 멀리 시산(西山)은 희미한 회색 안개에 휩싸이며 지평선 너머로 숨어 버린다. 화창한 날, 시산이 햇살을 받으면 길게 이어진 산등성이는 붉은 색에서 연자주색으로, 산 정상부는 연보라빛과 파란색으로 변한다. 전면(前面)의 아래쪽 푸른 숲 가운데로 기묘한 조형의 처마가 모습을 살짝이 드러내는데, 금박 채색으로 장식한 주홍색 문기둥은 주엽나무나 백송의 옹이진 줄기와 좋은 대조를 이룬다. 제방 곳곳에는 채색 기와지붕의 패루(牌樓)가 있고, 대리석 다리가 쪽빛 호수 위에 걸쳐 있다. 음력 5월쯤 호수는 늘 수십리에 걸쳐 연꽃으로 뒤덮인다. 연꽃 향기는 바삐 지나가는 나그네를 멈춰 세울 만큼 강하지는 않지만, 그 은은함은 배에 한가로이 앉아 있거나 호숫가를 거니는 사람들의 코를 즐겁게 한다. 동쪽으로 멀지 않은 곳에는 내정과 세대전의 지붕이 보인다.

다른 곳, 특히 북쪽 구릉에는 다양한 높이의 정자와 누각, 아치길, 굴과 터널, 돌길(정원 안에 벽돌로 깐 길―옮긴이) 등이 멋진 경관을 연출하며 관광객들의 눈길을 끈다. 호수 북단의 수면 가까이 내려가면, 몇 군데 훼손된 회랑이 있다. 나는 그 회랑에서 어선방(御膳房, 황제의 식사를 준비하던 궁중 주방―옮긴이)식으로 찐 중국식 옥수수떡(玉米糕)을 맛 본 적이 있다.(베이하이는 1925년 일반인에게 개방되었다.) 옥수수떡은 평소에는 가난한 사람들의 주식으로 대개

쌀을 구하지 못한 농민들이 먹던 것인데, 황실 요리사들의 솜씨로 이 거친 먹거리가 아주 맛깔스런 떡이 되었다.

백탑 반대편 호수 북쪽에는 두 개의 구조물이 있다. 하나는 매우 아름답고 장대한 구룡벽(九龍壁)이다. 어림잡아 벽의 길이는 27m 남짓 되며, 다섯 가지 색깔의 용과 구름이 어우러진 부조가 새겨져 있고 벽 위에는 반짝이는 유리기와가 덮여 있다. 이런 구룡벽은 내정의 동쪽(九龍壁, 54쪽 참조)에도 있는데, 일반인들은 보기 어렵다.(지금은 개방되어 있다—옮긴이) 호수의 서북쪽 맨 끝에는 두 개의 색다른 불교 건축물이 있다. 소서천(小西天)과 대서천(大西天)이다. 대서천에 있는 12m 높이의 작은 동산에는 고승 수백 명의 모습이 음각되어 있다. 이것은 보는 이를 탄복시키기 위해 조성한 것이라기보다는, 신도들에게 경외감을 주기 위한 것이었다. 이것을 보면 건축물 전체가 인물 조각으로 가득한 캄보디아의 앙코르 와트나 인도의 힌두교 사원에서 받았던 느낌과 마찬가지로 약간의 두려움을 느끼게 되기 때문이다. 언젠가 나는 대서천에서 지나치게 장식적인 조각을 발견하고, 이를 중국의 로코코라고 불렀다. 이런 경향은 중국의 정원에서도 발견된다. 형상이 각기 다른 문과 창문이 과도하게 많고, 보통의 담장도 지붕에 물결 무늬 장식을 하면서 간결한 선의 고전적 아름다움을 잃어 버렸다. 마찬가지로, 채색 도자기의 장식에도 때때로 지나치다 싶은 면이 있다. 이런 것은 송대 백자병의 소박한 단순미를 능가하지 못한다.

중국의 정원에서 정자(亭子)는 늘 중요한 역할을 한다. 정자는 아주 작고 단순한 건축물로 그 윤곽을 한 눈에 알아볼 수 있다. 거실의 꽃병처럼 그것은 홀로 서 있는 것 자체가 아름다워야 한다. 정자는 형태와 구조, 비율, 처마 채색 등을 변화시킴으로써 자기만의 독창성을 드러낸다. 만일 완벽한 아름다움에 이르려면, 목적에 따라 거기에 걸맞은 색과 형태와 상하고저(上下高低)의 비율을 잘 맞추어

야 하며, 가냘프게 해야 할지 우아한 기품이 배어나게 해야 할지를 결정해야 한다. 여러 개의 정자가 한 곳에 모여 있는 경우에는 색과 형태를 조화시키는 것이 중요하다. 우리는 이 일대에서 두 가지 예를 감상할 수 있다.

하나는 서북쪽에 있는 오정교(五亭橋)이다. 오정교는 마치 춤추는 용이 물 속으로 뛰어드는 듯한 형태인데, 다섯 정자는 반원형으로 분포되어 있으며, 보통의 경우처럼 회랑으로 연결되어 있다. 이런 매력적인 배치 덕분에 이곳은 호숫가의 단조로움을 극복할 수 있었다.

다른 일련의 정자들은 베이하이의 북쪽 입구에서 그다지 멀지 않은 메이산(煤山) 능선에서 볼 수 있다. 3장에서도 언급했던 메이산은 내정 뒤쪽 중앙에 우뚝 솟아 있고, 높이는 92m쯤 되는데, 내정과는 멀리 떨어져 있지만, 여러 성문과 동일한 중심축에 놓여 있다. 이

52.「말에게 꼴을 먹이며」(飲飼圖), 런런파(任仁發) 작, 14세기, 비단에 수묵 채색, 두루마리
53. 청동호형관(靑銅壺形罐), 주둥이 안쪽에 건륭제의 시가 새겨져 있다.
54. 호로형관기(葫蘆形罐器), 남송

132

53

52

54

중심축은 외성의 남문에서 시작된 것으로, 북쪽에는 중앙문이 없고, 그 대신 메이산이 이 축의 종착지가 된다. 이곳은 바로 봉화대를 관찰하는 지점이었다. 봉화대는 전시(戰時)에 긴급상황을 알리는 시설로 북쪽의 만리장성에서 중국을 동서로 가로질러 여기까지 하나의 사슬처럼 이어져 있다. 다섯 정자는 산 능선에서 아래로 미끄러져 내리는 듯한 산세를 따라 조화롭게 배치되어 있으며, 그 조형과 색채가 형용하기 어려울 정도로 아름답다. 줄리엣 브레든[18]의 글에 따르면, 이 정자들은 사절들의 생생한 묘사를 통해 그 아름다움이 러시아의 예카테리나 2세의 귀에까지 전해지자, 그녀는 차르스코예셀로(Tsarskoe Selo, 지금의 푸시킨 시—옮긴이)에 있는 궁전에 똑같은 정자를 짓도록 지시했다고 한다.

다시 아래로 내려가면, 쇠사슬로 엮은 울타리에 둘러싸인 나무 한 그루가 서 있다. 바로 명의 마지막 황제가 리쯔청(李自成)의 반란군이 베이징을 공격해 올 때 목매어 자살한 곳이다. 황제는 아침 일찍 일어나 옷을 갈아입고 아침 조회를 알리는 종을 쳤건만, 아무도 조정에 나타나지 않았다. 황제는 용을 수놓은 짧은 상의와 황자(黃紫)색의 긴 두루마기를 입고 왼발은 벗은 채 왕청안(王承安)이라는 충성스러운 환관을 대동하고 신무문(神武門) 밖으로 나가 메이산 공원에 들어갔다. 그는 쓸쓸하게 성안을 응시하다가 긴 소매자락 끝에 유언을 남겼다. "짐은 나약하고 덕망이 부족하여 하늘의 노여움을 샀도다. 폭도들이 짐의 수도를 점령했건만 신하들은 모두 짐을 기만하였다. 짐이 죽어서도 조상들을 뵐 낯이 없어 스스로 관면(冠冕)을 벗고 머리카락을 풀어 헤쳐 얼굴을 가리노라. 폭도들은 내 몸을 갈가리 찢어도 좋으나, 백성은 한 사람도 해치지 말라." 그런 연후에 그는 유명한 '황가관대정'(皇家冠帶亭) 안에서 목매어 죽으니 그 충성스러운 환관도 따라 죽었다.[19]

이화원의 경관은 싼하이(三海)와 흡사하다. 이화원도 산과 물 사

134

이에 세워진데다 탑과 사원, 회랑 등으로 꾸며져 있다. 단 규모가 훨씬 크고 사치스럽다. 중요한 사실은 이화원이 서태후의 미화 5천만 달러짜리 즉흥작이라는 것이다. 서태후는 근대적인 중국 해군을 창설하기 위해 마련된 예산에서 은 2,400만 냥을 유용하여 자신을 위한 거대한 유원지를 만드는 데 쏟아부었다.

이로 말미암아 중국은 값비싼 대가를 치렀다는 말을 종종 듣는다. 중국 해군이 청일전쟁(1894)에서 참패하여 중국은 타이완을 일본에 할양했기 때문이다. 나는 이 견해에 대해서 회의적이다. 중국이 소규모의 해군을 창설했다 하더라도, 아마 중국 해군은 얼마 가지 않아 궤멸되었을 것이다. 해군 군비를 전용한다는 발상은 서태후의 유명한 수석 대신 리훙장(李鴻章)의 동의 아래 이루어진 것인데, 설령 당시 조정의 상황이 조금 달랐다 하더라도 중국은 강력한 해군을 갖지 못했을 것이다. 리훙장의 착취의 손길은 탄광·철광에서 운하(運河)까지 미치지 않은 곳이 없었다. 그와 성쉬안화이(盛宣懷)는 당대의 갑부였다. 그들이 운영하는 중국증기해운회사의 독과점은 악명을 떨쳤다. 1911년 신해혁명의 발발은 부분적으로는 성쉬안화이에 대한 대중의 분노 때문이었다. 영리를 추구하는 해운회사조차 제대로 운영하지 못하는 인간들이 어떻게 해군을 이끌 수 있겠는가? 톈진에서 8개국 연합군은 약 450톤의 탄약과 소총·포탄 등을 발견했는데, 이는 실전에서 사용될 무기인지도 고려하지 않은 채 러시아·독일·프랑스·영국·체코의 회사들로부터 매판자본의 배를 불려주기 위해 들여온 것들이었다. 이를테면 해전 중에 나포된 중국의 한 포함(砲艦)에서는 두 발의 포탄만이 발견되었다. 이상에서 볼 때, 사욕(私慾)에 눈이 멀었던 서태후가 군비를 다른 데 유용하지 않았다 하더라도, 중국이 해전에서 일본을 이길 수는 없었을 것이다. 1900년, 8개국 연합군은 이화원의 일부를 파괴하려 했지만, 다행히 그들의 뜻대로 되지 않았다. 몇 년 후 이화원은 옛날의 광채를

되찾았다.

강희제의 60세 생일을 기념하기 위해 제작된, 예로부터 전해 내려오는 한 폭의 그림에는 경축일의 경사스런 분위기로 충만한 도시의 풍경이 긴 두루마리에 한껏 펼쳐져 있다. 이 그림은 감상자의 시선을 내궁(內宮)에서 도성 서북쪽의 풍경을 따라, 다시 서직문(西直門)을 지나 서북쪽 교외로 이끌고 가다가, 원명원 밖의 몇몇 문에서 멈춘다. 화면은 그 중요한 날의 경축 장면—줄지어 늘어선 부대, 기마병, 어가(御駕)와 호위대, 각지에서 모여든 만주족 기인(旗人)과 악공과 기예단, 끝으로 각 성(省)에서 온 길드의 조합원들이 차지해 버린 서쪽 대로를 따라 늘어선 여관 등—을 묘사한다. 제발

55. 도기(陶器), 줘저우
형흑관(涿州型黑罐), 흰
색 글씨 양각, 명대, 채
색
56. 「화조도」(花鳥圖),
자수(刺繡), 송대

136

(題跋)은 각 극장이 어떤 길드나 어느 관가에서 출자(出資)하고 경영하는 것인지를 설명하고 있다.

이화원은 새로운 여름행궁으로, 폐허가 된 원명원(옛 여름행궁)가까이 있다. 원명원에 대한 약탈은 함풍제 때 발생했다. 당시 서태후는 아직 젊은 여인이었다. 서태후는 남편인 함풍제와 함께 불명예스럽게도 러허(熱河, 지금의 청더〔承德〕)로 도망쳤다. 그때 자신의 기억 속에 각인된 상처를 그녀는 결코 지워버릴 수 없었을 것이다. 그녀가 보았던 영광스러운 원명원은 이제 복구가 불가능할 정도로 폐허가 되어 있었다. 그것은 철저한 문화 파괴였다. 서태후는 만년에 자신의 쾌락을 위해 새로운 정원을 지어야겠다고 생각했고, 그것이 바로 지금의 이화원이다. 그녀는 이화원이 완성된 후 너무나 기뻐하며 거의 대부분의 시간을 이곳에서 보냈다.

이화원은 건축학적 관점에서 볼 때 중국의 지상낙원에 대한 환상을 상징적으로 보여준다. 간혹 그것은 완서우산(萬壽山)이라 불리기도 했는데, 완서우산에 오르면 이화원 전체를 조망할 수 있었기 때문이다. 이화원은 시산 자락의 끝, 위취안산 근처에 자리하고 있다. 동궁문을 들어서면 전각들이 겹겹이 늘어서 있고 북쪽 언덕에는

거대한 불향각(佛香閣, 65쪽 참조)이 하늘을 배경으로 장엄하게 우뚝 솟아 있다. 불향각은 높은 곳에 누각을 세워 먼 곳까지 바라보려는 중국인의 '누각' 건축에 대한 이상을 가장 잘 보여주는 건물이다. 누각 저 멀리에는 3층 극장과 티베트 불교에서 사용하는 회전 경문통(經文筒)이 달린 정자가 있는 서태후가 거처하던 아름다운 궁전이 있다. 그 궁전엔 한 쌍의 청동학과 그 밖의 상서로운 동물들로 장식되고 아름다운 돌이 깔린 앞뜰이 있다. 가장 탁월한 점은 어떤 하나의 각도에서 풍경을 완전히 장악하고 있는 것이다. 현대 건축에서도 전망창의 설계를 고려하듯이 정자와 누각은 전체적으로 전경(前景)과 원경(遠景)을 조망할 수 있는 지점에 세워졌다. 어떤 지점에서는 위취안산의 탑의 자태가 눈에 들어온다. 그래서 사람들은 대리석으로 장식한 패루(牌樓)를 비롯한 전체 경관을 멀리서 꿈결인 양 바라볼 수 있다.

완서우산 아래에는 제방을 따라 아름다운 아치 길이 나 있는데, 양쪽 끝에는 예로부터 유명한 청동 사자 두 마리가 서 있다. 호숫가는 길다란 하얀 대리석 난간과 구불구불 이어진 채색 장랑(長廊)으로 둘러져 있어서 아름답기 그지없다. 회랑 아래에 서면, 호수 저편의 용왕도(龍王島)는 물론 이 섬과 육지를 연결하는 십칠공교(十七孔橋)를 볼 수 있다. 또한 시선이 닿지 않는 섬의 한쪽 구석에는 타배교(駝背橋) 또는 나과교(羅鍋橋)라 불리는 정교하고 아름답기로 유명한 다리(27쪽 참조)가 있다.

석방(石舫, 113쪽 참조)이라고 부르는 커다란 돌배에는 2층의 높은 누각이 있고 배의 길이는 24m 정도 된다. 돌배는 움직이지 않고 호수 가운데 정박해 있는데, 어떻게 저런 구상을 했을까 신기하기도 하지만, 그 형상만큼은 아주 사실적이다. 일찍이 서태후는 둘레가 6.4km에 달하는 호수를 유람하기 위해 소형 기선 한 척을 들여왔다. 그런데 어찌된 영문인지 그녀는 유람을 포기했다. 아마도 부품을 구할 수 없어서 그랬던 것 같다.

57. 「흰 매」(白鷹圖), 비단에 자수(刺繡), 송대

地行不
識名和
蹬大泥
高陽一
酒徒凜
毫璉臺
仙宴罷
珠高襟
袖高模
朔間

7. 사원·탑·조형예술

색·선·형식 그리고 분위기는 모든 예술의 기본 요소이고, 예술의 임무는 아름다움을 창조하는 데 있다. 예술은 직접 감각기관에 호소하는 것이다. 그러나 예민한 감수성의 퇴화는 절망적 몸짓으로서, 지적이거나 기하학적인 분석으로 예술을 잘못된 길로 끌고 가기도 한다. 여기서 이런 예술에 대해 이론상의 변명을 늘어놓는 것은 아무런 의미도 없다.

수많은 궁전과 어원의 정교한 채색기술은 앞에서 이야기한 바 있다. 그러나 모든 중국 건축물에서, 그것이 황궁이든 탑이든 관계없이 형식은 색 못지않게 중요하다. 중국의 모든 사원 건축물에서 탑은 매우 중요한 요소였다. 사실상 아주 오래된 사원에서 유일하게 남아 있는 것은 언제나 탑이었다. 탑은 기본적 아름다움의 조건인 선과 균형미를 갖추고 화병처럼 외로이 우뚝 서 있다. 서구 도시에서 교회의 뾰족한 지붕이 하늘을 향해 올라가려는 인간의 마음을 대변해 주는 것처럼 중국의 풍경에서 탑은 방법은 다르지만 그것과 같은 역할을 한다.

베이징의 사원은 수를 헤아릴 수 없을 정도로 많다. 유교 사당을 비롯해서 도교·불교·라마교(喇嘛敎)의 사원도 있다. 그 형식의 완벽함을 말한다면, 천단(天壇)이 단연 으뜸이다. 많은 작가들은 천단을 "중국의 모든 종교건축 중에 가장 뛰어난 대표작" "3중 지붕의 파란색 기와 꼭대기에 황금색 보주가 씌워 있는 성지" "인간의 영감

58. 「발묵선인도」(潑墨仙人圖), 량카이(梁楷) 작, 북송, 종이에 수묵

143

이 빚어 낸 걸작"이라고 찬미한다. 천단은 중국의 모든 예술품 중에서 단일 작품으로는 가장 아름다운 진품(珍品)이라는 명성을 들을 만한 가치가 있으며, 모든 중국 회화예술의 수준을 뛰어넘은 것이다. 천단을 보는 순간 누구나 받게 되는 충격적인 감동은 일차적으로 천단의 장엄함에서 기인하는 것이며, 그 다음으로는 천단의 완벽한 비율과 색채와 저 높은 푸른 하늘(天)과의 조화에서 오는 것이다. 줄리엣 브레든은 위대한 시인의 감수성으로 천단을 보았을 때 받은 느낌을 이렇게 기록했다.

관광객이 거의 찾지 않는 고요한 이곳에서, 다른 사람의 방해를 받을 걱정 없이 우리는 부드럽게 하늘거리는 잔디와 장엄하게 높이 치솟아 있는 푸른 나무들, 그리고 그들을 종횡으로 가로지르는 대리석 길을 볼 수 있다. 초목은 마치 주변 공간과 빛과 대기 속에 내포되어 있는 일체의 고요와 부드러움을 빨아들이는 것 같다. 만일 시간이 허락된다면 세 번 오는 것이 좋다. 이른 아침에 오면 아침 햇살과 우윳빛 안개 속에서 꿈결처럼 어렴풋이 하늘에 매달린 천단의 지붕을 볼 수 있다. 정오에는 천단의 화려함이 불꽃을 튕기며 활활 타오른다. 또 저녁 무렵 태양이 불덩이가 되어 시산 너머로 넘어갈 때면 저녁 노을에 빨갛게 물든 대리석을 볼 수 있다. 만약 정말 천단의 더할 나위 없는 정묘함을 느끼고 싶다면, 달빛이 신비로운 날이나 눈이 사뿐히 내리는 바로 그 때를 만나야만, 당신은 비로소 이 인류의 값진 유산이 아름다운 수목과 광활한 창공과 어떻게 조화를 이루는지를, 그리고 얼마나 정확하게 생명과 영원한 진리를 반영하고 있는지를 알 수 있다. 그러면 당신은 숲과 건축물이 지혜·사랑·경외와 함께 사해(四海)에 두루 미치는 평화를 상징한다는 것을 느낄 수 있을 것이다. 거기에는 인간의 무지함을 일깨우는 신성한 빛이 담겨 있다.[20]

144

辯才老師退居龍井不復
出入軾往見之常出至風篁
嶺左右驚曰遠以復過虎
辯才笑曰杜子美不云乎與
子成二老未往二風流因作
亭嶺上名之曰過溪亦曰二
老謹次
辯才韻賦詩一首　眉山蘇軾上
日月轉雙轂古今同一丘惟此
鶴骨老寧迷不知秋去住兩
無礙天人爭挽留去如龍出
雷雨卷潭湫澈来如珠還浦遷甫奐

달빛에 씻긴 천단은 사람들에게 경건한 마음으로 옷깃을 여미게 한다. 하늘의 장막이 낮게 드리우고, 천단의 웅장한 둥근 지붕이 주위의 자연경관과 긴밀한 조화를 이루며 하나가 되기 때문이다. 지붕 꼭대기의 황금색 보주(寶珠)는 구름이나 수많은 별들 속에서 유난히 빛을 발하고, 3중 지붕은 밤에 훨씬 평온하고, 온화한 동시에 경외로워 보인다. 흰 대리석 난간을 두른 기단은 천단 전체를 지탱하며 떠받치고 있는데, 이것은 인간의 영혼을 하늘에 봉헌했음을 상징한다. 천단은 아마 세계에서 인류의 자연숭배의식을 가장 잘 체현한 건축물일 것이다. 그리고 빽빽하게 늘어선 궁전이나 우아하기 그지없는 누각(樓閣)과는 달리 천단은 고딕식 대성당처럼 진정으로 신의 계시를 느끼게 한다.

제천(祭天)은 중국 고대에 가장 위엄 있는 의식으로 오로지 황제만이 누리는 특권이었다. 제천의식을 행할 때 황제는 최고 제사장이자 신하와 백성의 대리자이다. 이런 관념은 중국에서 가장 오래된 사고방식의 하나로 유교적인 것도, 도교적인 것도, 불교적인 것도 아니다. 이는 유교나 도교나 불교보다 훨씬 이전에 존재했던 것이다. 상제(上帝)에 대한 숭배[21]는 중국 역사가 시작된 시점까지 거슬러 올라간다. 유가학설은 윤리 도덕의 설교이며, 역사적 사실에 근거한 사회·정치적 내용들을 포함하고 있다. 공자(孔子)는 본질적으로 역사학자라고도 말할 수 있다. 그의 중요한 연구대상의 하나가 바로 그 이전 각 시대의 제천(祭天) 의식이었기 때문이다. 이와 관련된 기록이 『논어』(論語)에 두 번 보인다. 공자는 아주 유감스러워하며 "하(夏)나라의 제도는 나 자신 자세히 말하고 싶지만 그 후예인 기(杞)나라의 현 제도는 근거가 되지 못한다. 은(殷)나라의 제도도 자세히 알고 싶지만 그 후예인 송(宋)나라의 현 제도는 근거가 되지 못한다. 문헌이 남아 있지 않기 때문이다. 문헌이 남아 있다면 확인하고 싶구나"(『논어』「팔일」〔八佾〕9)라고 했다. 또 공자는 제천

60. 「방물장수」(貨郎圖), 리쑹(李嵩) 작
61. 쑤스(蘇軾)의 글씨 임모본, 송대

의식을 어떻게 해야 하는지 자신은 모르지만 "만일 그것을 아는 사람이 있다면 천하의 일을 다루는 것은 이것을 보는 것같이 쉬울 것입니다'라고 말씀하시면서 손바닥을 가리키셨다."(『논어』「팔일」〔八佾〕11)

어쨌든 제천의식은 4천 년 동안 이어져왔다. 제천의식이 그처럼 위엄있고 신성하게 느껴지는 것은 바로 황제가 무릎을 꿇을 때라고는 오직 이때뿐이라는 사실, 그리고 황제는 평상시에 남면(南面)한 채 절을 받지만 제천의식 때만은 북쪽을 향해 정례(頂禮)를 올린다는 사실에 기인하고 있다. 그 밖에도 아주 오래된 믿음이 하나 있는데, 황제는 "하늘에서 명을 받아" 다스리며, 그가 다스리는 기간도 하늘이 정한다는 것이다. 따라서 왕조의 멸망은 상제가 '천명'(天命)을 다른 사람에게 주었기 때문이고, 어떤 사람이 반란을 일으킨 후에 성공적으로 천하를 통일하면 사람들은 바로 그를 "천명을 받은" 진룡(眞龍) 천자로 간주했다. 그래서 중국어의 '혁명'(革命)이란 단어의 본래 뜻은 '천명의 변화'였다. 이는 유럽에서 "왕은 신의 은총을 받아 다스린다"는 사상과 같은 것이다.

이와 일맥상통하는 인식이 또 하나 있다. 기근과 가뭄을 '하늘의 분노'(天怒)로 간주했다. 만일 자연계나 인간세상에 어떤 심상치 않은 변고—이를테면 일식·가뭄 또는 사회적 동요—가 발생하면, 사람들은 황제가 천벌을 받았다고 생각했던 것이다. 중국 신화에 따르면, B.C. 18세기의 요임금은 천제에게 백성들의 죄는 사해 주고 "누군가 벌을 받아야 한다면 자신에게 벌을 내려 달라"고 기도했다.

이런 사고방식은 중국 철학의 음양오행과 밀접한 관련이 있다. 이 이론에 따르면, 세계의 평화는 우주의 음·양 극성인 음양의 조화에 의지한다. 만일 인간 세상에 유혈·살육 등의 폭력이 발생했다면, 음양의 균형이 깨진 것이다. 음양은 (많은 부분에) 영향을 미쳤으며, 그 균형이 깨지면 가뭄이나 홍수가 발생하기도 하고 혜성이 출현하

148

기도 했다.

　원래 천단은 환구단(圜丘壇)과 기년전(祈年殿)에 대한 총칭이다. 동지에 제사를 지낸 곳은 환구단이지만, 일반적으로 천단이라고 할 때는 기년전을 말한다. 매년 입춘(立春)에 제사를 올려 올해도 오곡이 풍성하기를 기원하므로 기년전이라고 하며, 환구단보다 훨씬 높다. 그러나 황제의 '대제'(大祭)는 환구단에서 거행되었다. 대제의 성대함과 장엄함은 타이산(泰山)의 제사에 견줄 만하다. 타이산제(泰山祭) 역시 황제만이 거행할 수 있었다. 그러나 부국강병과 태평성대를 이루어야만 제사를 올릴 수 있었기 때문에 모든 황제가 타이산에서 제례를 거행할 수 있었던 것은 아니다. 만약 평범한 황제가 타이산에 제사를 지내면, 무례한 행동으로 간주했다. 각 왕조의 사서는 황제가 타이산에 제를 올리러 간 일에 대해 상세히 기록하고 있다.

　동지 전날 밤, 장엄한 행렬이 출발한다. 황제가 행차하기 편하도록 자금성의 오문(午門)과 전문(前門)을 활짝 여는데, 이것은 자주 볼 수 있는 일이 아니었다. 황금색 용이 수놓인 주렴을 드리운 황제의 교자(轎子)는 16명의 귀족 청년이 메고 간다. 앞뒤에서 옹위(擁衛)하는 2천여 명의 수행원들 중에는 황자·대신·선택받은 관리·환관들과 오색찬란한 의장대도 있었다. 전문을 지나는 길에는 미리 황토(黃土)를 평평하게 깔아 놓는다. 행렬은 황혼 무렵 조용히 그 길을 빠져나간다. 천단 입구 부근에는 황제가 밤에 목욕재계하는 재궁(齋宮)이 설치되고, 커다란 등롱(燈籠)이 제단의 동남쪽에 걸려 있어 밤새도록 불빛이 환하다. 등롱 받침대는 엄청나게 컸으며, 안쪽에는 등불을 책임지고 지키는 사람이 있었다. 자정이 막 지나면, 황제는 목욕을 하고 옷을 갈아입고 동이 틀 때까지 기다렸다. 이제 모든 준비가 끝났다. 귀족과 대신은 대리석 난간으로 에워싸인 원형 계단 위에 나란히 시립했고, 제물로 바칠 엄선된 수송아지는 계단

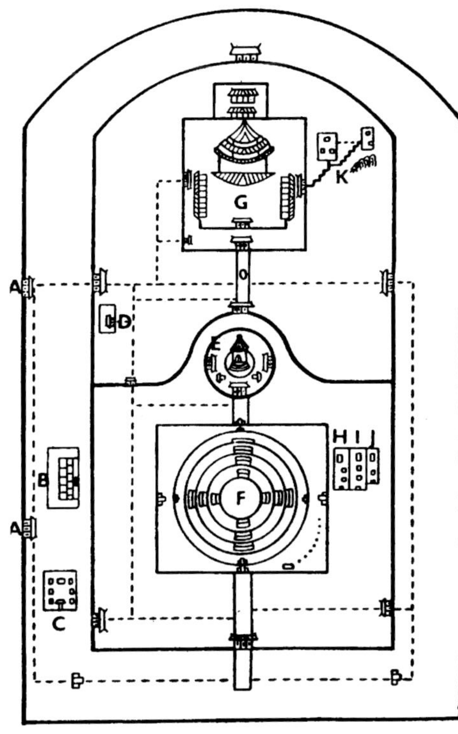

천단(天壇)
AA. 입구(入口)
 B. 악공방(樂工房)
 C. 신주(神廚)
 D. 재궁(齋宮)
 E. 황궁우(皇穹宇)
 F. 환구단(圜丘壇)
 G. 기년전(祈年殿)
HI. 창고
 J. 재생정(宰牲亭)
 K. 장랑(長廊)

아래 동남쪽 녹색 화로 위에서 알맞게 구워졌으며, 천신(天神)과 황제 조상들의 위패가 가지런히 놓였다. 그런 연후에 황제는 제단으로 갔다. 황제는 먼저 황궁우(皇穹宇)에서 한 번 기도를 올리고, 잠시 휴식을 취한 다음, 남쪽에서 제단으로 통하는 3층 기단을 올라갔다. 황제가 제단 바로 아래의 중간 기단에 서면, '고아하고 소박' 한 궁중 음악(聖樂)이 비교적 단순한 악기들로 연주되었다. 같은 기단 동쪽에는 태양, 5대 행성과 28수(宿)의 신위(神位)가 세워지고, 서쪽에는 달(月)·구름(雲)·바람(風)·비(雨)의 신위가 설치되었다. 황제 곁에는 황제가 기도할 때 사용할 무릎깔개를 받쳐든 시종 한 명과 전체 의식이 전통에 어긋남 없이 진행되는지를 확인하는 직책을 맡은 예부(禮部) 관리 한 명이 서 있다. 황제의 뒤와 아래쪽에는 황자와 황손들이 섰다.

151

63

65

64

63. 「생각하는 부처」,
옻칠 채색, 원대
64. 「관음상」, 목제, 원
대
65. 「관음상」, 채색목
제, 금대(金代) 초기

제사할 시간이 되면, 황제는 계단으로 올라가 정해진 자리에 엄숙하고 경건하게 선다. 황제의 정남향에 하늘(天)의 위패를 놓고, 조금 아래의 좌우 양측으로 오제(五帝)의 위패를 안치하고, 제사와 기도 의식을 책임 맡고 있는 관리가 가까이 섰다. 황제는 제문(祭文)을 낭송하고 제자리로 돌아온다. 의식은 삼 단계로 나뉘는데, 각 단계가 완료된 뒤에는 항상 음악이 연주되었다. 제물로 삼은 수소를 바친 뒤에 황제는 바로 계단을 내려와 목욕재계했던 재궁으로 돌아왔다. 형식에서 내용에 이르기까지 제사의식의 모든 절차는 빈틈없이 거행되었다. 방위·걸음걸이·난간의 수 등도 엄격히 규정되어 있었으며, 이런 것들은 각각 상징적 의미를 지니고 있었다.

이 제사의식에서 파란색(藍色)은 신성한 색깔이었다. 하늘은 파란색이고, 유리기와(琉璃瓦)도 파란색이며, 대신들의 제복(制服)과 황제의 용포 또한 파란색이 주조를 이룬다. 오색(五色)·오행(五行)·오방(五方, 사방에 중심을 더한다)은 음양학설에서 모두 특별한 의미를 지녔다.

기년전은 메이산에 있는 두 개의 낮은 정자와 생김새가 비슷하지만, 그 엄청난 규모는 장엄함의 극치를 이룬다. 기년전의 지붕은 대개 치켜 올라가는 처마의 선을 억제함으로써 절묘하게 질박한 고전미를 창조했다.

태국과 미얀마의 건축은 지붕의 처마 끝이 가파르게 치켜 올라가고, 과장된 장식을 많이 강조했는데, 베이징에도 인도차이나풍의 건축물이 몇 개 있다. 이것은 불교와 함께 중국에 들어왔으며, 그 중에서 베이하이의 백탑(白塔)이 가장 대표적이다. 본래 승려의 유골을 안치하는 사리탑(舍利塔)은 거대한 돔형으로 구성되는데 꼭대기의 형태는 각기 다르다. 평칙문(平則門) 안에 있는 백탑사(白塔寺, 묘응사[妙應寺]라고도 한다)가 좋은 예이다. 규모와 높이 면에서 백탑사는 베이하이의 백탑과 쌍벽을 이루지만, 그것은 산 정상이 아닌 평지에 있어서 사람들의 눈길을 끌지 못했다. 백탑사는 요대(遼代)인 1092년에 세워졌으며, 쿠빌라이가 1272년에 중건했다. 베이하이의 백탑처럼 탑의 기단이 견고하고 이탈리아산 키안티 포도주병 비슷하게 생겼다. 탑신은 11층으로 되어 있고, 꼭대기에는 작은 탑을 받치고 있는, 끝이 말린 접시모양의 구조물이 있다. 꼭대기의 작은 탑은 예전에는 도금되어 있었다. 밖으로 돌출된 탑 처마에는 풍경이 달려 있다. 쿠빌라이는 독실한 불교신자였다. 전해오는 이야기에 따르면, 쿠빌라이는 금 500냥과 은 200냥을 들여 이 탑을 장식했다고 한다. 그는 또 꼭대기에서 물건이 흘러내려 사람들이 다치지 않도록 백색 대리석으로 낮은 담을 쌓도록 하고, 청동으로 망을 씌웠다. 강희제와 건륭제 때까지 백탑사는 아주 잘 보존되고 보수되었지만, 이후 형편없이 낡고 퇴락해 이제는 정기적인 장이 서는 장소가 되어, 못 쓰게 된 쇠붙이나 과일·야채 등이 거래되고 있다.

불교건축의 또 다른 형식, 곧 불탑(佛塔)의 대표적인 예는 베이징성 서북쪽 교외에 위치한 오탑사(五塔寺, 92쪽 참조)와 시산 부근의 벽운사(碧雲寺)에서 볼 수 있다. 오탑사의 건축물은 이전에는 사원의 일부였지만, 지금은 들녘에 외로이 서 있다. 명 왕조 때, 한 부유한 인도 승려가 금불상과 금으로 만든 '금강보좌'(金剛寶座)를 가지고 와서 당시의 황제에게 예물로 바쳤다. 황제는 매우 기뻐하며 인도 승려에게 이곳에 금강보좌의 형상에 따라 오탑사를 세우도록 했다. 절은 1465년에 완공되었다. 기대(基臺)는 거대한 정사각형으로 높이는 7.7m이고 기대의 면석에는 톱니모양의 외곽선 안에 불상들이 조각되어 있으며 탑으로 올라가는 계단은 없다. 기대 위에는 중앙에 13층의 큰 탑이 있고 네 귀퉁이에 11층의 작은 탑이 있다.

벽운사 불탑(18쪽 참조)은 1748년 건륭제의 명을 받아 조성한 것으로, 당시 유행하던 새로운 양식의 탑 가운데 가장 아름답다. 불탑 자체와 기단 주변의 조형물들도 보존상태가 비교적 양호하다. 건륭

155

66. 「독락도」(獨樂圖)의 부분, 추잉(仇英) 작, 명대, 비단에 수묵 채색, 두루마리
67. 산수화, 추잉 작, 명대, 종이에 채색

제가 이곳에 탑을 세운 이유는 그가 이곳을 유난히 좋아했고 여기에 그의 행궁이 있었기 때문이다. 탑신(塔身)은 13층이나 되며 탑 꼭대기에 올라가면 주변 시골을 조망할 수 있고, 멀리 베이징 성도 한눈에 들어온다. 그 근처에서 또 다른 유형의 인도 건축을 볼 수 있는데, 바로 승려들의 무덤이다.

탑은 중국의 풍경에서 없어서는 안되는 구성 요소이다. 그것은 일종의 높은 누각식 건축으로 아래쪽은 넓고 꼭대기는 좁다. 누각과 다른 점이라면 탑은 거처로 사용되지 않고 불교사상을 나타내는 데 쓰인다는 것이다. 불교는 외래사상이었기 때문에 중국 전통 종교의 영향을 받지 않을 수 없었다. 층수, 치켜 올라간 처마, 창문 및 지붕의 안배에 있어 탑과 누각은 비슷한 점이 많다. 탑의 창문은 단지 창문의 형태만 갖추었지 실제적인 기능—빛을 투과시키는 기능—은 없다. 누각의 형상은 원형·육각형·팔각형 등으로 아주 다양한데, 탑도 마찬가지이다. 탑의 처마에는 장식미와 여성적인 운치를 더하기 위해 풍경을 걸어두는 경우가 많다.

탑은 부처의 사리를 안치하는 곳이다. 탑의 기단 아래에는 불경이 묻혀 있다. 중국인은 탑이 사악하고 요사스러운 것을 제압하는 신비로운 힘이 있다고 생각했다. 12세기에 세워진 항저우(杭州)의 보숙탑(保俶塔)은 중화민국 1년(1912)에 무너졌다. 사람들은 탑이 백사(白蛇)의 정기를 누르고 있다고 믿었지만, 탑이 무너진 뒤에 탑 밑에서 발견된 것은 수백종의 불경이었다. 이 불경들은 12세기의 인쇄기술을 보여주는 상당히 진귀한 것들이다. 사리란 부처의 몸을 화장하고 나서 재 속에 남은 잔골로, 내가 아는 바로는 단백석(蛋白石)에 불과하다. 인도 승려들도 이것을 알고 있었지만, 중국 승려들은 잘 알지 못했다. 반짝 반짝 빛나는 하얀 이 돌들은 당시의 중국인에게 신기해 보였을 것이다. 광저우(廣州) 북부의 한 오래된 선사(禪寺)에서 나는 운 좋게도 사리함에 담겨 있는 단백석을 직접 본

적이 있다. 그러나 이런 좋은 기회를 만났는데도 대다수 관광객들은 감히 쳐다보지도 못했다. 승려들이 그 작은 돌을 보도록 내게 건네줄 때, 그들의 표정과 태도는 대단히 정중하고 엄숙했다. 부처의 치아가 스리랑카에 있다는 말은 들었지만, 나는 중국의 사찰에 (사리가 있는 곳은 있지만) 불골(佛骨)이 묻혀 있다는 말은 여태껏 들어본 적이 없다. 중국 승려들이 사리를 불골로 받아들였다는 견해도 이해가 안되는 것은 아니다. 그들의 입장에서 부처의 뼈가 보석처럼 신비하고 찬란한 빛을 발한다는 것은 지극히 당연하기 때문이다.

베이징의 모든 탑 중에서 위취안산의 탑이 가장 빼어나다. 햇빛 아래에서 우아하게 빛나는 하얀 탑(위취안산 석탑)은 멀리서도 단연 돋보인다. 위취안산에는 또 표면을 녹색의 유리기와로 장식한 훌륭한 탑(위취안산 성록사〔聖綠寺〕 유리탑〔琉璃塔〕)이 하나 있다. 이 유리기와는 단색조의 평범한 색채와 비교하면 다채색의 도자기 같은 강렬한 장식 효과가 있다. 층 사이가 일정한 간격으로 되어 있는 다른 탑들과는 달리, 이 유리탑은 상당한 높이의 가층(假層, 이중이나 삼중 옥개석 사이의 층)이 있고, 가장 아래의 가층은 2층에 있는 수미좌(須彌座) 아래의 이중 옥개로 덮여 있다. 조금 좁아진 2층에는 다시 2중의 옥개가 덮여 있고 비슷하게 3중의 수미좌로 덮여 있다. 이 3중 옥개는 폭이 조금 더 좁고, 그 꼭대기에는 뒤집어진 사발 모양의 커다란 종이 얹혀 있다. 탑은 전체적으로 왕관의 보석 같은 느낌을 준다. 그리 멀지 않은 수렵공원(지금의 샹산〔香山〕 공원—옮긴이)에도 이와 비슷한 유리기와로 만든 탑 하나가 있는데, 이것도 매우 아름답다.

천녕사탑(天寧寺塔)은 베이징 성 안에서 가장 오래된 건축물 중 하나로, 원나라 이전인 요(遼)나라 때 세워졌다. 연대가 아주 오래된 몇몇 탑은 8세기에 조성된 민충사탑(愍忠寺塔)과 마찬가지로 이제는 볼 수 없다. 하지만 천녕사탑은 오늘도 여전히 외성의 서문(西

門) 밖에 우뚝 서 있다. 천녕사는 우리가 요·금 두 왕조의 도성터를 확인할 수 있는 근거가 된다. 그러나 이곳에 절이 세워진 시기는 훨씬 더 이전으로 북위(北魏) 때인 472년까지 거슬러 올라간다. 이후 각 왕조마다 여러 차례에 걸쳐 보수하고 중건하면서 그 명칭이 계속 바뀌었다. 천녕사에는 12세기의 석각(石刻)과 대불(大佛)이 있다. 명나라 군대가 베이징을 점령했을 때, 이 사찰은 소실되었다. 그러나 15세기에 다시 중건되면서 규모가 훨씬 커졌다. 18세기에 건륭제는 막대한 비용을 들여 이 절을 다시 지었다. 천녕사탑의 처마에는 3,400개의 풍경이 달려 있었다는데, 지금은 거의 모두 훼손되어 보이지 않는다. 이 천녕사와 쿠빌라이가 지은 고루(鼓樓)는 베이징에서 아직 온전하게 남아 있는 가장 오래된 유적 가운데 하나이다.

베이징에는 백색·흑색·황색의 세 가지 색깔의 탑이 있다. 베이징 성벽 밖의 황탑(黃塔)은 17세기에 세워졌다. 황탑은 청조 제1대 황제가 달라이 라마의 첫번째 방문을 기념하여 건설한 것이지만, 라마교 신도와 몽골족 신도의 처지가 나아지지는 않았다. 황실의 후원을 받아, 황탑은 몇 차례에 걸쳐 증축되었다. 황탑의 '황'(黃)자는 라마교 승복의 색깔에서 나온 것으로, 황색은 라마교를 대표하는 색이다. 황탑의 둥근 꼭대기는 인도식이며, 네 귀퉁이에는 네 개의 높은 기둥이 우뚝 솟아 있어 타지마할의 구조와 비슷하지만, 규모는 물론 훨씬 작다. 이 탑은 특히 부조가 유명하며, 연대가 비교적 최근이기 때문에 보존상태도 양호하다.

만일 탑의 꼭대기를 1, 2층으로 자른다면, 이 탑은 정자식 구조가 된다. 정자도 몇 개 층의 장식용 지붕을 갖출 수 있기 때문이다. 옹화궁(雍和宮)이라는 라마교 사원 안의 낮고 넓은 육각정(六角亭)이 그 좋은 예이다.(옹화궁은 청대 황자의 침궁이었기 때문에 절이라 부르지 않고 궁으로 불리게 되었다.)

도시건 시골이건 중국 풍경의 또 하나의 특색은 패루(牌樓, 100

68. 「법사」, 14세기 벽화. 두손이 해와 달 위에 놓여 있다.

쪽 참조)라고 부르는 장식용 홍예문이다. 베이징 사람들이 손꼽는 4대 패루는 동단(東單)·동사(東四)와 서단(西單)·서사(西四)의 순수한 장식용 패루이다. 베이징 패루의 가장 좋은 예는 이화원 안의 쿤밍호(昆明湖) 맞은 편에 있는 것과 십삼릉(十三陵) 입구의 거대한 석패루(石牌樓)이다. 십삼릉의 석패루는 형태와 색이 완벽하고, 규모가 크기 때문에 가장 훌륭한 패루로 칭송받아 왔다. 맑고 화창한 날에 만나보는 위취안산 입구의 백옥 같은 대리석 문루(門樓)도 베이징의 아름다운 경관 가운데 하나이다. 십삼릉의 것보다 규모가 조금 작기는 하지만, 사시사철 푸른 소나무와 측백나무로 둘러싸여 있어 대리석 문루는 더욱 빛이 난다.

우리는 이미 오탑사 벽의 부조(浮彫)에 대해 이야기를 했다.(155쪽 참조) 벽운사와 황라마사(黃喇嘛寺)의 부조들은 보존상태가 양호하다. 채색 유리기와로 만든 구룡벽의 부조는 감탄이 절로 나온다. 이런 류의 용을 모티프로 한 부조는 중국에서 많이 볼 수 있는데, 그 중에서도 공자의 고향인 산둥(山東) 취푸(曲阜)의 공묘(孔廟) 석주(石柱)의 용 조각이 가장 유명하다. 용 조각은 천안문 밖의 화표(華表, 옛날 궁전이나 능〔陵〕 등의 큰 건축물 입구에 세워진 아름답게 조각한 돌기둥〔100쪽 참조〕—옮긴이)에도 있다. 십삼릉의 용 조각은 섬세하고 아름답다. 용 다음으로 인기 있는 것은 사원이나 관청 입구에서 흔히 볼 수 있는 돌사자이다. 그러나 복제가 쉬워서 돌사자는 진부한 것이 되어 버렸다. 정말 창의적인 동물 석조(石彫)를 보려면 시안(西安)으로 가서 한대(漢代) 장군인 궈취빙(郭去病) 묘 앞의 석조 마상(馬像)을 보아야 한다. 이 실물크기의 뛰어난 작품들은 기원전 2세기에 제작되었다. 그 중 하나는 한인 한 사람이 말에 올라타고 있는 모습이다. 이 작품들은 궈취빙의 투르키스탄 정복을 기념하기 위해 만들어진 것이다.

중국의 청동작품은 상(商) 왕조(B.C. 1523~1028) 때 나타났다.

그 가운데 어떤 작품들은 제작연대가 청동 정(鼎)이 대량으로 존재하던 기원전 15세기경까지 거슬러 올라간다. 물론 고궁박물원에는 가장 훌륭한 작품들이 소장되어 있어서 정(鼎) 위에 새겨진 문자를 통해 그 사실 여부를 확인할 수 있다. 현재 베이징에서 우리는 동악묘(東岳廟)의 유명한 청동 말을 볼 수 있는데, 그 다리와 허리 부분은 수많은 관람객들이 한번씩 만져 반질반질 윤이 난다.(이 말을 만지면 행운이 온다는 전설이 있다. 이 청동 말은 현재 백운관[白雲觀]에 옮겨 놓았다.) 이화원 입구에서 그리 멀지 않은 쿤밍호 기슭에서는 유명한 청동 소를 볼 수 있다. 또한 이화원 입구에서는 오래되고 진귀한 두 마리 청동 사자를 볼 수 있고, 완서우산 옆 호숫가의 큰 패루 근처에서는 청동 사자를 볼 수 있다. 서태후의 이화원 행궁이든 자금성의 주요 궁전의 정원이든 어디에서나 청동 학과 청동 사자를 만날 수 있다.

베이하이의 백탑섬(白塔島) 아래 단성(團城) 안의 하얀 석불(石佛)은 중국에서 가장 빼어난 조각품이다. 다른 위대한 예술품과 마찬가지로, 이 불상은 인간의 의미심장한 눈빛과 미소를 띠고 있다. 그래서 서양인들에게는 '모나리자의 미소를 짓는' 옥불(玉佛)로 유명하다.

중국의 조소(彫塑)는 일반적으로 나무나 흙을 이용한다. 이것은 중국인이 종교나 그들의 신을 그다지 엄숙하게 대하지 않는다는 것을 말해준다. 실제로 절 입구에서 흙으로 만든 거대한 불상의 머리 부분이 훼손되거나 아예 박살난 것을 종종 볼 수 있다. 이런 부주의함은 신에 대한 중국인의 일반적인 인식과 관련이 있다. 규모가 비교적 크고 잘 지은 절에는 특별한 법당인 나한전(羅漢殿)이 있고, 그 안에 안치된 나한상이 500개에 달하는 경우도 있다. 이 나한상들은 저마다 얼굴 표정이 달라 사람들의 눈길을 끈다. 나한은 보통 사람이 아니기 때문에 일반적으로 초자연적인 힘을 가지고 있는 것으

로 여겨지는데, 그 중에는 거지 형상을 한 것도 있다. 나한상을 만드는 사람들은 나한상에 독특한 표정을 부여하기 위해 온갖 노력을 기울였다. 동악묘와 벽운사에도 이런 나한전이 있다. 베이하이 서북쪽의 '대서천'(大西天)에는 흙으로 빚은 불상들이 있는데, 아쉽게도 인구에 회자될 만큼 특출나지는 않다. 가장 높이 평가되는 작품은 아주 오래된 박달나무로 만든 것이다. 이것은 원래 백탑사에 있었지만, 강희제 때 베이하이의 굉업사(宏業寺)로 옮겨졌다. 이 불상은 워낙 단단해서 두드리면 금속성의 소리가 난다.

사람과 동물의 형상을 본뜬 석상(石像)들 가운데 가장 유명한 것은 베이징에서 하루 거리에 있는 명십삼릉에 있다. 이곳에 있는 실물보다 더 큰 석물(石物)들 — 문관(文官), 무장(武將), 코끼리, 낙타, 말 — 은 능까지 이어지는 신도(神道)에 길게 늘어서 있다. 그러

70. 「니짠의 초상」(倪瓚像), 1340년대, 두루마리, 종이에 수묵 채색

165

나 일반적으로 중국인은 인물상에 관심이 없어서, 불상들이나 다른 종교의 성인상들을 제외하면 인물상―유명한 정복자나 장군, 황제나 왕의 석상―은 거의 없다. 인체에 대한 인식은 그 자체로서 중국의 회화나 조각에 표현되지 않았으며, 고대 중국의 회화에 보이는 인물들은 감자를 닮아 있다. 그래서 어떻게 보면 중국의 고대 회화는 '현대적으로' 보일지도 모른다. 그도 그럴 것이 현대 서양의 화가와 고대 중국의 화가의 그림을 제외한 모든 그림에서는 인간의 각선미를 볼 수 있기 때문이다.

중국에 전래된 불교는 중국의 조각예술에 큰 자극을 주었고, 인물조각 역시 예외가 아니었다. 베이징에서 240km 떨어져 있는 다퉁(大同) 절벽의 거대한 마애불들(윈강〔雲崗〕석불을 말한다―옮긴이)이 그 증거이다. 이것을 보려면 장자커우(張家口)에서 서남쪽으로 내려가면 된다. 기원전 6세기 공자 시대에 이미 비단·옥·상아·칠(漆) 등을 이용한 예술과 공예가 발전했다. 여기에는 공통된 특징이 있다. 바로 '매끈한 촉감'이다. 오늘날 가장 사랑받는 중국 요리의 진정한 맛은 부드럽고 매끄럽게 목구멍에 가 닿는 아교질 같은 감촉에 있다. 이는 중국인의 촉감이 고도로 발달했기 때문인지도 모른다. 주(周)와 한(漢) 왕조에서 옥과 상아로 만든 작품은 디자인이 정교하고 선이 단순해서 '근대적'인 인상을 준다. 주대(周代)의 상아공예는 오늘날의 작품들이 그렇듯이 꾸밈이 화려하거나 복잡하지 않다. 당대(唐代)에 시작되어 송대에 활짝 꽃을 피운 법랑은 감촉이 매끈한 또 다른 범주의 물건이라고 할 수 있다. 17세기, 특히 18세기 유럽의 궁정은 비단과 자기에 매료되어 중국을 찬양했다. 마르코 폴로가 삼촌과 함께 베네치아로 돌아와서 친구와 이웃들에게 중국제 양단과 공단을 보여주고, 비단옷은 중국인의 평상복이라고 소개한 이후 서양인의 눈에 중국은 전설의 나라로 비치게 되었다. 마르코 폴로의 여행기는 동방무역을 크게 자극했고, 이 책을 읽고 영감을 얻은 콜럼버스는 아메리카 대륙을 발견하기에 이르렀다.

중국 도자 예술의 발전과정은 책 한 권을 따로 써야 할 정도로 광범위하지만, 여기서는 간략하게 언급하고자 한다. 골동 취미에서 본다면, 송대의 백자 화병과 백자 주발(여요[汝窯]·관요[官窯], 특히 정요[定窯]에서 만든 것)을 능가할 만한 것은 없다. 이 시기에 인화청자(印花靑瓷)도 발전했다. 황실의 후원 아래, 명대에는 다양한 색깔의 유약을 칠하는 기술이 크게 발전했다. 선덕연간(宣德年間, 1425~1435)의 비취색과 동홍색(銅紅色) 도자기와 경태연간(景泰年間, 1450~1456)의 경태람(景泰藍) 그리고 성화연간(成化年間, 1465~1478)의 도자기가 뛰어났다. 16세기 말 중국의 도자기는 색상이 다채로워졌고, 끊임없이 새로운 것을 발명하고 완벽함을 추구했다. 이런 노력은 17세기 강희제와 18세기 건륭제 시기까지 계속되었다. 아울러 황실의 후원은 아름답고 우아한 작품의 탄생을 촉진시켰다. 그 중에서 가장 유명한 것은 건륭제 때 제작된 단각세박태자(蛋殼細博胎瓷)와 고월헌(古月軒, 청대 법랑 채색 자기의 통칭—옮긴이) 양식의 자기들이다.

8. 회화와 서예

회화예술은 선·색·구도를 이용하여 인생과 물질세계의 아름다움을 재현해낸다. 회화예술은 실재와 더불어 실재 아닌 것도 그려내는데, 화가는 선택과 배제를 통해 표현하려는 감정과 의미를 드러낸다. 그래서 화가는 추한 물건도 심미적 가치가 있는 것으로 탈바꿈시킬 수 있다. 사진작가 역시 자신이 재현할 대상을 선택하여 불필요한 부분을 잘라내고 나름의 분위기와 효과를 창조한다. 그런 의미에서 사진작가의 창작 목표는 화가의 목표와 일치한다. 그러나 사진이 발명되었다고 해서 화가의 작업이 아무런 가치도 없게 되었을까? 화가가 묘사한 자연풍경이나 인물은 카메라가 만들어 내는 정확성을 능가할 수 없으므로, 패배할 것이 뻔한 이 경쟁에서 화가는 스스로 물러나야만 하는 걸까? 만약 그렇다고 생각한다면 이것은 화가의 창작욕을 자극하는 동기를 이해하지 못한 데에서 기인한 단견에 불과하다. 화가는 마음의 눈으로 보고 감각으로 그림을 그리기 때문이다.

이 예술적 재현의 문제는 전혀 새로운 것이 아니다. 11세기 중국의 위대한 시인이자 화가인 쑤스(蘇軾)는 "그림을 논하는데 형상의 비슷함을 기준으로 한다면 그 견해는 어린아이와 같다"(論畵以形似, 見與兒童隣)고 했다. 예술가의 대상에 대한 통찰과 감정은 언제나 가장 중요한 요소이다. 예술가는 작품이 형식상 자연과 얼마나 가까운가를 고민하는 것이 아니라, 작품이 자연과 정신적으로 멀어지는 것을 우려한다. 쑤스는 그의 외사촌 동생인 송대의 유명한 화가 원통(文同)을 이렇게 평했다. "원통이 대나무를 그릴 땐 대나무와 같이 살고, 대나무의 정신과 교류하여 대나무와 같이 바람 속에서 흔들리고 빗속에서 기뻐했다. 원통이 그린 대나무는 가슴과 배에서 나왔고 그가 술에 약간 취했을 때 붓끝에서 흘러나온 것이다."

중국인은 중국화(中國畵)의 기본이 운필(運筆, 붓놀림)에 있다는 것을 알고 있다. 갈래는 다르지만 서예와 그 근원을 같이한다는 뜻이다. 중국에서는 위대한 서예작품을 위대한 회화작품과 마찬가지로 예술적 보배로 여긴다. 따라서 서예와 중국화의 관계를 살펴보기 위해서 먼저 서예에 대해 몇 가지 언급해둘 것이 있다.

서예의 아름다움은 본질적으로 정적인 것이 아니라 동적인 것이며, 비례의 아름다움이 아니라 운동의 아름다움이라고 할 수 있다. 서예작품은 구성·풍격(風格)·필력 등 여러 요소가 어우러져서 완성되지만, 서예를 감상할 때 느끼는 쾌감은 서예가의 필세(筆勢)를 무의식적으로 따르는 데서 나온다. 서예를 가장 잘 표현한다면 바로 종이 위의 춤이라고 할 수 있다. 거기에는 선회, 순간적인 정지, 어깨의 들어올림과 처짐, 한 방향으로의 길고 강한 돌진 등의 필획이 있기 때문이다. 그것은 마치 테니스의 스트로크처럼 속도와 정확성을 필요로 한다. 뛰어난 테니스 선수가 손놀림이 조금만 잘못 되더라도 공이 코트밖으로 떨어지듯, 서예가도 1mm의 균형이라도 깨어지면 전문가는 물론 일반인도 이를 알아차린다.

중국 서예의 가장 두드러진 특징은 대칭을 좋아하지 않는다는 것이다. 대칭은 글자를 경직되게 만들어 운동감을 파괴하기 때문이다. 서예는 선이 굴곡을 이루고 불균형해야 비로소 생동감을 만들어낼 수 있다. 한자 '非'를 예로 들어 설명해 보자. 非의 본 뜻은 '한 쌍의 문짝'이지만, 추상적 의미의 '아니다'를 형상으로 나타내기가 쉽지 않기 때문에 이 '非'자를 차용하게 된 것이다. 한 쌍의 문은 완전히 대칭되지만, 어떤 서예가든지 이 '非'자를 쓸 때는 대칭이 되지 않게 한쪽 변을 다른 쪽 변보다 조금이라도 길게 쓴다. 두 개의 수직선이 정수리 부분에서 차이가 나면서 생동감을 낳기 때문이다. 한 쪽 변은 언니가 되고, 다른 쪽 변은 동생이 되어 하나의 전체를 구성하게 된다.("낮에는 헤어져 있다가 밤에 만나는 두 자매"는 무엇인가 하는 수수께끼의 답이 '非'이다.)

두번째로, 잘 쓴 글씨는 그 짜임새가 탄탄해야 한다. 짜임새는 반드시 엄격하고 분명해야 하는데, 때로는 기초 또는 뼈대의 형식을 취하기도 하지만, 대개는 수직축을 중심으로 이루어진다. 모든 선은 부드럽고 강함에, 굽고 곧음에, 길고 짧음에 관계없이 그 중심축을 에워싸면서 정렬된다. 그리하여 공간을 적절히 이용하여 혼잡을 피할 수 있다. 그리고 필획이 하나하나 더해짐에 있어서 한 글자의 공간구조―그 모양은 정사각형이 아닌 직사각형이 되어야 한다거나 그 중심의 세로 획이 길게 내려져야 한다는 등의 요구―는 전혀 문제가 되지 않는다. 서예는 붓을 움직일 때의 경중(輕重)·편정(偏正)·곡직(曲直) 속에서 선의 변화를 찾으므로 선은 전체적으로 반드시 동적인 통일체가 되어야 하고, 글자마다 이런 특징을 갖추어야 한다.

세번째로는, 먹의 사용법이 중요하다. 이것을 통해 우리는 회화의 기교에 다가갈 수 있다. 각 유파는 먹의 사용법과 붓놀림의 차이로 구분한다. 서예가는 일반적으로 갈필(渴筆)을 자주 사용하는데 (일본 미술의 경우에도 그러하다), 그래야만 선이 운동의 방향과 속도감을 좀더 분명하게 표현할 수 있기 때문이다. 서예작품의 감상자와 비평가는 서예가의 낙필(落筆) 방법을 보고 누구의 작품인지를 알아낸다. 곧 붓이 수직으로 내려가는 중봉(中鋒)인지, 붓을 기울여 쓰는 측봉(側鋒)인지 구별하는 것이다. 억센 털(이리털류)이든, 부드러운 털(양털류)이든 혼용털(흔히 사용하는 혼용털은 70%가 이리털이고 30%는 양털이다)이든, 각각의 붓끝(筆毫)은 다양한 풍격을 만

들어낼 수 있다. 심미적 측면에서 보면, 예술가가 추구하는 것은 곱게 차려 입은 소녀의 풍요로우면서 충만한 아름다움이거나, 여위고 나이 많은 은자의 고고하고 맑은 정신이다. 글자에도 뼈(骨)가 있고, 근육(筋)이 있으며, 살(肉)이 있다. 진한 먹을 사용하면 살이 많고, 그렇지 않으면 근골이 강해진다. '골(骨)·근(筋)·육(肉)'은 서예를 논할 때 쓰이는 전문용어로 뒤에서 회화, 특히 산·물·돌·나무를 그린 그림을 이야기할 때, 이것들이 실제로 어떻게 응용되는지를 살펴볼 것이다.

네번째로, 중국 회화의 기본법칙은 바로 셰허(謝赫, 479~501)가 제시한 '기운생동'(氣韻生動)이다. 이 법칙은 후세에도 변함없이

71. 자수그림, 명대

171

계승되었다. 살아 있는 선에 의해 구현되는 이 기운생동은 서예의 정수이자 회화의 정수이기도 하다. 이 원리는 '서예의 성인'(書聖)인 왕시즈(王羲之, 321~379)의 삼절법(三折法)에서 유래했다. 이것은 자연 속에서도 발견할 수 있다. 아이들은 선을 똑바로 그리기 때문에 그들이 그린 다리와 팔은 대개 '뻣뻣해' 보인다. 아이들은 팔다리의 움직임이 내적 탄력성을 가지며, 자유자재로 다양하게 변화될 수 있다는 것을 생각하지 못한다. 움직임이 있는 것이라면 흰 구름이 떠다니는 것이건 아니면 시냇물이 졸졸 흐르는 것이건, 결과적으로는 굴곡이 있고 출렁이는 선이 있다. 예술가는 오직 자연으로부터 배우고 또한 고무되어야 한다. 그래서 입체파 화가의 직선은 중국인의 눈에는 형편 없는 것으로 보인다.

중국 회화는 크게 남종화(南宗畵)와 북종화(北宗畵)로 나뉜다. 남파(南派)의 그림은 발묵(潑墨)을 위주로 하고, 북파(北派)의 그림은 법도가 근엄하고 색채가 풍부하여 서양의 중세 회화와 비슷하다. 또 중국 회화는 '문인화'(文人畵)와 '화원화'(畵院畵)로 구분하기도 한다. 문인화는 '수필'(隨筆) 또는 '사의'(寫意)로 잘 알려져 있으며, 간결함과 자연스러움을 추구함으로써 중국 회화의 전형적인 풍격을 이루었다.

대체로 작품의 주제에 따라 작품의 양식이 정해진다. 실내화(室內畵)와 귀족 남녀의 초상화는 당연히 분명하고 섬세한 공필(工筆, 사물을 정밀하게 본떠 그리는 것—옮긴이)이어야 한다. 예를 들면 실내의 기둥을 비뚤비뚤 구부러지게 그려서는 안된다. 반면 산수나 수석(樹石), 자연풍경을 담은 그림은 기운생동하는 서예의 기교가 필수적이다.

중국의 화가는 자연에 관심을 집중시켰기 때문에 그들의 작품에서 그럴듯한 초상화를 찾기란 어렵다. 현재까지 전해 내려오는 초상화는 그들이 보기에는 결코 예술품이 아니었다. 초상화는 대부분 돈

72. 「시냇가 다리에서 봄을 감상하다」(溪橋賞春圖), 다이진(載進) 작, 명대 초기 궁정화

173

을 벌기 위해 그렸기 때문이다.

중국 회화의 주제는 대체로 산수·화훼·조충(鳥蟲)·사녀(仕女) 네 가지로 구분된다. 추잉(仇英, 1510~1551)은 여인이나 유유자적한 가정생활을 잘 그린 화가들 가운데 가장 대표적인 인물이다. 송 휘종(徽宗)은 새를 아주 잘 그렸는데, 어쩌면 그가 새를 너무 많이 잡아먹어서 그럴지도 모른다. 8세기의 화가 한간(韓幹)은 말(馬) 그림으로 유명했다. 그는 동물화의 전문가인 카스틸리오네에 견주어도 전혀 손색이 없다. 서구 화가의 해부학 지식과 동물 형체에 대한 연구를 통해 정밀한 필법을 지녔던 현대의 걸출한 화가로는 일찍이 프랑스에 유학했던 쉬베이훙(徐悲鴻, 1895~1953)이 있다. 또 현대 조충화의 대가로는 치바이스(齊白石, 1864~1957)가 있다. 그는 새우·쥐·닭·곤충 및 그 밖의 작은 동물들을 잘 그렸다.

인물화로 뛰어났던 화가로는 구카이즈(顧愷之, 4세기)와 저우팡(周昉, 8세기)이 있었다. 저우팡이 그린 시인 리보(李白)의 초상화는 선의 간결함으로 유명하다. 중국에서 가장 유명한 인물화가는 우다오쯔(吳道子)라고 할 수 있는데, 그는 당대(唐代)의 도사(道士)이기도 했으며, 사원 벽화와 석각 등 현재까지 전해 내려오는 작품의 종류도 매우 다양하다. 우다오쯔는 특히 간결하고 시원스러운 선과 인물이 입고 있는 옷의 주름 묘사가 뛰어나, 이 방면에서 일가를 이루었다. 중국 산수화 속의 인물은 가는 곡선으로 아주 작게 그려지는데, 이러한 조형법칙은 리리웡(李笠翁)의 『개자원화전』(芥子園畵傳, 1679)에 상세히 설명되어 있다. 기교를 가장 잘 드러낸 실례로는 스타오(石濤)의 작품을 들 수 있다. 제임스 캐힐은 『중국회화사』(Chinese Painting)에서 스타오의 작품세계를 집중적으로 다루고 있다. 스타오의 작품은 팔대산인(八大山人)이나 스타오파(石濤派) 화풍의 기초가 된 '고절'(古絶)감을 완벽하게 표현했으며, 이와 같은 화풍은 모든 감각적인 아름다움을 거부한 채 초정밀의 경지에 도달했다. 이와 같은 발전은 마치 일생을 방탕하게 보내며 여인의 모든 매력을 잘 알았던 한 남자가 이제는 절로 들어가 승려가 될 준비를 하는 것과 같다. 그는 세상물정에 밝았지만, 속세에 얽매이지 않고 초연해졌던 것이다.

산수화의 화풍은 다양하다. 서예가와 마찬가지로 산수화가가 화풍을 바꾸거나 새로운 방향으로 발전하고자 하는 경우에는 스스로 자신의 길을 개척한다. 대개 그들은 필법을 바꾸거나 다른 각도에서 선과 구도에 접근함으로써 그것을 실현한다. 그래서 화풍을 시대순으로 구분하는 것에는 늘 위험이 따른다. 시대구분에 의존해서 각 유파를 구별하다 보면 작위적인 구분이 될 가능성이 많기 때문이다. 실제로 엄밀하게 말해서 이른바 '남종'과 '북종'의 구별은 있을 수 없으며 11세기와 12세기 화풍의 차이 역시 마찬가지이다. 학자들은 이런 식으로 구분해 놓고 연구하는 것이 편리하다고 생각하겠지만, 화가 자신은 그들이 도대체 어떤 사람의 화풍을 표방하는 어느 유파에 속하는지를 결코 알지 못했다. 쉬웨이(徐渭, 1521~1593)의 대

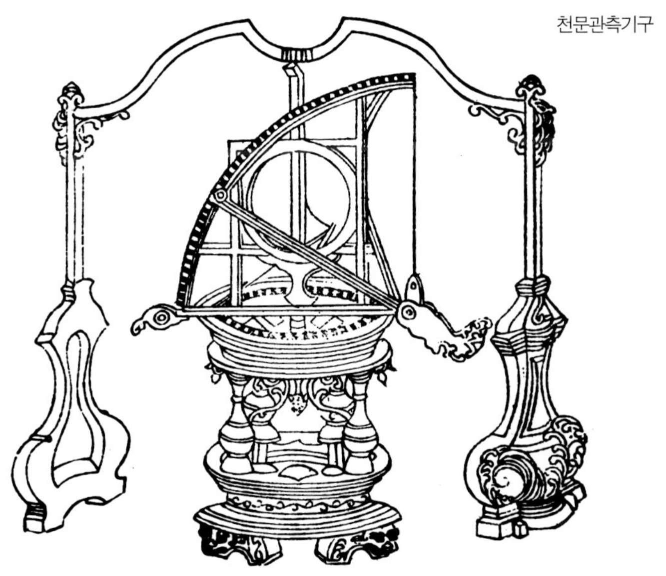

천문관측기구

南羽寫此菊詩在吾松為
覽祿正心畤館年三十餘故
其工妙自後不復然事多老
乎湯應如杜陵入蜀以後詩
矣
君虞

나무 그림(墨竹)의 화풍과 필법은 쑤스와 매우 비슷하지만, 쑤스는 그보다 5세기나 앞서 살았던 사람이다. 중국 예술은 시간적으로 연대가 비슷한 것보다도 정신적 기질의 유사함이 훨씬 중요하다.

이 점을 염두에 두고서 보더라도 10세기와 11세기에 이르러 중국화는 뛰어난 섬세함과 정확한 색감을 갖춘 완벽한 화풍을 이루었다고 말할 수 있다. 많은 작품들이 화면상으로는 진부해 보일지라도 색의 사용에 있어서는 고도의 심미안으로 솜씨를 발휘했다. 예컨대 그림 51의 「가을숲의 사슴떼」(秋林群鹿圖軸)와 10세기 화가 자오옌(趙巖)의 「말을 타고 봄놀이 가는 여덟 사람」(春野八騎) 등이 그렇다. 그림 49의 「쓰촨으로 몽진(蒙塵)가는 당 현종」(明皇幸蜀圖)은 굵은 윤곽선이 기이하고 웅장한 풍경과 결합하여 매우 강렬한 효과를 낳고 있다. 수묵화든 수채화든 모든 화풍의 회화는 북송시기(11세기)에 절정을 이루었다. 이 시기에 활동한 많은 유명 화가들은 대부분 서로에 대해 잘 알고 있었다. 특히 쑤스·리궁린(李公麟)·미푸(米芾)·송 휘종 등은 재주가 비범한 화가들이었다. 휘종은 신비로운 예술의 전당을 창조했지만, 자신의 제국을 잃었다. 쑤스의 천부적 재능은 문인화에 지대한 영향을 미쳤다. 그는 사의화파(寫意畵派)의 창시자로 일컬어지는데, 그것은 주로 그의 서예와 자유를 추구하는 정신 때문이다. 물론 그의 자유를 추구하는 정신은 약간의 술기운을 빌린 것이었다. 미푸 또한 중국 회화사에서 새로운 화풍을 창조했다. 그는 담묵(淡墨)을 이용해 운무(雲霧)에 가려진 풍경을 드러냈다. 저 멀리 보일 듯 말 듯한 언덕에 앙상하게 서 있는 몇 그루 나무나 일엽편주는 묘한 운치가 넘쳤다. 자연에 대한 그의 애정은 거의 광적이었다. 언젠가 기이한 형상의 거석(巨石)을 보았을 때, 그는 장인 어른에게 하듯이 곧바로 의관을 정제하고 그 돌에 절을 했다고 한다.

쑤스와 미푸(米芾) 그리고 미푸의 아들 미유런(米友仁)의 뒤를

73·74. 「관음상」, 두루마리의 부분

이어 두 명의 대가 샤구이(夏珪)와 마위안(馬遠)—그들은 모두 12세기 남송 초기에 살았다—이 등장했다. 이들은 그때까지 이루어졌던 선인(先人)들의 예술적 성취를 종합하여 위대한 화풍을 만들었다. 빈 공간을 통해 순수하고 신비로운 기쁨을 표현하고, 물체를 멀리서 바라보듯 가물가물하게 그렸으며, 산과 바위의 윤곽을 뚜렷하게 드러냈다. 게다가 더욱 강건한 필법을 발전시켜, 선을 면보다 중요하게 여기는 경향을 보였다. 이상하게 들리겠지만, 희끗희끗하면서도 가늘고 힘찬 선을 강조하고 면을 무시함으로써, 샤구이는 사물의 심층을 더욱 깊이있게 들여다보는 힘을 보여준다. 심지어 그가 그린 폭포의 선은 진부함에도 불구하고 견고한 안정감을 준다. 동시에 그의 구도는 흠잡을 데없이 완벽하다. 현재 타이베이 고궁박물원에 소장되어 있는 샤구이의 「계산청원도」(溪山淸遠圖)는 옛 그림 중에서 최고의 찬사를 받는 작품 가운데 하나이다. 이 작품에서 우리는 새로운 기법의 탄생을 볼 수 있다. 마위안과 그의 아들 마린(馬麟)의 화풍은 샤구이와 비슷하다.

16세기 추잉과 탕인(唐寅)의 화풍은 '화원파'(畵院派) 화가의 그림에 가깝다. 그들은 궁정이나 사회의 생활상, 가정, 정원 등을 즐겨 묘사했고, 색채와 세부를 안배하는 데 주의를 기울였던 것 같다. 그러나 그들의 솜씨는 뛰어났지만, 그들의 작품에서 마위안이나 샤구이가 보여주었던 고양된 정신은 찾아볼 수 없다. 반면 쉬웨이는 창작에 대한 개성적이고 자발적인 욕구를 분명히 가지고 있었다. 그의 그림과 시는 자신을 억제할 수 없는 상태에서 그림을 그리고 글씨를 썼다는 것을 여실히 보여준다.

17세기 초 팔대산인과 스타오는 대단히 의미심장한 새로운 화풍을 창조했다. 중국인들은 이 두 화가를 중국 회화사상 가장 위대한 화가로 꼽는 데 주저하지 않는다. 팔대산인은 주다(朱耷, 1625~1705)의 호(號)이고, 스타오(1641~1717)는 도제화상(道濟和尙)이

라고도 하는데, 둘 다 명의 황족 출신이며, 나중에 출가하여 승려가
되었다. 그들이 승려가 된 것은 만주족 통치에 대한 저항에서 나온
행동일지도 모르지만, 아무튼 두 사람은 은자(隱者)의 삶을 살았다.
이들의 붓놀림은 자유롭고 활달했는데, 팔대산인의 경우가 더 두드
러졌다. 그의 붓은 구속받지 않고 필선(筆線)은 너무나 자연스럽게
이루어진 듯한 느낌을 준다. 심지어 어떤 때는 새의 윤곽을 일부러
뒤틀리게 그렸다. 제임스 캐힐은 팔대산인을 아주 적절히 평했다.

75. 「미인」, 추잉 작, 명
대, 비단에 수묵 채색

179

〔그의 그림이〕 긴장감이 없고 서툰 것 같은 인상을 주더라도 그것은 의도적인 속임수로 이해해야 한다. 중국 회화에서는 아무리 힘이 없어 보이는 필선도 사실상의 허약함과는 거리가 멀다. 먹을 고르지 않게 묻힌 붓으로 그린 필획에는 농담의 뚜렷한 변화가 나타난다. 묵점(墨點)들은 때로는 물기가 많아서, 먹이 바깥 쪽으로 번지기 때문에 그 가장자리가 희미해진다. 어떤 부분에서는 그의 필획은 갈필(渴筆)이고 휘갈긴 것이다. 이렇게 필법이 다양함에도 불구하고 거기에는 분명히 일관성이 흐르고 있다. 이 점이 팔대산인의 작품들을 다른 화가의 작품들과 구별시켜 준다. ……그것들은 확고한 법칙들에 의해 엄격하게 통제되어 있는 것처럼 보이지만, 평범한 일반적인 회화 규칙들과는 거의 관계가 없는 신비스러운 법칙들이다.[22]

현대 중국 회화의 대가인 치바이스(齊白石)는 팔대산인의 화법을 계승했다고 할 수 있다. 스타오와 팔대산인의 다소 괴이한 형상의 화조도(花鳥圖)는 치바이스에게 직접적인 영감을 주었던 것 같다. 예를 들면 치바이스의 닭 그림은 정말 아무렇게나 그린 듯이 보이지만, 이상하게도 생동감이 넘친다. 그런 점에서 치바이스와 그의 선배들은 필법을 회화의 주제와 분리시킨 새로운 예술형식을 발전시켰다고 말해도 좋을 것이다.

9. 베이징 사람들의 생활

우리는 앞에서 베이징의 후퉁(胡同) 또는 좁은 길에 대해 이야기를 했다. 후퉁은 대로(大路)에서는 보이지 않지만, 간선도로에서는 그 다지 멀지 않아 베이징에 적잖은 매력을 더했다. 베이징 시내는 시원하게 뚫려 있어도, 사람들에게 시골에 사는 듯한 착각을 불러일으키기도 하는데, 특히 나무가 우거진 정원에서 새들이 지저귀는 새벽녘에는 더욱 그런 느낌을 받는다. 번잡한 대로와는 달리 후퉁은 구불구불 서로 연결되어 있기 때문에, 이따금 아무 생각없이 후퉁을 걷다 보면 어느새 깊숙하고 고요한 옛 사찰에 들어서기도 한다. 후퉁에선 가끔씩 지나가는 인력거 소리를 빼면 시끄러운 자동차 소음 같은 것은 들리지 않는다. 후퉁 안에서는 여기저기서 삼삼오오 무리를 지어 구슬치기를 하는 아이들과, 닭이나 양 등 동물 모양의 사탕을 팔기 위해 징을 치며 이 거리 저 골목을 돌아다니는 장수들을 종종 볼 수 있다. 모든 집에는 정원을 둘러싼 높은 담이 세워져 있으며, 대문은 굳게 잠겨 있다. 설령 대문이 열려 있다 해도 안마당이 녹색의 영벽(影壁)으로 가려져 있어서 바깥에서 집안을 들여다 볼 수 없다.

후퉁의 이름에는 도시의 토속적인 정취와 특색이 잘 나타나 있다. 그 이름은 대부분 지역주민들이 붙인 만큼 지역적 특색이 잘 드러나 있다. 이름에 쓰이는 말은 전부 방언이나 토속어로 결코 고상한 말이 아니다. 이를테면 '양꼬랑지 후퉁'(羊尾巴胡同)은 문어투인

'양꼬리'(羊尾)로 쓰지 않고 '양꼬랑지'(羊尾巴)로 썼다. '말꼬랑지 후퉁'(馬尾巴胡同), '소뿔 후퉁'(牛犄角胡同), '활등 후퉁'(弓背胡同), '활시위 후퉁'(弓弦胡同) 등의 이름은 후퉁의 생김새 때문에 붙여진 이름이다. 그 밖에 '단우물'(甛井), '아줌마'(奶奶), '대나무 작대기'(竹竿), '작은 벙어리'(小啞吧), '큰 벙어리'(大啞吧) 같은 이름도 단순하기는 마찬가지이다. 그러나 이런 이름은 대부분 약간의 가공을 거쳐 뜻은 다르지만 음이 같은 자로 쓰기도 한다. 예컨대 '큰벙어리 후퉁'(大啞吧胡同)은 '우아한 골목'(大雅珍巷)이라고 바꿔 썼다. 외국공사관이 모여 있는 '둥허미샹'(東河米巷)은 '둥자오민샹'(東交民巷)으로 바꾸었다. '말린 고기 후퉁'(幹魚胡同)은 '단비 후퉁'(甘雨胡同)으로 썼는데, 발음이 똑같다.(둘 다 중국어로는 '간위후퉁'이다— 옮긴이.) 또한 '자오씨네 송곳 골목'(趙氏錐子巷), '덩스'(燈市) 등과 같은 명칭들은 업종이나 유명한 상점 이름에서 딴 것이다.

베이징에서는 중국의 많은 도시에서와 마찬가지로 그 집안의 규모를 단지 문의 형태만 보고 단정할 수는 없다. 남들이 속아 넘어가도록 문의 모양을 일부러 꾸미기 때문이다. "재물은 숨기고 드러내지 않는 것이니, 재물을 드러내면 도둑을 부른다"(藏財不顯財, 顯財招盜來)는 관념이 중국인의 머릿속에는 뿌리 깊이 박혀 있다. 담장의 길이를 재어 보거나 때로는 둥글게 말아 올린 처마 위의 용마루를 살펴보아야만 그 집안의 규모를 가늠할 수 있다. 어떤 사람은 대문을 주홍색으로 치장하고, 문에 도금을 해서 광택을 내고, 문 입구에는 돌사자 한 쌍을 놓기도 하는데, 이런 것들은 물론 귀족이나 대부호의 저택이다. 그러나 절대 다수의 사람은 작은 문을 좋아하고, 문 뒤에 녹색의 영벽을 설치하여 안팎을 분리시키므로 바깥 사람은 안쪽의 상황이 어떠한지를 알 수 없다. 그윽한 고요함은 중국인의 주택 건축의 가장 기본적인 원칙이다. 집은 전적으로 가족과 절친한 친구들에게만 개방되는 영역이다.

76. 황금 접시와 황금 뚜껑이 달린 옥주발. 명 만력제(萬曆帝)의 능에서 출토
77. 명 만력제의 익선관, 부장품. 두 마리의 용이 여의주를 잡으려는 모양이 정교하게 묘사되어 있다.
78. 명대의 관상대

중국인의 주택 설계형식은 비교적 단순하다. 벽돌로 바닥을 깐 정원은 그윽하고 유유자적하게 보낼 수 있는 공간이며 외부와는 완전히 차단되어 있다. 주인은 넓은 정원에 자신의 취향에 따라서 인공산을 만들어 꽃이나 나무를 심기도 하고, 옷을 말리는 막대기를 걸쳐놓기도 하지만, 약 두 자(尺) 높이의 금붕어 어항만은 빠지지 않는 장식품 가운데 하나이다. 소박한 집에서도 대추나무나 석류 한 그루쯤은 꼭 심는다.

모든 정원은 나름대로 특징이 있다. 대부호의 집에는 정원이 아주 많다. 이런 정원은 지붕이 있는 회랑(回廊)으로 연결되어 있다. 회랑 한 쪽은 담으로 막혀 있고 한 쪽은 트여 있는데, 그 가운데에는 다른 정원과 서로 통하도록 월량문(月亮門, 달문)이나 육각문(六角門)이 있다. 정원은 침실·서재·응접실 및 주방과 마찬가지로 주택의 한 구성요소이다. 따라서 중국에선 여자 동서가 함께 살 수도 있다. 동서들은 큰 정원과 공동으로 사용하는 대문 안에 함께 살기 때문에, 각 집이 완전히 독립되어 있는 것은 아니지만 각자가 자기 일을 하며 타인의 간섭을 받지 않는다.

일종의 놀라움과 즐거움을 주는 중국의 화원(花園)을 한 걸음에 다 본다는 것은 절대로 불가능하다. 화원을 구경하는 사람은 자신이 화원 끝머리에 이르렀다고 생각하는 순간 돌연 나타난 작은 문 밖에 구불구불한 오솔길이 안쪽 깊숙이 나 있는 별천지에 들어서게 된다. 또 채소밭 한 뙈기나 포도나무 몇 그루가 있고 시냇물에 외나무다리가 걸려 있는 조그만 정원을 만날 수도 있다. 일부 부잣집의 정원은 더욱 정교하게 꾸며져 있으며 돌산 위에는 정자나 노대(露臺)가 세워져 있다. 삼면이 연못으로 둘러싸여 있고, 예전에는 그곳에 무대를 만들어서 가족과 친구들이 건너편 대청마루에 앉아 공연을 보았다. 그러나 빈민들이 모여 사는 지역엔 일반적으로 여러 가족이 큰 정원을 함께 사용했다. 큰 정원은 대부분 직사각형이거나 정사각형이고, 집은 본채와 동서(東西) 사랑채로 구분되어 있다.

베이징 사람들—그 중에는 키가 180cm 정도 되는 만주인이 더러 있다—은 건장하고 순박하면서 북방인 특유의 유머가 있다. 그들은 상하이의 부드러운 여성미를 띤 남자나 애교스러운 여자와는 거리가 멀고 현대적인 항구도시의 야만인에 가까운 인력거꾼들과도 다르다. 그래서 많은 서양인은 베이징에 가보아야만 비로소 진정한 중국인을 알 수 있다고 말한다. 물론 실제로 '진정한' 또는 '순수한' 중국인이란 있을 수 없고, 다양한 종족간의 차이는 언제나 있게 마련이다. 나는 동남 연해의 푸젠(福建) 출신이지만, 강남(江南) 지역의 문화가 조금 더 발달했다 하더라도, 그 지역의 유약하고 게으른 사람들에 대해 그다지 호감을 갖고 있지 않다. 오히려 기질적으로 순박한 북방인에 대해서 나는 진심어린 애정을 느낀다. 북방의 한족들은 북방 혈통의 유입, 곧 한족과 몽골 사막을 건너온 몽골인이나 타타르인과의 통혼으로 크게 이익을 보았을 것이다. 그렇지 않았다면 이 민족의 활력도 지금까지 보존되지 못했을 것이다. 북방인은 그 모든 문화의 영향을 받았음에도 불구하고 본질적으로 이 땅의 자손으로서 강건하고 다정다감하며 조금도 나태해지지 않았다.

베이징의 생활리듬은 언제나 긴장되지도 그렇다고 느리지도 않으며, 생활의 기본적인 요구도 비교적 간단하다. 다른 지방과 마찬가지로 베이징에도 당연히 잔인하기 그지없는 공사장의 십장이 있고, 신경질적인 상인과 비열한 정치인이 있지만, 전반적으로 북방인의 생활태도는 현실적이다. 그들은 단지 소박하고 화목한 삶을 추구할 뿐이다. 집은 어지간하면 족했고, 생계수단은 간단했으며, 가정에 충실했다. 편안한 침상과 수북히 담긴 밥그릇, 그 밖에 약간 넉넉한 용돈, 이런 것들이 바로 그들의 만족스런 생활을 구성하는 요소들이었다. 너무 부유해서 게을러지지 않고, 너무 가난해서 천박해지지 않는 것, 바로 이것이 전통적 중산층의 소망이었다. 살기 위해 아

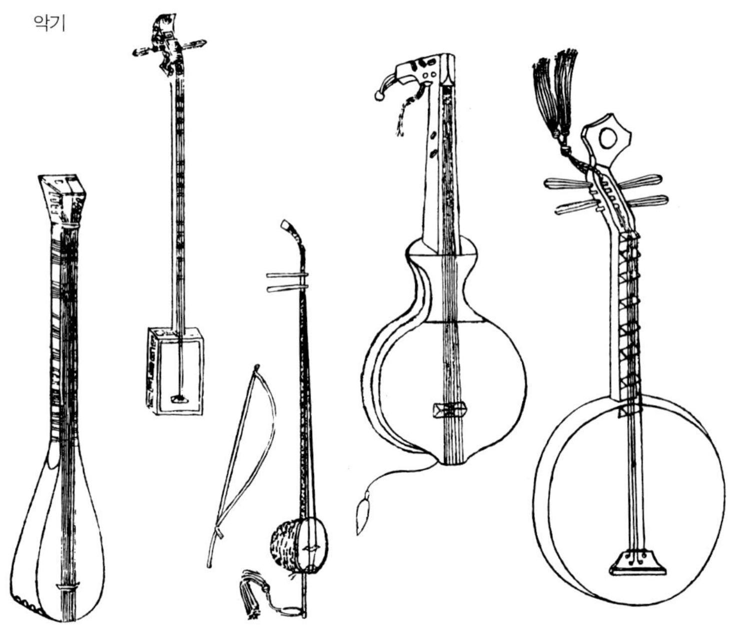

둥바둥할 때에도 해학적인 정서가 몸에서 떠나지 않았으며, 원대한 야망을 추구할 때에도 그것에 얽매이지 않았다. 말로 다 표현하기 어려운 이런 정신이 바로 옛 베이징의 정신이다. 이런 정신이 위대한 예술을 창조했을 뿐 아니라, 독특한 방식으로 베이징인의 낙천성을 형성했다. 예술 창작에서 피할 수 없는 현실과의 투쟁에서, 예술가는 초연함과 자족 또는 마치 체념한 듯한 태도를 취할 수 있었다. 위대한 예술가는 "옛스러우면서 소박한" 것이 진정한 예술의 기본이라고 고집한다. 예술의 소재 자체가 바로 가장 좋은 예술의 구현체이다. 앞장에서 나는 치바이스가 개구리·올챙이·귀뚜라미·새우·메뚜기·생쥐·구관조 등과 같은 작은 동물들을 작품의 소재로 삼았다고 말한 바 있다. 치바이스는 바로 몇 년 전 향년 96세를 일기로 세상을 떠났는데(1957년), 그의 하등동물에 대한 각별한 관심은 사람들로부터 큰 주목을 받았다. 현대 서양 예술가들이 급격히 분열·와해되는 우주를 분석하고 묘사하고자 시도하는 불안한 노력은 치바이스에게서 찾아볼 수 없다. 이것이 어쩌면 베이징의 옛 문화가 왜 줄곧 사상과 감정의 순수함을 보존할 수 있었는가를 설명해줄 수 있을지도 모르겠다. 이것은 문명세계에서 흔치 않은 일이다.

비록 몇 세기 전에 살았던 베이징 사람들이긴 하지만, 마르코 폴로는 그들에 대해 다음과 같이 묘사하고 있다. "그들의 말투는 겸허하여 예의가 바르고, 서로 안부를 물을 때에도 웃는 얼굴로 인사를 하며, 보기에 따라서는 아주 교양이 있다. 그들은 음식을 먹을 때 특히 '청결'하다."(나는 이 청결이 마르코 폴로 시대의 중세적 기준이 아니라 현대의 기준에서 보아도 합당하다고 생각한다.) "그들은 부모를 매우 공경했다. 만일 자식이 부모를 학대한다면, 공공 법정에서 불효불경(不孝不敬)의 죄를 물어 엄벌에 처한다."(이 말은 오늘날에는 진실이 아닐지도 모른다.)

마르코 폴로는 또한 중국인 사이에 현재까지도 널리 퍼져 있는 보편적인 관습들에 대해서도 언급했다. "지금의 〔쿠빌라이〕 황제는 각종 도박과 사기 행위를 금지했다. 세계의 다른 지역도 그렇지만 이 나라 사람들은 일상적으로 도박을 한다. 도박을 규제하는 이유를 황제는 이렇게 말했다. '짐은 무력으로 너희들을 정복했다. 너희들이 가진 모든 것은 당연히 짐의 것이다. 너희들이 만일 도박을 한다면, 그것은 바로 짐의 재산을 탕진하는 것이다'라고 했다." 이런 독선적인 태도는 화투·골패·바둑·마작 등을 발명한 민족의 정서와는 전혀 어울리지 않는다. 도박에 대한 편견은 생명에 대한, 특히 인생에 대한 무지에서 나온다. 쿠빌라이는 아마도 이런 인생철학을 전혀 이해하지 못했고, 삶 자체가 상상을 초월한 수많은 유희를 포함하고 있음을 인식하지도 못했으며, 만사를 언제나 인간의 의지대로 변화시킬 수 있다고 생각했던 것 같다. 사실상 도박은 도박운이 따라야 하지만, 도박꾼들은 기술이 뛰어나야 한다고 생각한다. 절대적으로 안정된 사회에서는 개인의 분발이나 모험을 기대할 수 없다. 그런 사회에서는 사람들은 금방 위축되거나 의기소침해지고 만다.

다른 도시와 마찬가지로 사람들의 수요에 따라 베이징에도 각종 오락이 생겨났다. 북방의 중국인은 천성적으로 낙천적이며 놀기를 좋아하고 상대방을 즐겁게 해주는 것을 좋아하며, 또한 해학을 좋아해서 베이징의 오락 종류는 그 수를 헤아리기 어려울 정도로 많다. 가장 단순한 소일거리는 찻집이나 작은 주점에서 한두 시간씩 시간을 보내는 것인데, 몇 푼밖에 쓰지 않고도 온갖 세상 일에 대해 떠들어대며 즐겁게 보낼 수 있다. 이를테면 전문(前門) 밖의 천교(天橋)에는 가곡·음악·여자·무술·곡예 등 있어야 할 것은 모두 있을 정도로 유명한 오락장소가 많다. 극장은 보통 노천상태이며 정원 안에 자리하고 있다. 영국의 엘리자베스 시대의 극장처럼 무대의 삼면은 관람석으로 둘러싸여 있다. 현대식 설계와 비교하면, 당시 극장은 확실히 빈약하고 초라하지만, 연극에 나오는 노래는 사람들에게 큰 감동을 주었다. 메이란팡(梅蘭芳, 1894~1961, 중국의 전통극 배우로 경극을 과학적으로 연구·발전시킨 경극의 명인―옮긴이) 같은 위대한 예술가도 과거에는 웅장하고 화려한 대극장이 아니라, 둥안시장(東安市場) 안의 소극장에서 공연을 했다. 극장의 긴 나무의자는 삐걱거렸고, 환기시설이 없어서 숨쉬는 것조차도 힘들었다. 이런 열악한 환경에도 불구하고 흥에 취한 관객의 환호와 웃음소리는 결코 끊이지 않았다. 좌석안내원 또는 접대원들은 관객들을 세심하게 배려했다. 예컨대 그들은 젖은 수건을 짜서 관객에게 던져 주었다. 그래서 수건들이 공중에서 이리저리 날아다니곤 했다.

이른바 경극(京劇)은 베이징의 독특한 산물이다. 엄밀히 말해서 경극은 일종의 가극(歌劇)으로, 희극(戱劇)과는 많이 다르다. 사람들은 보통 경극을 '듣는다'고 하지 '본다'고는 말하지 않는다. 사람들이 감상하는 것은 경극의 노래이며, 극의 내용이 어떻게 전개되는지

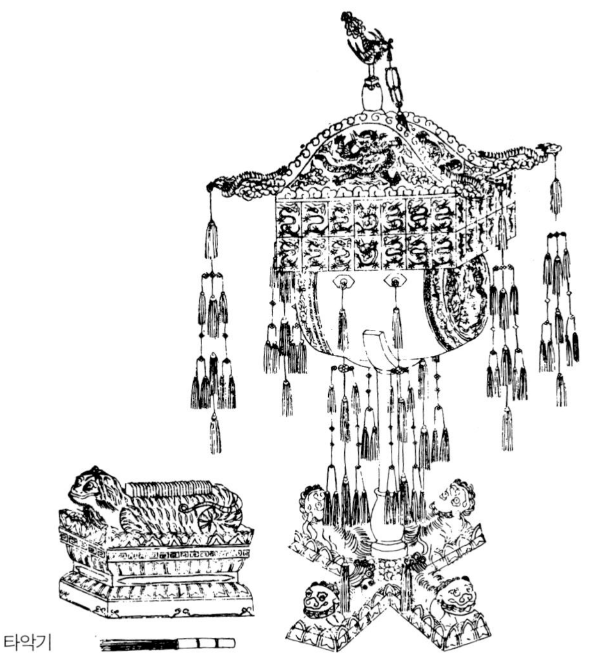

타악기

는 전혀 신경쓰지 않는다. 또한 서양인들이 오페라의 내용을 속속들이 알고 있듯이, 베이징 사람들도 경극의 이야기 구성을 너무나 잘 알고 있다. 어쩌면 같은 작품을 백 번 이상 보았을지도 모른다. 사람들은 인구에 회자되는 최고의 경지에 이른 영탄조(詠嘆調)의 노래를 듣고 싶어한다. 또한 경극 배우의 양식화된 동작을 경극의 음악 못지않게 잘 알고 있다. 경극은 무대 걸음걸이(臺步)와 소매를 떨치는 동작이나 눈동자를 돌리거나 수염을 쓰다듬거나 웃는 방법 등으로 구성된다. 웃는 방법(笑法)의 종류만 해도 대단히 많다. 세상일에 분개하고 슬퍼하는 웃음, 어리석고 멍청한 웃음, 남의 불행을 고소해하는 웃음 등 그 종류를 다 열거할 수 없을 정도이다. 이런 연기에는 각기 다른 엄격한 규정이 있어서 배우는 반드시 아주 꼼꼼히 연구해야 한다. 그러지 않으면 베이징 관객들의 비판을 피하기 어렵다. 아마추어 수준의 배우는 무대에서 물러가라는 관중들의 야유를

189

들을 수도 있다. 베이징 관객들은 영창(詠唱)이 어떻게 완성되어야 하는지, 어느 때 어느 곳에서 어떤 웃음을 지어야 하는지를 너무나 잘 알고 있는데다가, 이런 기준은 아주 엄격하고 정확하게 지켜져야 하기 때문이다. 오페라가 서양의 많은 나라들에서 소수 부유층의 오락인 것과는 달리 경극은 베이징의 보통 사람들을 위한 오락이었다.

수천 명에 달하는 경극 애호가들과 아마추어 배우들은 각양각색의 곡조(曲調)를 잘 알고 있다. '경극 마니아'들이 술에 취한 듯이 흥얼거리는 모습을 베이징의 크고 작은 거리나 골목에서 심심찮게 볼 수 있다. 대중들이 모이는 공개적인 장소에서 그들은 극중의 다양한 역사인물을 흉내내며 자신들의 비분과 실망 또는 호방함과 존귀함을 표현한다. 그들은 어쩌면 정말로 자신을 관위(關羽)와 같은 무적의 영웅으로 여기거나 자신이 너무나 억울한 일을 당했다고 여기기도 하고, 심지어는 자신이 버림받은 여인이라고 생각하기도 한다. 다른 각종 마니아들—귀뚜라미 마니아, 닭싸움 마니아, 경마 마니아 등—과 마찬가지로 경극 마니아의 행동도 광기에 가깝다. 그들에게 경극은 생활의 일부이다. 목소리를 단련하기 위해 그들은 성벽 아래에 가서 발성연습을 하기도 하는데, 보통 이른 새벽, 특히 여름에 자주 한다.

우리가 주의해야 할 것은 베이징 사람들의 오락이 결코 경극 한 가지만은 아니라는 점이다. 만일 여러분이 공공 오락장소에 가본 적이 있다면, 진강(秦腔, 산시[陝西]나 간쑤 지방의 민요—옮긴이)의 인기도 경극 못지않다는 것을 알게 될 것이다. 이 음악은 서북지방의 특징을 지니고 있다. 서북지방의 음악은 일반적으로 사랑 이야기나 비극을 주제로 한 노래이므로 음조가 드높고 애절하다. 경극 자체도 두 가지 형태의 음악—서피(西皮)와 이황(二黃)—이 발전해 융합된 것이다. 노래가사의 발성은 이황의 발원지인 후베이(湖北) 방언의 색채를 띤 고음(古音)이므로 모든 배우들은 반드시 노래가사(唱

190

子昂嘗畫馬仰
作却希羊三百
摹寫一隻性
具良通靈至求
援華有誰方
乳富中物伊
人家玄長
甲辰新正月

詞)의 정확한 발음을 익혀야만 한다. 경극은 유명한 역사적 사건을 중심으로 공연되며, 그 중에는 전쟁 이야기, 부부의 이별이나 재결합 이야기, 진실된 우정 이야기, 남녀의 사랑 이야기 등이 있다. 「무가파」(武家坡)는 율리시스와 페넬로페의 이야기와 비슷하다. 집을 떠나 멀리 원정을 나갔던 병사가 몇 년 만에 돌아와 아내의 정절을 시험하는 내용이다. 이런 것 역시 민담을 소재로 한 희극을 받아들여 변형시킨 것이다.

또한 경극과 밀접한 관계가 있는 가극 중에는 상하이 부근의 쿤산(昆山)에서 기원한 곤곡(昆曲)이 있다. 곤곡을 반주하는 악기는 피리(笛)·관(管)·생황(笙)·퉁소(簫) 및 저음의 이호(二胡, 호금〔胡琴〕의 일종으로 현이 둘이고 낮은 음을 낸다―옮긴이) 등이다. 남방에서 기원했기 때문에 곤곡은 부드럽고 전반적으로 다소 감상적인 분위기를 띠고 있다. 남방의 희곡은 15~16세기에 이미 고도로 세련된 예술형식이 되었으며, 곤곡은 일반적으로 경극보다 문학적이며, 감상의 기준이 경극과는 약간 다르다. 베이징 연극계의 가장 대표적 인물로 서양에 알려진 메이란팡도 사실 그의 수많은 감상적인 연극들, 예컨대 『천녀산화』(天女散花), 『술에 취한 양귀비』(貴妃醉酒)를 곤곡의 곡조로 불렀다.

거대도시인 베이징에는 유명한 식당이 아주 많다. 중국 요리를 다룬 책은 수없이 많지만, 내가 보기에 베이징 요리는 다른 지방의 요리와 마찬가지로 정통의 맛을 잘 보존하고 있으며 말 그대로 단순한 요리방식과 섬세한 맛을 지니고 있다. 베이징 요리는 고기의 원래 맛을 잘 살리는 데 특징이 있기 때문에 형형색색의 온갖 조미료를 사용하는 광둥 요리와는 다르다. 교육의 목적이 어린이의 재능을 최대한 계발해야 하는 데 있는 것처럼 정통 요리법은 각종 고기의 고유한 맛을 살리는 것을 목표로 삼아야 한다.

베이징에는 베이징식에 산둥식을 가미한 요리를 만드는 식당들이 있는데, 그 중 가장 유명한 곳이 동흥루(東興樓)이다. 베이징 사람들은 다른 지방의 요리들도 즐겨 먹는다. 대표적인 요리로는 쓰촨 요리와 몽골식 솬양러우(涮羊肉)가 있다. 쓰촨 요리는 매운 맛과 복잡하고 세련된 양식이 특징이며, 솬양러우는 얇게 저민 양고기를 끓는 물에 살짝 데친 것이다. 내가 보기에 광둥 요리는 경쟁상대가 너무 막강하기 때문에 베이징에서 번창할 것 같지가 않다.

대표적인 이름난 식당 몇 곳은 소개할 만한 가치가 있다. 가장 뛰어난 곳으로는 당연히 200년 역사를 자랑하는 동화문(東華門) 밖 동흥루를 꼽을 수 있다. 산둥 요리 전문이 이 집의 서비스 방식은 사람들을 흡족시키기에 부족함이 없다. 알다시피 식사는 누구나 우아하고 즐겁게 먹고 싶어하므로 서비스는 대단히 중요하다. 동흥루가 자리한 곳은 과거 고관대작들이 아침조회를 갈 때 반드시 지나가던 길목이었다. 관리들은 퇴청할 때면 언제나 이곳에 들를 구실을 찾곤 했다. 동흥루의 종업원들은 신속하고 겸손하며 특별한 재능을 가지고 있어서, 늘 고객들로 하여금 자신이 예사사람이 아니라고 느끼게 만든다. 더군다나 이 집 요리는 비할 바 없이 맛있고 담백해서 먹고 싶은 유혹을 떨쳐버리기가 어렵다. 동흥루의 '푸룽지펜'(芙蓉鷄片) 이 얼마나 맛있느냐 하면, 자기가 먹은 그 닭이 헛되이 죽은 게 아니라는 생각이 불현듯 들 정도이다.

두번째로는 아무래도 양고기와 게가 유명한 정양루(正陽樓)를 추천해야 될 것 같다. 이 집에서 사용하는 게는 특수한 연못에서 계란을 먹여 양식한 것이다. 양고기는 북방요리인데, 정양루에서는 노천에서 카오양러우(烤羊肉)를 먹는다. 손님들은 화덕 주위에 서서 다리 하나를 화덕틀에 올려놓고, 얇게 저민 고기조각을 구워서 특별히 준비된 양념장에 찍어 먹는데, 그 맛은 언제 먹어도 변함이 없다.

순치문(順治門) 밖에 있는 편의방(便宜芳)의 베이징카오야(北京烤鴨)도 빼놓을 수 없다. 이곳의 오리구이 조리법은 세계적으로 유

명하며 아울러 그에 못지않게 유명한 것이, 동물학대적인 오리 사육 방식이다. 오리를 어두운 곳에 가둬 놓고, 먹고 싶어하든 먹고 싶어 하지 않든 상관하지 않고 영양 사료 덩어리를 수시로 오리목에 강제 로 쑤셔 넣는다. 그래서 오리의 몸무게가 금방 늘어나고 오리의 육 질이 매우 부드럽다.

서문(西門) 부근의 사과거(砂鍋居)에서는 돼지고기와 돼지의 각 종 부위를 판다. 어떤 부위들, 예컨대 돼지의 코·귀·꼬리 등은 수량 이 한정되어 있어서 보통 오전 10시쯤이면 다 팔린다. 만약 이런 진 기하고 맛있는 것을 사려면, 아침 일찍 서둘러야 한다. 끝으로 하나 더 들자면, 화스(花市) 동쪽 입구에 위치한 명원루(明遠樓)의 쇠고 기를 빼놓을 수 없다. 명원루는 직접 소를 키우는데 한 마리를 도축 하면 또 한 마리를 키우는 식으로 해온 것이 어느덧 백년의 역사를 지니게 되었다.

황제의 스포츠 활동은 고도(古都) 베이징의 생활의 한 단면을 보 여준다. 수당(隋唐) 이후 각 왕조의 사적(史籍)에는 오늘날의 구기 (球技) 종목과 비슷한 놀이가 언급되어 있는데, 내 생각에 그것은 축구와 비슷하다. 저 유명한 당 현종(玄宗)은 활쏘기와 말타기에 능 했을 뿐 아니라 구기도 잘해서 그가 제위에 오른 뒤에 발탁한 젊은 이들 중에는 왕자 시절의 공놀이 친구였던 사람도 있었다. 현재 발 견된 당대 토기인형(泥人)²³ 중에는 여성이 말을 타고 공놀이하는 것을 묘사한 것도 있다. 고대 회화 중에도 8세기의 궁녀가 말 타는 것을 그린 작품이 있다.(그림 41)

매 길들이기도 유행했다. 특히 원 왕조의 쿠빌라이는 그의 궁전 서쪽에 응방(鷹坊, 매를 기르는 곳)을 만들었다. 당시 황실 자제들은 보라매를 키우고 있었고, 어떤 것은 아주 커서 훈련을 시키면 새끼 사슴도 잡을 수 있었다. 마오쩌둥(毛澤東)은 그의 유명한 사(詞) 「심원춘」(沁園春)에서 칭기즈 칸을 "활시위 당겨 수리 쏠 줄만 알았

81. 「국화」(菊), 천홍서 우(陳洪綬, 1599~ 1652) 작, 화첩 20폭 중의 하나, 비단에 채색

195

운라(雲鑼)

네"라고 풍자했다.(마오쩌둥은 또한 중국의 판도를 카스피해 지역까지 넓힌 두 명의 황제—한 무제와 당 태종—도 "낭만적 운치가 부족했네"라고 한 다음 "영웅을 보려면, 오늘을 보라"고 했다) 매 길들이기는 최근까지도 행해졌다. 1920년대에 내가 베이징에서 살고 있을 당시, 팔기(八旗)의 후손들은 매를 키우고 길들이는 것을 즐거움으로 삼았는데 외출할 때도 잘 길들인 보라매 한 마리(또는 여러마리)를 어깨 위에 앉혀서 데리고 다녔다. 팔기의 후손은 청조 제1대 황제를 따라서 중국에 들어온 만주족의 후예를 가리킨다.(기인[旗人]이라고도 한다)

그 밖에 베이징에서 특히 유행한 두 가지 스포츠는 태극권(太極拳)과 배드민턴이다. 이 두 가지야말로 진정한 의미의 스포츠라고 할 수 있을 것이다. 영국에 크리켓 클럽이 있는 것처럼 베이징에는 배드민턴 전용 클럽이 있다. 하얀 수염의 노인이 배드민턴을 치는 모습은 베이징의 또 다른 풍경이라고 할 수 있다.

이른 아침 중앙공원에 가면, 수많은 남녀가 백양나무 아래서 태극권 연습을 하는 것을 볼 수 있다. 태극권은 아주 느리면서도 절도가 있고 동시에 상당히 리드미컬한 운동이어서 호흡을 잘 조절해야 한다. 손을 내지르는 것도 급하게 해서는 안되며, 팔을 뻗는 것도 부

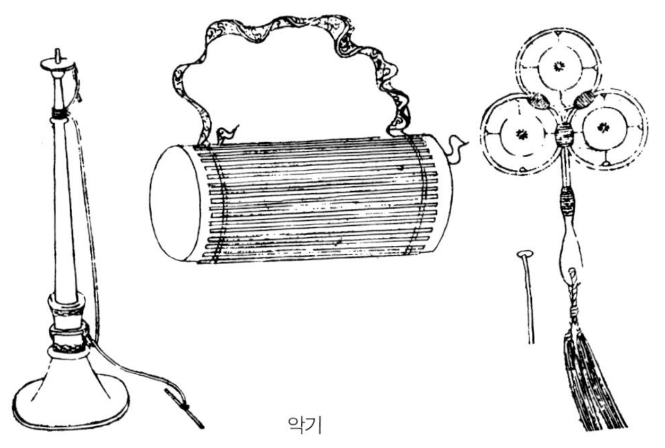

악기

드럽게 돌리면서 리듬을 살려야 한다. 발을 뻗을 때도 갑자기 내질러서는 안되고, 다리를 드는 것 역시 날렵하면서 부드러워야 한다. 아울러 머리·어깨를 비롯한 몸 전체의 움직임이 조화를 이루어야 한다. 팔을 천천히 뻗기가 빨리 뻗기보다 어려운데 팔을 뻗으면서 섬세하게 근육을 통제해야 하기 때문이다. 호흡을 잘 조절하는 것도 아주 중요하다. 이렇게 심호흡에 주의를 기울이는 것은 신진대사를 원활히 하는 데 목적이 있다.

그 밖의 인기 있는 오락으로 목소리가 아름다운 새나 구관조처럼 사람의 말을 잘 흉내내는 새를 키우는 것을 빼놓을 수 없다. 집비둘기는 남방에서 인기가 좋았지만 베이징에서는 그렇지 않다. 베이징의 내성 서쪽에 가면 새장을 든 사람들이 사원 공터에 모여 있는 것을 드물지 않게 볼 수 있다. 이렇게 새를 데리고 다니는 것은, 그 새가 다른 새들이 지저귀는 소리를 듣고 노래 부르는 것을 배우게 하기 위해서이다.

귀뚜라미 싸움도 줄곧 성행했다. 대략 13세기 남송(南宋) 때 궁중 여인들이 귀뚜라미 싸움에 열중하면서 시작된 이 오락은 시간이 지나면서 나라 전체에서 유행하게 되었다. 역사기록에 따르면, 몽골인이 이미 남송의 도성—항저우의 외곽—을 침략했을 때, 재상 자스다오(賈士道)는 귀뚜라미 놀이에 푹 빠져 있었다고 한다.

가기(歌妓)는 언제나 도시생활의 한 구성 부분으로 받아들여졌다. 공산당원들이 그녀들을 쓸모 있는 프롤레타리아로 바꾸기 전까지 전문(前門) 밖 홍등가는 가기들이 모여 사는 지역이었다. 당대(唐代) 이래 역대 왕조는 궁정 악사를 거느렸고, 이들은 어용(御用) 화가처럼 궁정에 전속되어 일했다. 당의 수도 장안(長安)에서 악사들이 모여 살았던 지역은 문헌기록을 통해 잘 알 수 있다. 많은 시인들은 가기에 대한 시를 지었고, 3년마다 열리는 과거시험을 보러 수도에 온 젊은 서생들 중에는 그들과 사랑에 빠진 사람들도 더러 있었다. 넋을 잃을 만큼 아름다운 가기들은 때로는 젊은 서생들의 인생을 바꾸어 놓았고, 그들에게 큰 영향을 끼쳤으며 경우에 따라서는 그들의 신세를 망쳐놓기도 했다. 반면 믿기지 않겠지만, 연인을 북돋워주고 연인의 성공을 위해 자신을 희생하는 지고지순한 가기를 만나는 서생도 있었다.

베이징의 홍등가는 '바다후퉁'(八大胡同)이라고 부르는 8개의 골목으로 이루어져 있다. 손님들이 찾기 쉽도록 모든 기루에서는 가기의 이름을 각기 다른 색깔로 쓴 목패(木牌)를 문 입구에 걸린 커다란 홍등 아래 진열해 두었다. 따라서 손님들은 그들이 찾고자 하는 사람이 '황금 봉황'이든, '작은 연꽃 같은 미녀'이든 절대로 실수할 리가 없었다.

이들 가기는 하나의 독특한 계층을 이루고 있었으며, 보통의 창녀와는 달랐다. 그들이 하는 일과 훈련방식은 일본의 게이샤(藝者)와 아주 흡사하다. 그들은 예인이었다. 그들은 주로 노래를 불렀으며, 극히 일부는 거문고나 비파를 연주하기도 했다. 중국의 전통사회에서는 집안의 잔치 때말고는, 부인이 남편과 함께 공공장소에서 사람들 앞에 얼굴을 드러낼 수 없었으므로, 남자들은 자유롭게 밖에서 무희나 가기들을 찾아 쾌락을 즐길 수 있었다. 이 여자들은 소크

라테스 시대 그리스의 매춘부처럼 공공 연회에 불려나와 흥을 돋우었다. 그녀들은 손님 뒤에 앉거나 서서 우스개소리로 대화를 거들고, 손수건으로 입을 가리면서 까르르 웃거나 아양을 떨었으며, 술을 따라주기도 했고, 손님들이 요구하면 노래도 불렀다. 남자들은 그녀들의 집에 가서 과일을 먹거나 차를 마시고 한담을 나누면서 시간을 보낼 수도 있었는데, 이를 일컬어 "기생집에서 논다"(打茶圍)고 했다. 이와 같이 남자는 하룻밤에도 여러 집을 찾아다니며 여자들과 즐길 수 있었다. 이 여자들은 오늘날 나이트 클럽의 가수나 무용수들과 비슷해서 기본적으로 "재능은 팔아도 몸은 팔지 않는다." 가기들은 단골 손님과 부부의 인연을 맺거나 유부남과 사랑에 빠지는 경우도 적잖게 있었지만, 가기가 원하지 않는 한 손님이 더 이상의 요구를 할 권리는 없었다. 거센 비바람이 부는 밤이나 손님이 취했을 때에는 어쩔 수 없이 같이 밤을 보낼 때도 있었는데, 이것을 "마른 이불을 빌린다"고 했다.

만일 두 사람의 관계가 친밀해지면, 성행위도 가능하지만 이것은 여자가 상대방을 사랑한 경우 아니면 남자가 기생어미에게 충분한 돈을 주었거나 기생어미의 호감을 사기 위해 그 집에서 거하게 잔치를 벌였을 때뿐이었다. 한편 유곽과 친밀해지려고 하는 남자는 자기가 돈을 지불할 충분한 능력이 있는지를 고려해야 한다. 그 비용은 분명히 정해져 있지 않아 상당히 모호한데, 예컨대 1년 중 단오·중추절·설 3대 명절에 보석이나 옷을 선물하거나 잔치를 벌였다. 남자는 지난 기간 동안 자기가 방문했을 때 기대했던 만큼 좋은 대접을 받았는지를 헤아려 보고, 다음 기간 동안 어느 정도의 환대를 받고 싶은지에 따라 그 액수를 결정한다.

베를린과 에든버러에 유학했던 덕망 높은 원로학자 구훙밍(辜鴻銘)은 언젠가 그의 영어권 독지들에게 충격을 준 적이 있다. 그는 독자들에게 중국문명의 진정한 정신을 이해하고 싶다면, 반드시 '바다후퉁'에 가서 이곳 가기들의 우아함과 다소곳함과 여성다운 품위를 직접 보아야 하며, 특히 그녀들이 외설스러운 언행에 얼굴 붉히는 모습을 확인해야 한다고 말했다.

대금을 청구하고 수령하는 것은 아주 미묘한 일이어서 가능한 한 상대방에게 불쾌감을 주지 않도록 조심해야 한다. 기생어미는 결코 하룻밤에 얼마라고 확실하게 말하려 하지 않을 것이며, 가기 역시 만일 그런 말이 나오면 부끄러워서 어쩔 줄 몰라할 것이다. 그 대신 기생어미는 누구나 잘 아는 구실을 내세워 자기가 데리고 있는 가기의 연인에게 돈을 '빌리게' 되는데, 남자는 돈을 빌려주기 전에 자기가 이곳에 출입할 수 있는 기간을 제시할 수 있다. 이것이 전형적인 베이징의 풍속이다.

1년 중 3대 명절말고도, 기생어미는 손님과 가기의 관계 정도에 따라 별도로 돈을 더 '빌릴' 수 있었다. 여름이 되어서 햇볕을 가릴 차양을 설치해야 한다거나, 가을이 되어서 난로를 더 들여놓아야 한다거나 창호지를 발라야 한다는 구실을 내세웠다고 해도 그녀가 정말로 차양을 설치했는지 난로를 구입했는지 여부는 결코 중요하지 않았다. 옷을 맞추고 장신구를 사는 일은 다반사였고, 얼마를 빌리느냐는 손님과 가기의 관계 및 재력을 보고 결정한다. 물론 시골에서 갓 올라온 '얼간이'들은 많은 돈을 쓰고서도 여자의 호감을 사지 못했다.

여성의 옷에 관해서도 잠시 언급할 필요가 있을 것 같다. 서양 관광객은 중국 옷 하면 정식 관복, 그 중에서도 붉은색 비단 위에 금색으로 수놓은 중국 고대의 옷을 연상하는 경향이 있다. 고대의 회화를 본 사람이라면, 이런 생각이 잘못된 것임을 알 것이다. 초상화를 그릴 때 입는 말쑥하고 기품 있는 옷과 평상시에 입는 옷은 전혀 달랐다는 것을. 전반적으로 여성의 옷은 관복처럼 뻣뻣하지 않고, 부드럽게 몸에 달라붙는 비단으로 만들었으며, 긴 소매는 살랑살랑

나풀거리고 윤곽선은 미끈하게 흘러내리며 목둘레는 원형(圓形)이
거나 앞이 트인 V자형이었다. 배두렁이 같은 겹옷 위에 품이 너르
고 앞섶이 트인 길게 늘어진 겉옷을 입었는데, 이것은 유럽 여성의
모닝 가운과 비슷하였다. 당·송·명대의 많은 그림에서도 비슷한 모
습을 볼 수 있다. 특히 추잉의 「궁정의 연주」(按樂仕女圖)와 「괵국
부인의 봄놀이」(號國夫人游春圖)에 잘 묘사되어 있다.(103·104쪽
참조)

　여성의 머리모양은 위로 틀어 올려 쪽을 찌는 것이 일반적이었지
만 그 모양은 저마다 달랐다. 머리 위에는 금비녀나 옥비녀를 꽂기
도 하고 진주장식을 늘어뜨리거나 물총새 깃털을 꽂아서 장식했다.

82. 벽운사 오백나한당
(五百羅漢堂)의 일부

당대(唐代) 초기의 그림에 보이는 여성의 얼굴 윤곽(타원형)과 머리 모양은 일본 여성의 초상화를 떠올리게 한다. 일본 회화는 당나라 회화의 영향을 많이 받았는데, 그것은 주로 서기 8세기에 장안에 유학 온 일본학자(주로 불승)들에 의해 전해졌다.

10. 신앙과 풍속

흔히 언급되는 중국인의 특징 가운데 하나는 그들이 대단히 현세적이라는 사실이다. 북방사람들이 특히 그렇다. 그들의 소박하고 꾸밈없고 낙천적이고 따뜻한 성격은 오랫동안 세상의 격변을 겪으면서도 그다지 변하지 않았다. 이런 특징의 또 다른 측면은 그들의 풍속과 신앙에서 나타나는 원초적 성격과 사고에서 볼 수 있는 순박함이다. 사회적 교제에서 타인의 감정을 상하지 않게 하려는 완곡한 태도는 그들이 결코 어리석지 않다는 것을 말해 준다. 그런 우회적인 완곡함은 사업상의 관계를 일정 정도 어렵게 만들기도 한다. 이런 특별한 관점에서 중국인은 서양인의 솔직함을 '어리석다'고 보는 것이다. 그러나 중국인은 그들의 토착 종교에서 고대 인류의 순박함을 분명히 보여주고 있다.

이런 순박함은 민간종교와 성황당, 종교행사에 잘 나타난다. 여기서 말하는 민간 종교란 인간의 마음에서 우러난 종교적 신앙을 의미한다. 따라서 이들 신앙에는 거대 종교의 최초의 가르침 같은 것은 없다. 바로 이 점이 모든 고대 민족에게는 신화가 풍부했던 반면, 현대인에게는 신화가 없는 현실을 잘 설명해 준다.

모든 민족은 필요에 따라 상상 속에서 신들을 창조했다. 실제로, 사람들은 자신의 방식대로 신에게 뭔가 이루어 줄 것을 요구한다. 이 점을 설명해 줄 수 있는 가장 두드러진 예가 바로 자비의 여신이요 고통과 재난의 구세주인 관음보살(觀音菩薩)을 중국인이 좋아한다는 것이다. 관음보살은 중국인이 창조해 낸 불교의 성인이다. 원래 불교의 성인은 남신(男神)이며, 중국인은 여신이 필요했기 때문에 초기 불교에는 여신이 없었지만 관음보살을 창조했다. 관음보살의 대중화는 인간이 얼마나 여신 숭배를 열망하는지를 분명하게 보여준다. 처음에 관음보살은 곤궁하고 불행한 자들을 구원하는 데 치중했으나, 점차 숭배자들의 요구에 따라 수많은 신의 권능를 갖게 되었다. 어떤 관음보살은 아이를 낳지 못하는 사람에게 아이를 점지하는 신통력이 있었고, 또 어떤 관음보살은 맹인의 눈을 뜨게 해주었다. 인간이 어떤 신을 필요로 할 때, 그 무엇도 인간이 신을 만들어 내는 것을 멈추게 할 수 없었다.

중국에서 유행한 3대 종교—유교·도교·불교—가 어떤 교의(教義)를 설파했든지 간에, 중국인들은 기본적으로 다신교를 믿었으며, 애니미즘을 신봉했다. 20세기 사람들은 과학적 진리의 기준을 시적 상상에서 기원한 종교 신앙에 적용하려는 경향이 있기 때문에 종종 민간 종교에 대해 쉽게 오해하곤 한다. 전설이나 신화나 아름다운 은유는 물론 쌍관어(雙關語)를 이용한 말장난조차도 진리를 해명하는 데 도움이 될 수 있다는 것을 간과해서는 안된다. 아이들과 마찬가지로 옛 사람들의 상상력은 현대인보다 훨씬 감수성이 뛰어나고 묘사적이었다. 옛사람들에게 진리란 단순히 그들의 상상을 만족시켜 주는 것에 불과한 경우가 많았다. 이런 태도는 어떤 미신적 습관, 13일의 금요일이나 사다리 아래를 지나가는 것을 꺼리는 현대인의 정서와 유사하다. 사람들 가운데 그런 미신을 꼭 옳다고 여기는 사람은 거의 없지만, 미신을 믿는 사람들을 비롯해서 많은 사람들은 미신에 비교적 관대한 이중적인 태도를 취해 왔다. 그런 태도는 바로 미신이 진리이건 아니건 상관 없음을 말해 준다. "13일의 금요일을 기피하는 것이 어쩌면 일리가 있을지도 모른다"고 대부분의 사람들은 말한다. 신화는 인간의 상상이 자유로울 때, 그리

83. 남백자병(藍白瓷瓶), 14세기
84. 대남백자관(大藍白瓷罐), 명(明) 선덕(宣德)연간

83

84

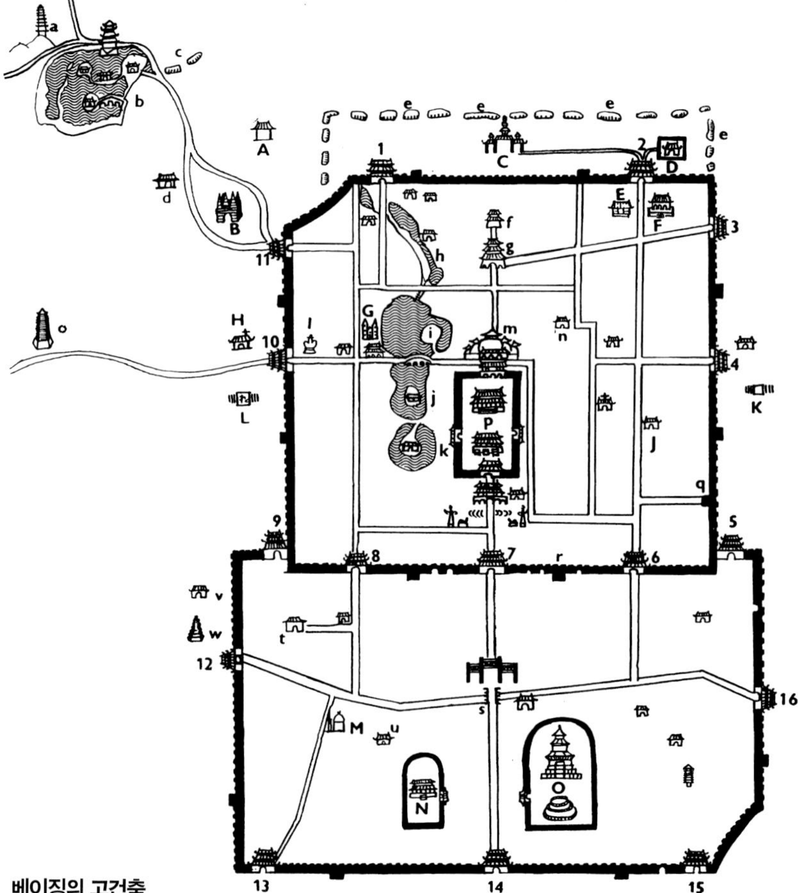

베이징의 고건축

A. 대종사(大鐘寺)
B. 오탑사(五塔寺)
C. 황사(黃寺)
D. 지단(地壇)
E. 태묘(太廟)
F. 옹화궁(雍和宮)
G. 북당(北堂, 가톨릭 성당)
H. 예수회 선교사 묘
I. 백탑사(白塔寺)
J. 구사(狗寺)
K. 일단(日壇)
L. 월단(月壇)
M. 청진사(淸眞寺)
N. 선농단(先農壇)
O. 천단(天壇)
P. 자금성(紫禁城)
a. 위취안산(玉泉山)
b. 이화원(頤和園)
c. 원명원(圓明園)

d. 만수사(萬壽寺)
e. 원대 토성 유적지
f. 종루(鐘樓)
g. 고루(鼓樓)
h. 스차하이(什刹海)
i. 베이하이(北海)
j. 중하이(中海)
k. 난하이(南海)
m. 메이산(煤山)
n. 경사대학당(京師大學堂, 현재는 국가문물국)
o. 팔리장탑(八里莊塔)
q. 관상대(觀象臺)
r. 외무부(外務部, 현재는 동악묘 맞은편에 있음)
s. 천교(天橋)
t. 보국사(報國寺)
u. 법원사(法源寺)
v. 백운관(白雲觀)

w. 천녕사탑(天寧寺塔)
1. 덕승문(德勝門)
2. 안정문(安定門)
3. 동직문(東直門)
4. 조양문(朝陽門)
5. 동편문(東便門)
6. 합덕문(哈德門)
7. 전문(前門)
8. 순치문(順治門)
9. 서편문(西便門)
10. 평칙문(平則門)
11. 서직문(西直門)
12. 창의문(彰義門)
13. 우안문(右安門) 또는 서남문(西南門)
14. 영정문(永定門)
15. 강찰문(江擦門)
16. 사와문(沙窩門)

고 인간의 마음이 시적일 때 생겨난다. 시적 감흥은 대부분 종교적
언어로 표현되었으며, 훨씬 후대에까지도 일부 학자들은 종교적 표
현들을 확실한 사실로 간주했고, 마치 이 세상 모든 악의 근원이 무
엇인가라는 문제를 다루는 것처럼 엄청난 곤경에 빠진 자신을 발견
했다. 어떤 의미에서 이런 시적 상상력이 현대인에게서 사라져 버린
것은 매우 유감스러운 일이다. 현대인은 매사에 이것이 진짜인지 가
짜인지 따지려 들게 되었고, 따라서 마치 중간지대는 없는 것처럼
보이게 한다. 이런 연유로 우리는 워즈워스를 볼 면목이 없다. 우리
가 다시는 "큰 바다에서 뛰어오르는 바다의 신 프로테우스를 볼" 방
법이 거의 없어 보이기 때문이다.

　이런 해학적인 믿음은 중국인의 특징이다. 티베트인은 그들의 신
에 대해 지극히 경건한 데 반해 중국인은 결코 그렇지 않다. 베이징
에 전해 오는 몇 가지 전설이 이를 잘 설명해 준다. 베이징 내성에는
9개의 성문이 있다. 그중 8곳에는 징(銅鑼)이 있지만, 유독 합덕문
(哈德門, 지금의 崇文門)에만 종(銅鈴)이 있다. 합덕문 부근에는 우
물이 하나 있는데, 전설에 의하면 우물 속의 용이 우물 밖으로 나오
는 날, 베이징이 홍수에 잠긴다고 한다. 그래서 사람들은 돌거북(石
海龜) 하나를 만들어 우물 앞에 세워두었다. 그리고 한밤중에 징이
울리면 거북이 돌에서 빠져 나올 수 있다고 돌거북에게 약속했다.
그러나 사람들은 꾀를 내 징을 종으로 바꾸어 버렸다. 이 가엾은 거
북은 수백 년 동안 그곳에 엎드린 채 꼼짝도 하지 못하고, 징이 울리
기만을 기다리고 있다. 이런 상상은 많은 사람들에게 흥미진진한 것
이지만 과학적 사실과는 거리가 먼 것이다.

　또 하나의 예는 후문(後門) 부근의 종고루(鐘鼓樓) 다리 아래에
있는 석비(石碑)이다. 이 석비는 명 태조 주위안장(朱元璋)의 간관
(諫官)인 류보원(劉伯溫)과 관련이 있다. 류보원은 천문학자로 16
세기 프랑스의 천문학자인 노스트라다무스와 같이 미래를 예언하

는 비범한 신통력이 있었다고 한다. 그는 평소에는 완전히 무술(巫術) 세계에서 살았다. 그는 다리 아래 석비에 '北京城' 세 글자를 새겨 두면 신들을 속일 수 있을 것이라고 말했다. 신들이 화가 나서 베이징을 물바다로 만들어 버리려고 할 때, 물이 다리 아래의 석비까지 차오르면 '北京城'이라는 세 글자가 물 속에 잠기게 되므로, 하늘에서 땅을 내려다보던 신들은 베이징이 물에 잠긴 줄 알고 만족하여 떠나가게 된다는 것이다.

또 다른 예는 부엌신(竈神)의 입을 막는 풍습이다. 모든 신 가운데 부엌신은 부부간의 일이나 부모 자식간의 갈등과 같은 가정에서 벌어지는 일을 제일 잘 아는 신이다. 또한 부엌신은 매년 설날 7일 전에 하늘에 가서 옥황상제에게 가족 성원들간의 일들을 낱낱이 보고한다. 이것은 물론 사람들을 아주 난처하게 만든다. 이에 음력 12월 23일에 민간에서는 풍습에 따라 붉은 종이로 만든 부엌신의 입에다 아교를 바르거나 꿀을 먹였다. "하늘에 가서 좋은 일만을 말하거나"(上天言好事), 아예 말을 못하도록 만들기 위한 상징적인 조치였던 것이다.

베이징 지역의 신들과 관련된 두 개의 유명한 전설이 있다. 그 중 하나는 종을 주조한 아가씨의 아름다운 이야기이다. 명(明)의 영락제(永樂帝)가 큰 종을 주조하도록 명을 내린 적이 있는데, 그것은 아마도 지금의 베이징 서북쪽 칭화 대학(淸華大學) 부근의 대종사(大鐘寺)에 있는 종일 것이다. 아치볼드 리틀 여사의 기록에 따르면, 그것은 8만 7천 파운드로 에르푸르트(Erfurt, 독일의 도시)나 다른 도시의 종들보다 훨씬 무거웠다.[24]

그 종을 주조하던 사람은 여태껏 이렇게 큰 종을 주조해 본 적이 없었기 때문에, 구리물(銅水)이 식으면서 종은 금방 깨져 버렸다. 그는 이 일로 황제의 노여움을 사지 않을까 노심초사했다. 그의 젊고 아름다운 딸은 아버지가 온종일 잔뜩 찡그리고 수심에 잠겨 있는

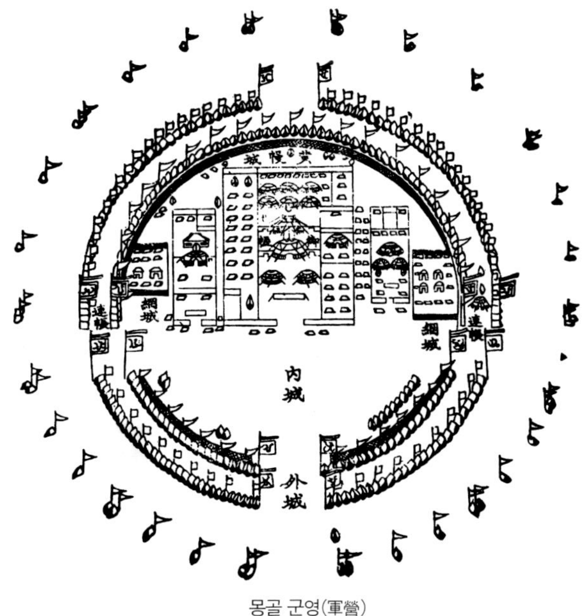

몽골 군영(軍營)

것을 보고, 왜 고민하는지 까닭을 물었다. 그날 밤 그녀는 꿈속에서, 만일 사람의 몸을 끓는 구리물에 넣으면 종이 깨지지 않고 완성된다는 것을 알게 되었다. 다음날 아버지가 밥을 먹으러 간 사이, 그녀는 끓어오르는 구리물 속으로 훌쩍 뛰어 들어갔고, 그녀의 몸뚱이는 형체도 없이 사라졌다. 대종은 완벽하게 주조되었다. 이것이 바로 지금까지도 저녁에 종이 울릴 때마다 '종 아가씨'(鐘姑娘)의 슬픈 울음소리가 들리게 된 사연이다.

또 하나의 신화는 베이징 성의 용수(用水) 공급과 관련된 것이다. 누구나 다 알고 있듯이 싼하이의 호수를 가득 채우고 있는 물은 바로 서쪽 30여 km 밖의 위취안산(玉泉山)에서 흘러온 것이다. 베이징 성의 서북쪽에는 가오량교(高梁橋)라고 하는 다리가 있는데, 이다리는 당시 성안에 물을 공급하기 위해 순직한 어느 환관의 이름을따서 지었다고 한다. 전해지는 이야기에 따르면, 명대에 베이징에

209

큰 가뭄이 들어 황제는 성안에 물이 부족해지자 이를 걱정하며 고심했다. 하루는 황제가 꿈속에서 큰 광주리 두 개를 실은 외바퀴수레를 끌고 가는 늙은 농부를 보았다. 농부는 황제에게 광주리에 담긴 것은 베이징 성에 가져다 줄 물이라고 했다. 다음날 아침 조회 때 황제는 조정의 점성관(占星官)에게 해몽(解夢)을 하라고 지시했다. 점성관은 이 꿈을 천제(天帝)가 자비를 베풀어 베이징 성에 물을 보내주려는 것이라고 풀이한 다음, 칼로 무장한 남자 한 명을 성밖 서쪽 교외로 보내면, 큰 광주리 두 개를 베이징 성으로 운반하고 있는 늙은 농부를 만나게 될 터인데, 그러면 반드시 칼로 광주리를 찌른 뒤에 재빨리 몸을 돌려 성 안으로 달려오되 절대로 뒤를 돌아 보아서는 안된다고 당부의 말을 덧붙였다. 이렇게 해서 가게 된 사람이 바로 가오량이었다. 그는 서쪽 교외에 이르러, 과연 황제가 꿈에 보았던 것처럼 늙은 농부를 만났다. 그는 광주리에 담긴 것이 "베이징 성에 보내는 물"이라는 말을 듣자, 돌연 칼을 빼서 광주리를 찌르고 바로 뒤돌아서서 달렸다. 자신의 등 뒤로 성난 홍수가 논과 밭을 휩쓸며 베이징 성 안에 밀려드는 듯한 굉음을 들었다. 그는 서직문(西直門)이 보이자 위험에서 벗어났다고 생각하여 안심하고 뒤를 돌아 보았다. 그 순간 세찬 홍수가 그를 삼켜버리고 말았다. 이후 그 돌다리(石橋)는 그의 이름을 따서 '가오량'으로 불리게 되었다. 분명히 15세기까지 신화는 끊임없이 만들어졌다. 왜 빅벤(Big Ben, 영국 국회의사당 탑 위에 있는 큰 종)이나 런던 브리지(London Bridge)에 대해서는 신화가 만들어지지 않았을까? 그것은 혹시 우리가 그런 신화들을 듣고 끔찍하게 나이들었다고 느끼거나 신화를 황당무계한 것이라고 코웃음치기 때문은 아닐까? 그것이 진실이 아니라고 가정해 보자. 그게 뭐 그리 대수겠는가? 우리의 삶은 신화보다 훨씬 풍요로운 것을.

　우리가 여기에서 언급한 것은 결코 중국의 주요 종교는 아니다.

일반인들 사이에 널리 수용된 민간신앙일 뿐이다. 중국인의 주요 종교라고 할 수 있는 유교는 매우 이성적이며, 형상성(形象性)이 거의 없다. 내성 북쪽에 있는 공묘(孔廟)는 엄숙한 유교의 성지이다. 공자 제단 뒤쪽의 커다란 죽비(竹篦)처럼 생긴 위패에는 성현의 정신적 상징인 말씀을 새겼다. 도교의 심오한 철학은 노자(老子)의 저술에 잘 나타나 있으며, 불교에도 지식과 현실문제에 관한 숭고한 형이상학이 있다. 그러나 보통 사람들이 가장 관심을 갖는 것은 재물신(財神)·장수신(長命神)·혼인신(婚姻神)·운명신(命運神) 등이다. 이런 신들은 관음보살과 같은 거룩한 존엄성을 갖고 있지 않지만, 사람들이 그들에게 올리는 기도(祈禱)만큼은 예나 지금이나 경건하기 이를 데 없다.

일반 민중이 만들어낸 신들 가운데 종교나 종파를 무시하고 다신교적 신앙을 보여주는 가장 좋은 예는 바로 동악묘(東岳廟)이다. 동악묘는 제화문(齊化門, 지금의 조양문[朝陽門]) 밖에 있는데, 그 역사는 14세기(1317)까지 거슬러 올라간다. 타이산(泰山)이나 동악에 대한 숭배는 도교적인 것도 불교적인 것도 아니며, 일종의 오행(五行)·오방(五方)·오색(五色)·오성산(五聖山)에 대한 숭배로 기원전부터 있었던 것이다. 그것이 도교적으로 보이는 것은 도교가 토착의 다신교, 애니미즘, 무술(巫術), 밀교(密敎) 등을 광범위하게 받아들여 왔기 때문이다. 혼인신이나 재물신이나 약왕(藥王) 등은 이미 도교나 다른 어떤 종교도 아니며, 그들은 단지 사람들의 기본적인 요구를 만족시키는 신일 뿐이다. 동악묘에서는 월하노인(月下老人, 중매인)이라 불리는 혼인신을 볼 수 있는데, 이는 9세기경 하늘이 어떻게 혼인을 안배하는가에 관한 이야기에서 만들어졌다. 그 이야기에 따르면, 사람은 태어날 때 다리에 자기의 배필이 될 이성(異性)과 연결된 붉은 실을 매달고 나오는데, 그(그녀)의 혼인은 바로 이 붉은 실로 결정된다는 것이다. 어떤 장애가 있든지 부모가 아무

리 강경하게 반대하든지 간에, 결국에는 그들은 부부로 맺어지게 된
다. 그래서 누구나 동악묘에 가서 대나무통(竹筒) 안에 담긴 신령한
댓가지(竹籤)를 흔들어, 땅에 떨어진 댓가지에 적힌 참언(讖言)을
보고 자신의 애정운을 확인할 수 있다.

또한 문창성(文昌星)이라는 것도 있는데, 공자·노자·부처 등의
가르침에서는 문창성에 대한 언급을 찾을 수 없다. 문창성은 많은
별들 가운데 하나로 문인 학사들의 과거시험 운세를 관장한다. 신들
은 아주 다양하게 분업화되어 있다. 풍습(風濕)을 관장하는 신, 발
열 복통을 관장하는 신, 결핵과 천식을 관장하는 신이 있고, 심지어
는 치통·백내장·출혈 등을 관장하는 신도 있다. 말의 신과 말의 수
호신을 모신 사당이 있던 마신묘(馬神廟) 터에는 베이징 대학(北京
大學, 초창기의 학교터, 곧 자금성 동북쪽에 있는 홍루〔紅樓〕—옮긴이)
이 들어서서 흥미롭다. 그곳은 메이산의 동쪽 자락에 있으며, 일찍
이 황제의 마굿간이 있었던 곳이다. 또한 이랑묘(二郞廟)는 관청가
의 남쪽, 덩스커우(燈市口)와 덩스(燈市) 맞은 편인가에 있는데 사
람들은 그곳을 흔히 '구묘'(狗廟)라고 불렀다. 이 이랑신(二郞神,
『서유기』〔西遊記〕에 등장하여 유명해짐)은 우연한 기회에 만들어졌다.
옛날 어떤 부인이 아들의 건강을 기원하기 위해 사원에 가는 길에
병든 개를 데리고 갔는데 집에 돌아와 보니 개의 병이 말끔히 나아

있었다고 한다. 그 뒤부터 '구묘'에서는 성 미카엘 같은 전쟁의 신인 이랑의 제단 위에 감사 제물로 바친 새끼 강아지를 종종 볼 수 있게 되었다.

사원들은 특정 종교의 경축일과 밀접한 관련이 있다. 예컨대 동악묘(東岳廟)에는 7월 15일이 되면 묘회(廟會)에 가는 사람들이 등선(燈船)을 보러 몰려들었다. 매년 봄이 되면, 먀오펑산(妙峰山) 고봉에 오르기 위해 멀리 창핑(昌平)·순이(順義) 두 현에서도 참배객들이 찾아왔다. 그들은 시산(西山) 언덕에 자리잡고 있는 대각사(大覺寺)와 흑룡담(黑龍潭)을 지나 산 정상에 오른다. 대각사에는 흥미로운 것이 두 가지 있다. 하나는 백자관음(百子觀音, 아이를 점지해 주는 여신)이고, 다른 하나는 명안관음(明眼觀音)이다. 이 절은 시산의 봉우리들 중에서도 제법 높은 곳에 자리하고 있어서 넓은 들녘을 굽어보고 있다. 그러나 산에 오를 때, 참배객들은 세 걸음에 한 번씩 무릎을 꿇고 아홉 걸음에 한 번씩 절을 한다. 어떤 참배객들은 여러 날 동안 산에 오르기 때문에, 산 위의 절에서 여러 날 밤을 보내야 했다. 이런 고생스런 먼 길을 가기 위해서는 대단한 용기가 필요하다. 왜냐하면 산길에는 뾰족뾰족한 돌이 여기저기 널려 있는데다가 산꼭대기 부근은 매우 가파르기 때문이다. 참배객들 중에는 여성이 많았다. 개중에는 아들을 바라는 사람도 있고, 다른 것을 소원하는 사람도 있다. 이런 고생길에 나서는 동기는 결코 고행에 있지 않았다. 기도는 언제나 어떤 절박한 염원에서 비롯되었고, 간절한 소망은 언제나 기도가 되었다. 따라서 사람들이 사서 하는 고생은 이런 절박한 염원의 자연스런 결과이다.

중국인은 다른 세계의 종교를 어떻게 받아들였는지도 몇 마디 덧붙여야 할 것 같다. 이슬람교도는 중국 인구 중에서 비교적 많은 편이다. '칭전'(淸眞, 중국인의 이슬람교에 대한 호칭)이라 불리는 이슬람 식당은 베이징 거리에서 자주 눈에 띄는데, 돼지고기는 팔지 않

86. 동물 모양의 경태람 (景泰藍), 청 건륭연간

215

고 소고기나 양고기만 판다. 중국의 이슬람교도는 광적일 정도로 단결력이 강하다. 약 40년 전 베이징의 한 출판업자는 이슬람교도가 돼지고기를 먹지 않는 풍속을 비방하는 내용이 담긴 책자를 발간했다가 곤욕을 치른 적이 있었다. 사람들은 이슬람교도가 중국에, 베이징뿐 아니라 남방(南方)과 서남(西南) 지역에도 그렇게 많다는 사실에 새삼 놀라게 되었다. 이슬람교는 중국에 사는 위구르인·키르기스인·카자흐인을 포함한 투르크어를 사용하는 사람들로부터 전파되었다. 중국의 투르크어 지역에는 이슬람교도가 많이 살고 있다. 땅은 넓고 인구는 적은 신장(新疆)지역에서 불교도와 이슬람교도 사이에 충돌이 일어나 마을 주민 전체가 죽는 유혈사태가 발생하기도 했다. 8세기 무렵, 위구르인은 전쟁에 참가했다가 산시(陝西)지방에 정착했다. 베이징의 이슬람교도는 출신 지역에 관계없이 모두 투르크어를 사용하는 사람들의 후예이다.

옛날에는 베이징 신화문(新華門) 부근의 황성 인접한 곳에 회자영(回子營, 회교도 군영)이 있었는데, 지금은 남아 있지 않다. 베이징에는 애절하고 감동적인 전설이 전해오고 있다. 카슈가르 근처에서 태어난 젊고 아름다운 이슬람교도 왕비의 이야기이다. 왕비의 부족은 건륭제의 군대에 의해 정복되었다. 그녀의 남편은 위구르인의 수령이었으나, 전쟁 중에 전사하고 그녀는 포로가 되어 베이징으로 왔다. 베이징 사람들은 그녀를 향비(香妃)라고 불렀다. 그녀의 몸에서 뭇사람의 마음을 흔드는 향기가 난다고 해서 그런 이름이 붙여졌다. 또 다른 이름으로 '객비'(客妃)라고도 불렀다. 건륭제는 잠자리 시중을 들게 하려고 그녀에게 부귀영화를 약속했지만 향비는 남편을 죽인 사람한테 그렇게 할 수 없다고 그를 거절했다. 그녀는 비록 포로의 몸으로 베이징에 붙잡혀 왔지만, 마음 속의 절개만큼은 결코 굽히지 않았다. 건륭제도 초인적인 인내심을 발휘하며 그녀를 위해 '망향루'(望鄕樓, 향비가 "고향을 생각하며 멀리 바라볼" 수 있도록 지

은 높은 탑)를 짓고, 누각 맞은 편에는 투르크인의 천막으로 이루어
진 촌락과 이슬람 사원도 만들어 주었다. 그러나 이 젊은 여인은 결
국 자결함으로써 남편에 대한 정조를 지켰다. 지금도 고궁박물원에
는 예수회 선교사인 주세페 카스틸리오네가 그린 향비의 초상화가
남아 있다. 이 애절하고도 감동적인 이야기 때문에 향비의 초상화는
늘 관광객들에게 인기가 좋다. 초상화에 묘사된 향비는 머리에 투구
를 쓰고, 몸에는 이탈리아식 암회색 금속 갑옷을 입고 있다.

　일찍이 7세기에 네스토리우스파 그리스도 교도들이 중국에 왔
다. 네스토리우스교는 그리스도교의 일파로 그리스도교와 달리 성
모 마리아의 신성(神性)을 인정하지 않는다. 네스토리우스 교도는
종교박해를 받아 소아시아에서 추방된 이후 산시(陝西) 성에 정착
했다. 시안(西安)에 있는 네스토리우스교 신봉자가 세운 비석(碑
石)의 명문에 따르면, 박해는 635년에 일어났다. 독일 황제 빌헬름
2세가 파견한 알베르 폰 르 코크[25]는 고고학(考古學) 유적 발굴과정
에서 조각상에 새겨진 마니교 문자를 발견했는데, 그 조각상은 그리
스 작품이 분명했다. 마르코 폴로도 일찍이 지적했듯이 그리스도 교
도는 중국 북방에서 활동했을 뿐 아니라, 멀리 남방의 윈난(雲南)까
지도 그들의 행적이 미쳤다. 또한 그는 프레스터 존(Prester John)
의 왕국에 대한 쿠빌라이의 정벌을 기록하고 있는데, 이 전설상의
프레스터 존은 분명 네스토리우스 교도였을 것이다.[26]

　오도릭은 로마 교황의 특사로, 쿠빌라이 사망 직후 베이징을 방
문했다. 그러나 뭐니뭐니해도 중국 조정에 가장 큰 영향을 끼친 사
람은 만력(萬曆)연간(1573~1619)의 예수회 선교사 마테오 리치
였다. 그가 큰 성공을 거둔 이유는 중국어를 유창하게 하고 유교경
전을 연구함으로써 중국학자들한테서 인정을 받았기 때문이다. 그
는 황제 주변에서 총애를 받았고, 또한 중국의 뛰어난 학자 쉬광치
(徐光啓)를 가톨릭으로 개종시켰다. 쉬광치의 딸도 가톨릭 교도가

87. 옥여의(玉如意), 18
세기
88. 건륭제의 옥새
89. 백옥 모자 걸이, 청
건륭연간

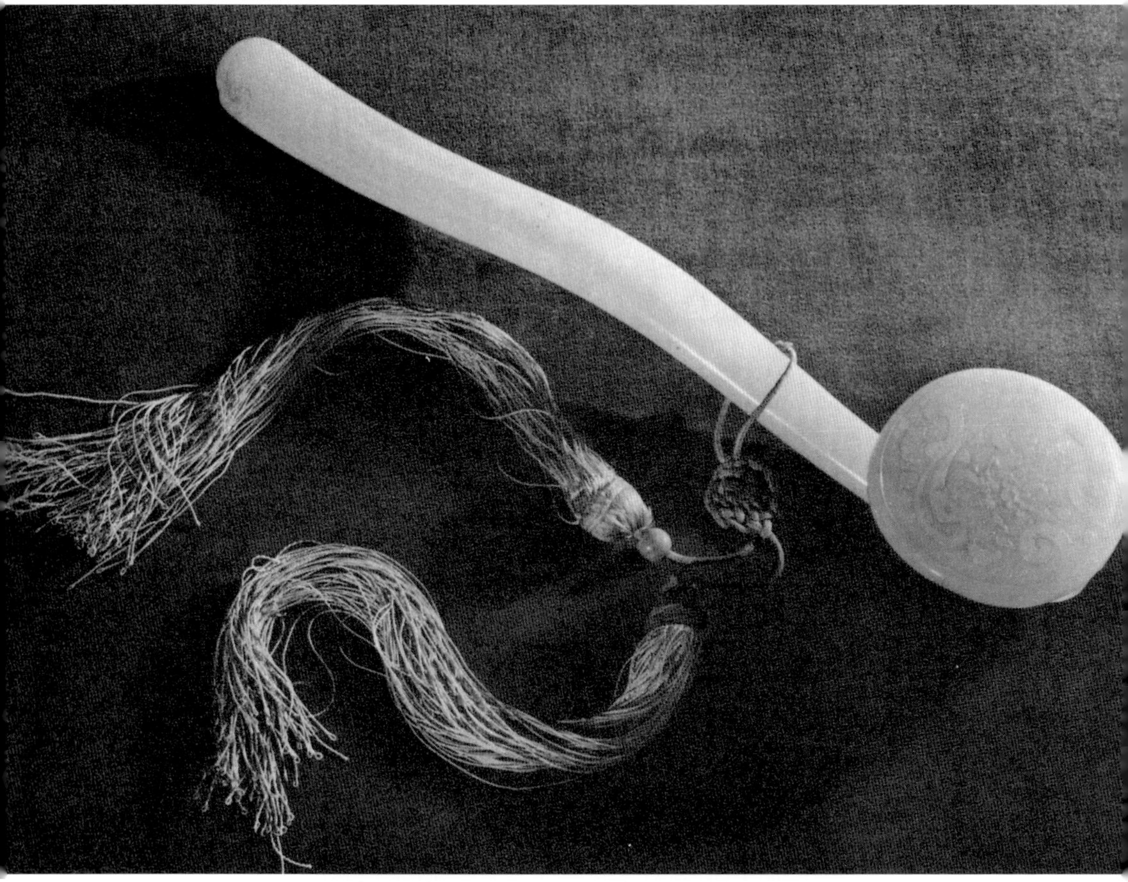

87

88   89

되었는데, 당시 사람들은 그녀를 테레사 수녀라고 불렀다. 1610년 마테오 리치가 세상을 떠나자 황제는 극진하게 장례를 치러 주었다. 그의 무덤은 평칙문(平則門)에서 약 1.5km 정도 떨어진 베이징 교외에 있으며, 근처에는 같은 예수회 신부인 아담 샬과 페르비스트의 묘가 있다. 1900년 그리스도교에 반대하는 의화단이 봉기했을 때 그의 묘는 훼손되었다. 아담 샬 신부는 명·청 양대의 황제를 위해 일했고, 천문학자인 페르비스트는 궁정의 여인들을 개종시켰을 뿐 아니라, 강희제까지 거의 개종시킬 뻔했다. 예수회 회원들은 강희제의 황후를 '안네'라고 불렀고, 황태후는 '헬레나'라고 불렀다. 강희제는 결국 개종하지 않았는데, 그 이유는 가톨릭이 조상숭배, 곧 선조에 대한 제사를 허용하지 않았기 때문이다. 그것만 아니었다면 아마 입교를 윤허했을지도 모른다. 예수회 신부는 강희제가 개종할 가능성이 있다고 좋아했으나, 다른 교단의 신부들은 오히려 교황 클레멘스 11세에게 비준을 해서는 안된다고 주장했다. 조상숭배가 유일신을 섬기는 그리스도교의 교의에 위배되므로 제사를 금지하기 전에는 안된다는 것이었다. 아마 교황은 알지 못했을 것이다. 무릎을 꿇고 엎드려 절하는 예의범절은 중국인이 새해 첫날 부모 앞에서 무릎을 꿇고 절하는 데서 비롯되었으며, 어디까지나 부모를 사람으로 보고 절하는 것이지 신으로 보고 절하는 것이 아니라는 사실을. 교황도 영혼 불사라든가 인간에게 사후의 생활이 있다는 관념에 대해서 전혀 모르지는 않았다. 자녀들의 효도에 관한 유교의 가르침은 "돌아가신 부모를 반드시 살아 계신 부모처럼 잘 섬겨야 한다(그들 생전의 좋은 평판에 부끄러움이 없도록 생활하는 것을 뜻한다)"는 것이다. 강희제는 결코 조상숭배를 거역할 수 없었다. 그렇지 않으면 태묘(太廟)의 신성한 지위가 위태로워질 뿐 아니라, 자신의 제국도 위기에 처할 것이라고 생각했다. 따라서 아무리 정교한 신학이론이 들어온다 해도, 실생활에서 중국인이 그리스도교인이 된다는 것은 부모와 조부모의 은혜를 저버리고 가족으로부터 이탈해 나오는 것을 의미했다.

아담 샬과 페르비스트 신부는 학식이 풍부했던 천문학자이자 수학자로서, 일찍이 중국의 역법(曆法)을 고치는 데 기여했다. 옹정제(1723~1735년 재위)는 선교사들을 좋아하지 않았다. 그들이 형제를 죽인 옹정제의 행동에 비판적인 태도를 취했기 때문이다. 옹정제의 뒤를 이은 건륭제(1735~1796년 재위)는 다시 예수회 회원들에게 호의를 베풀었다. 그의 치하에서 베누아(Benoist) 신부는 황제의 명을 받아 원명원의 이탈리아식 궁전을 설계했다. 이 당시 건륭제는 루이 15세와 연락을 하며 서로 많은 선물을 주고받았는데, 그 중에는 비단, 자명종, 금제 술잔, 고블랭산(産) 벽걸이와 양탄자 등이 포함되어 있었다. 전하는 말에 따르면, 건륭제는 아미오(Amiot) 신부를 통해서 볼테르와도 서신교환을 했다고 한다. 타이베이 고궁박물원에서 가장 빼어난 그림 가운데 하나는 바로 랑스닝(郎世寧)이라는 중국식 이름으로 유명한 카스틸리오네 신부가 그린 「백준도」(百駿圖)이다. 그는 건륭제의 초상화도 그렸다.

지금까지 남아 있는 두 곳의 유명한 유적이 예수회의 영향을 잘 보여주고 있다. 한 곳은 내성 동벽의 남쪽 부근에 세워진 관상대(觀象臺)인데, 정교하게 조각된 용들이 구리로 만든 천문관측기구를 떠받치고 있다.(182쪽 참조) 1900년, 이 관측기구들은 독일 황제 빌헬름 2세가 약탈해 갔으나, 1918년 이후 중국에 반환되어 그 정교한 아름다움으로 관광객들을 매료시키고 있다. 또 하나의 유명한 유적지는 가톨릭 성당인 북당(北堂)인데, 순치문 안의 마테오 리치가 살았던 곳에 세워진 남당(南堂)과 짝을 이루는 곳이다. 북당은 두 차례 파괴되었다. 한번은 옹정연간에, 또 한번은 의화단이 봉기했을 때인데 대략 400명의 중국인 그리스도교 피난민이 북당에서 죽었다. 당시 다행스럽게도 파비에 신부의 용감한 지휘로 많은 신자들이

十三年歲次戊寅暢月
天門奇峰高雲窩

재난을 모면했다. 여기서 주목해야 할 것은 이 성당이 황성 안에 세워졌다는 점인데, 이는 강희제와 그의 황족들이 그리스도교에 우호적인 태도를 보였다는 증거이다. 성당의 철제 격자창은 루이 15세가 기증한 것이며, 19세기 말 성당이 중건되면서 라자로 선교단에게 넘어갔다.

파리 동물원의 사자에 관한 이야기는 그 시대에도 이미 세계가 얼마나 좁았는지를 알려준다. 1870년에 파리가 포위되었을 때, 파리의 민중들은 굶어죽지 않기 위해 동물원의 동물들을 도살했다. 북당의 다비드 신부는 그 당시 파리에 있었는데, 그는 당국의 허락을 받고 사자 가죽 한 장을 얻었다. 그는 이 사자가죽을 베이징에 체류할 때도 가지고 있었다. 의화단의 난이 발생하자, 포위당한 북당을 보호하기 위해 파견된 프랑스 군인들은 30년 전 파리가 포위되었을 때 보았던 그 사자의 가죽을 다시 보게 되었던 것이다.

90. 「팔선」(八仙), 작자
미상, 18세기

223

11. 베이징의 예술

피터 C. 스완

일반 방문객의 눈으로 베이징을 바라보면, 베이징은 중국의 모든 것―거대한 나라의 행정 중심, 4,500년 전으로 거슬러 올라가는 위대한 문화의 정수, 세계에서 가장 오래되고 단절되지 않은 전통, 동방의 화려한 문명의 상징―을 대표한다.

그러나 중국 역사를 배우는 학생의 입장에서 보면, 베이징은 단지 오래된 역사의 일부분일 뿐이다. 베이징에 도읍을 정한 시간도 고대 중국 문화가 발전하고 번영했던 역사에서 일부분일 뿐이다. 베이징이 중국의 수도로서 번영을 구가한 시기, 곧 명·청대의 약 600년(1368~1911) 동안 역사상 매우 중요한 역할을 했다 할지라도, 다른 어떤 시기보다 이 시기에 중국의 예술과 문화가 가장 눈부시게 발전했다고 주장하는 사람은 많지 않았다.

하지만 전체 중국 예술에 비추어 보면, 우리는 과거 2천년 동안 일부 유목민족들―'외국인'―이 완전히 또는 부분적으로 중국을 무려 1천년 동안 통치했음을 잊어서는 안된다. 북방으로부터의 침략은 보수적인 중국인을 끊임없이 남방(南方)의 안전지대로 물러나도록 압박했으며, 그곳에서 그들은 온 힘을 다해 그들의 옛 가치체계를 지키려고 노력했다. 북방(北方)은 한족과 유목민족의 피가 섞이는 용광로가 되었고, 이 민족의 융합과정―이와 유사한 강제적인 민족융합이 문화를 풍부하게 했던 예는 많이 있다―은 중국 문

91. 「대나무와 강아지」
(竹犬圖), 명(明) 선덕
제(宣德帝) 작, 1426~
1435

宣德二年
筆戲寫一笑圖

화의 발전을 촉진시켰다.

중국인들이 늘 경멸하면서도 확실히 두려워했던 이들 유목민족은 B.C. 1천년 전부터 중국인의 삶과 예술에 지대한 영향을 미쳤다. 또 다른 측면, 곧 불교 도입에 절대적인 기여를 하지는 않았다 하더라도 적어도 불교를 중국에 정착시키는 데 유목민족은 중요한 역할을 했다. 바로 그들의 노력을 통해서 불교는 국교(國敎)가 되었고, 위대한 중국의 예술품이 탄생하게 되었다.

중국의 불교예술은 중앙아시아 초원지대의 종교적 작품을 모방하면서 시작되었다. 이를 계기로 불교신앙은 중국에 전파되었다. 이후 교류가 빈번해지면서 중국인은 비로소 인도와 직접 교류하게 되었고, 그들에게 큰 영향을 끼친 불교와 불교의 조각 전통을 배웠다. 그러나 이런 교류가 빈번해질수록 중국인은 아주 빠르게 불교예술과 불교사상에 그들만의 개성을 드러냈다. 송대에 중국과 인도의 교류는 단절되었다. 그 당시 불교는 인도에서 소멸될 위기에 직면해 있었으나, 중국인은 오히려 새롭고 중국적인 특색을 지닌 예술형식을 발전시켰다. 그림 64와 65에 보이는 원대(元代)의 관음상은 중국화(中國化)된 불교조각의 극치를 보여준다. 비록 원·명대에는 값

진 대형 조각작품이 별로 없지만(그림 25와 26), 푸젠의 덕화자기에서 이런 모방기술은 이미 완벽해졌다. 이런 기술은 청대에 이르러 더욱 발전했고(그림 101, 102, 105), 고아한 관음 또는 '자비의 여신'(慈悲女神, 그림 105)은 인도의 남신(男神)에서 중국의 여신으로 완전히 변화되었음을 보여준다.

그림 58에는 자유분방한 '발묵화'(潑墨畵) 기법이 잘 나타나 있다. 그것은 중국 불교인 선(禪)—선의 영문 'Zen'은 일본어 발음에서 유래한다—의 영향을 아주 많이 받았다. 이런 예술의 추종자들은 참선의 깨달음이 순간적으로 찾아오며, 그 영향을 받아 그린 그림은 영감의 본질인 자유분방한 화법으로 자신을 표현한 것이라고 생각했다. 이런 비자연주의적 화풍(畵風)은 당대(唐代)에 이미 확산되기 시작했고, 송대에 절정을 이루었다. 이 화풍은 중국의 예술을 매우 풍부하게 만들었다. 만약 이것이 없었다면, 그토록 생동감이 넘치고 근대적 기운이 충만한 대부분의 수묵화는 생겨날 수 없었을 것이다.[27]

유목민족들이 성공을 거둔 순간 중국인은 자신들의 예술적 성취를 재평가하는 기회를 얻게 되었다. 13세기, 몽골인의 통치기간 동

92

92. 도화병(桃花瓶), 구
리에서 추출한 유약의 색
으로 높이 평가받았으며,
강희연간의 황실가마에
서 제작되었다.
93. 금색 테두리가 있는
청동색관(靑銅色罐), 16
세기, 황실용

안 자행된 폭정을 피해 천부적인 예술재능을 지닌 중국인들은 시골에 은둔해서 중국 산수화의 원칙을 세웠고, 이 원칙들은 오늘날에도 여전히 적용되고 있다. 그 가운데 가장 유명한 화가는 니짠(倪瓚)이었다. 그는 원대(元代)의 한 화가에게 헌정한 자화상에서 자신의 소박한 성품을 묘사했고, 그의 모습 뒤에 배치된 병풍은 이런 소박함을 반영하고 있다. 중국을 탐내고 침략했던 외국인들은 아주 빠르게 자신들이 정복한 사람들의 예술적 성취를 흡수했다. 다시 말해서 그들은 중국인보다 더욱 중국화되었다. 몽골인을 제외한 모든 북방민족들은 비록 보수적인 측면이 있긴 했지만, 중국 문화를 철저히 보호했다. 그러는 가운데 그들은 때때로 중국 예술의 부흥이라는 뜻하지 않은 반작용을 낳기도 했다. 정복자 유목민족들은 늘 불안해했는데, 베이징을 그들의 수도로 선택한 것도 유사시에 만리장성 밖 그들의 고향으로 신속하고 안전하게 철수하기 위해서였다. 실제로 그들은 여러 차례 그들의 고향으로 쫓겨나곤 했다.

예술 애호가에게 베이징은 바로 고궁박물원(故宮博物院)을 의미한다. 짐작하겠지만 이곳은 중국 미술, 특히 회화작품의 최대 소장처 가운데 하나이다. 우리는 여기서 두 군데의 고궁박물원을 언급할 것이다. 하나는 도망치듯 빠져나간 국민당이 세계에서 가장 훌륭한 회화작품들을 타이완(臺灣)으로 가져가 설립한 타이베이(臺北) 고궁박물원이고, 다른 하나는 국민당이 미처 챙겨 가지 못한 예술품 일부와 광범위한 고고학적 발굴 성과들을 공산당정권이 수집하고 정리하여 건립한 베이징 고궁박물원이다.

고궁박물원이 공공 박물관으로 설립된 것은 그다지 오래 전의 일이 아니다.(위안스카이가 1912년 중화민국 임시정부의 제2대 총통으로 취임하면서 건립했다.) 또한 놀라운 일은 위안스카이가 박물관 설립 이전에 몇 세기 동안 닫혀 있던 자금성의 일부를 개방했다는 사실이다. 이것은 그의 야심 ― '왕권신수'라는 발상 아래 새로운 왕조를 열겠다는 몽상─을 드러낸 것인데, 이런 음모에 대한 국민들의 격렬한 저항과 1916년 그의 죽음으로 이 야심찬 계획은 결국 수포로 돌아갔다. 이후 고궁박물원은 아주 빠르게 국가기관이 되었다.

고궁이 매우 풍부한 유물을 소장할 수 있었던 것은 중국 황실과 관련된 또 다른 위대한 중국의 전통─예술에 대한 황제의 후원─덕택이다. 역사를 살펴보면, 통치자가 예술과 공예를 장려하고 지원한 점에서 중국과 견줄 만한 나라는 거의 없다. 멀리 청동기시대의 상 왕조에서 존엄한 의식을 위해 청동 예술품을 제작한 장인들은 단지 군주를 위해 일했을 뿐이다. 이런 청동기에 엄청난 특권이 부여되었다는 것을 우리는 잘 알고 있다. 마치 서양에서 왕관, 십자가가 달린 보주(寶珠), 홀(笏), 옥새가 그렇듯이 청동기는 늘 권력과 부의 상징이었다.

13세기 유럽의 그리스도교가 정치와 종교 두 부문에서 압도적인 지지를 얻어 숭고한 고딕식 성당을 세운 것과 마찬가지로, 5~6세기 황제의 권력과 결합된 중국의 불교 또한 불후의 석굴사원을 만들었다. 이들 석굴사원의 암석에 새겨진 수많은 생생한 조각들은 세계에서 인정받는 경이로운 예술작품이다. 이런 위대한 석굴조성 사업을 지원한 황제들은 모두 유목민족의 후예였다. 그들은 분명히 부처가 중국의 신이 아니라는 것을 알고 있었기에 그들에게 부처는 중국의 어떤 신들보다도 더 신성한 존재였다.[28]

중국인도 이 신앙을 받아들였다. 석굴사원과 석굴사원의 조각은 거대한 형태와 복잡한 기교로 사람들─어떠한 생명체보다도 훨씬 위대하다고 일컬어지는 인간─을 압도했다. 이런 영향은 명·청시대까지 지속되었으며, 대표작으로 꼽히는 내정(內廷) 안의 천불상(千佛像, 그림 5)에서 이를 엿볼 수 있다. 명대에 이르러, 불교 조각 예술의 위대한 시대는 막을 내렸다. 다만 송대의 목제 관음상을 정교하게 모방한 원대의 작품(그림 64·95)과 그림 63에 보이는 희귀

94. 「어화원경」(御花園景)의 부분, 추잉 작, 명대

한 명대(明代)의 칠기—생각하는 부처—가 남아 있을 뿐이다.

석굴사원은 황제의 후원을 받은 것들 가운데 일부에 불과하다. 당대(唐代, 618∼907) 황제들은 제국 내에서 가장 뛰어난 화가들을 궁정으로 불러모아 그들에게 최고의 영예를 안겨 주고 창작을 장려했다. 역사적으로 회화 경연에 관한 이야기나 화가와 그들을 후원한 황제에 관한 일화가 많이 전해져 온다.

그림 35에 보이는 것처럼 두 마리 말과 마부를 전문적으로 탐구한 한간(韓幹)은 당시에 특혜를 누린 궁정화가들 중 한 사람이었다. 당 왕조의 전성기에 그는 당 현종(玄宗)에게 충성을 다했다. 사실적인 표현의 추구는 당대(唐代) 미술의 가장 기본적인 경향이었는데, 이 점은 묘비(墓碑)의 조소에서도 볼 수 있다. 두 마리의 말이 행동에 제약을 받는 듯한 표정과 동작은 여러 묘비의 준마(駿馬) 조상(彫像)에서도 거듭 반복되었다. 이처럼 빼어난 운동감이야말로 중국 회화를 이해하는 열쇠이다.

또한 당대(唐代)에는 인물화가 명성을 얻었는데, 현존하는 소수의 작품을 통해 이런 주장이 결코 과장이 아님을 알 수 있다. 그림 40과 41은 비록 당 이후의 작품이기는 하나, 8세기 중국 궁정의 전형적이고 우아한 예술관을 반영하고 있다. 「궁정의 연주」(按樂仕女圖, 그림 40)는 구도가 매우 섬세한 작품으로, 인물들의 모습이 다양하고 재미있다. 이 시기에는 또 산수화가 회화의 주요 분야로 자리 잡았다. 그림 49는 8세기의 원본인지 11세기 무렵의 임모본인지 알 수 없지만, 당대(唐代) '청록'(青綠)화풍—수묵 산수화가 인기를 더해 갈 때 당시의 유행을 따르지 않았던 새로운 화풍—에 속하는 작품이다. 청록화풍은 추종자와 모방자(추잉의 산수화, 그림 66·67 참조)들에 의해 그 맥이 이어졌으며, 일본 회화에도 많은 영향을 주었다.

907년 당이 멸망하고 960년 송이 건립되기까지 짧은 과도기—

이 시기는 통상 오대(五代)라고 일컬어진다—동안 수많은 화가들은 정치적 박해와 공공 노역을 피해 시골에 은거하여 자연을 벗삼아 예술에 몰두했다.

이 시기의 작품으로 현재 남아 있는 것은 그다지 많지 않다. 작자 미상의 그림 51 「가을숲의 사슴떼」(秋林群鹿圖軸)는 중국 산수화의 특징을 거의 띠지 않아 혹자는 전형적인 중국 산수화가 아니라고 말하기도 하지만, 중국인은 이 작품이 자연과 인간은 하나라는 정신을 훌륭하게 전하고 있는 것으로 간주해 왔다. 또한 이 작품은 중국 화가들이 무엇보다도 다양한 동물의 형상을 즐겨 연구했음을 보여준다. 사냥감이 된 숫사슴에 동정을 느끼는 이 그림의 화가가 궁정에서 도망친 사람일 것이라고 짐작하지 못할 사람이 과연 있을까? 예술 방면에서 중국인의 동물에 대한 애정은 어느 정도는 동물의 특성을 잘 알고 있던 유목민족의 영향에서 비롯되었다고 볼 수 있다. 중국인은 유목민족으로부터 이런 점들을 배우고 그것을 완전히 자기 것으로 만들었다. 화조도(花鳥圖)의 정교한 형식에서 알 수 있듯이 동물은 궁정 화가들이 좋아하는 주제가 되었다. 화조도는 일종의 장식용 그림으로, 이것이 유럽에 전해지면서 유럽의 예술작품은 빛을 잃을 정도였다. 「산자고와 가시나무 위의 참새」(山鷓棘雀圖. 그림 12)는 전형적인 궁정 화조도에 속한다. 「흰 매」(白鷹圖, 그림 57)는 비록 자수이긴 하지만, 화조도가 추구하는 화려함을 잘 보여준다. 원대(1260~1368)의 몽골인은 한족 문관들로 하여금 자신들을 섬기게 했는데, 이 문관들 중에는 화가도 몇 사람 있었다. 예컨대 저명한 화가이자 서예가인 자오멍푸(趙孟頫, 1254~1322)가 있다. 자오멍푸의 「염소와 양」(二羊圖卷, 그림 79)은 지금까지 남아 있는 몇 안되는 그의 작품 가운데 하나이다. 나는 이 작품에서 양(羊)에 매료된 것이 아니라, 염소의 특성에 대한 주의깊은 관찰력과 중국 동물화의 뛰어난 솜씨에 깊은 인상을 받았음을 고백해야겠다. 자오멍푸의 제자 런런파(任仁發)는 몽골인이 좋아하는 말 그림 전문가였다. 런런파의 「말에게 꼴을 먹이며」(飮飼圖, 그림 52)는 당당하고 건강한 분위기를 잘 묘사한 작품으로 지금까지 전해 내려오는 중국의 말 그림 가운데 명작으로 꼽을 만하다.

황제들 중에는 천재적인 시인이자 서예가이며 화가인 사람들이 많았다. 가장 유명한 인물로 송 휘종(1101~1125년 재위)을 들 수 있다. 그의 재위기간에 학문은 전례없이 꽃을 활짝 피웠다. 명대 황제들은 송 휘종이 정치적으로 부패하고 무능하여 몽골족의 침략을 자초했다며 폄하했으나, 몇몇 황제들은 이런 예술 전통을 계승하기도 했다. 예컨대 명 선덕제(宣德帝, 1426~1435)는 뛰어난 화가였다.(그림 91) 태평성대에는 화가들이 앞다투어 수도로 모여들어 궁정에서 일하는 영예를 누리고 싶어했다. 때때로 이런 활기찬 궁정의 분위기나 예술을 이해하는 황제의 너그러움은 위대한 회화예술—만일 황제가 화가에게 무엇을 어떻게 그려야 하는가에 대해 고집스럽게 제한을 가한다면 불행한 결과를 초래하는 경우도 있었다—을 낳는 자극제가 되기도 했다. 왜냐하면 이 당시 궁정 예술은 나날이 쇠퇴하고 있었으며, 가장 창조적인 천재는 예술의 자유를 찾아 궁정을 떠났기 때문이다. 그 예로 「시냇가 다리에서 봄을 감상하다」(溪橋賞春圖, 그림 72)를 그린 다이진(戴進, 15세기 초 활동)을 들 수 있다. 그는 원래 궁정화가였으나, 무슨 이유에서인지 궁정을 떠나 독립적으로 그림을 그리다가 끝내는 가난에 찌들어 죽었다. 여기에 제시된 그의 몇몇 작품은 마위안파(馬遠派)에 근접해 있지만, 본질적으로 명대 작품—그가 인간의 작은 일에 흥미를 가진 것이나, 풍경의 세부에 대한 묘사—의 범주를 벗어나지 않는다.

후대의 작가들이 어떤 혹평을 퍼부었든 궁정화가, 특히 송대의 궁정화가는 중국 회화예술에 지대한 공헌을 했다. 송대의 가장 위대한 두 화가인 마위안(馬遠)과 샤구이(夏珪)—'마샤학파'(馬夏學派)

236

의 창시자—는 새로운 화풍을 창조하여 국내외에서 유명해졌다. 사람들은 이 두 사람이 리탕(李唐)의 영향을 많이 받았다고 말한다. 리탕은 「쑥뜸」(灸艾圖, 그림 69)으로 일약 유명해졌는데, 사실 그는 안개 자욱하고 몽환적인 산수화로 더욱 유명하다. 이런 그림은 일단 그림의 전경(前景)에 주의를 끌게 한 뒤, 감상자의 시선을 저 멀리 아련히 가물거리는 산봉우리로 인도한다.

마위안은 그림의 한 구석을 비워 두는 대각선 구도—그래서 그는 '마일각'(馬一角)이라 불렸다—를 사용했다. 그는 자연보다는 사람을 주제로 하는 낭만적이고 부드러우면서도 친근한 산수화를 창작했는데(그림 45), 전체적으로 매우 평화롭고 시적이다. 분명 그의 그림이 매혹적이긴 하지만, 그로 인해 동방의 매력이 사라진 것은 다소 의아한 일이 아닌가? 샤구이는 마위안과 같은 필법을 사용했고, 발묵(潑墨) 화법 가운데 일종의 웅장하고 광대한 하류(河流) 산수화(그림 46)를 발전시켰다. 그림 43 「솔바람 소리를 들으며」(靜聽松風圖)는 마위안의 아들 마린(馬麟)이 그린 것으로, 이런 특색 있는 산수화가 오직 마씨 가문만의 것이었음을 분명하게 보여준다.(그 쇠퇴 또한 얼마나 명백한가?)

서양인이 기이하게 여기는 것은 바로 문관의 공무(公務)와 학문과 회화예술이 수세기 동안이나 긴밀히 결합되어 있었다는 점이다. 일찍이 한 왕조(B.C. 206～서기 221년) 때 중국에는 이미 중국 문명의 초석 가운데 하나인 관료체계가 확립되었다. 과거에 합격만 하면, 모든 계층의 사람들이 관료체계에 들어갈 수 있었으며, 야망이 큰 학생에게 가난은 결코 장애가 되지 않았다. 향시(鄕試)를 무사히 통과하고 도성에 가서 회시(會試)를 치르는 젊은이들은 이미 행운을 잡은 것으로 간주되었다. 만일 전국에서 모여든 우수한 수험생들과의 경쟁 끝에 합격자 명단에 이름이 오르면, 그는 말을 타고 성을 돌며 축하행진을 벌일 것이고, 그의 미래는 보장된 것이나 한가지였다. 조정대신들은 그와 교유하려 했을 뿐 아니라, 자신들의 딸을 그에게 시집보내려고 했다.

거대한 제국의 행정체계가 발전함에 따라 학자 관료는 예술, 특히 서예와 회화를 취미활동으로 삼음으로써 마음의 긴장을 푸는 습관을 갖게 되었다. 궁정 학술기관에는 언제나 직업 화가들이 있어왔지만, 수세기를 지나면서 그들에 대한 평판은 추락했다. 학자 화가, 곧 문인(文人)이 전체 예술영역을 장악하기 시작했기 때문이다. 문인은 자신의 이론을 무기로 이설(異說)을 제압하는 글을 썼고, 그림이 비직업적 예술가의 유일한 정신적 피난처라고 생각했다. 그들의 입장에서 말하면, 회화와 서예는 비범함을 추구하는 문화인에게 필수적인 것이며, 물질적 욕망에 때묻지 않은 순수한 정신의 표현이었다. 진정으로 훌륭한 화가는 생활 속에서 깊은 감동을 느낄 때에만 그림을 그리며, 예술을 위해 큰 고통을 감내할 뿐 아니라, 예술을 이해하고 감상할 수 있는 사람에게는 작품을 기꺼이 헌정하며, 주머니에 황금을 가득 채우고 그림을 사러 오는 사람에게는 작품을 팔지 않는다. 설령 이렇게 함으로써 예술이 쇠퇴한다 하더라도 이런 관념은 고귀한 것이었다. 어쨌든 역대로 이런 사상은 문인—그러나 사실상 자기 직업을 위장할 수밖에 없는 비공식 천재 예술가들을 그들이 완전히 배척한 것은 아니다—이 예술을 연구하고, 숙련된 기교를 통해 예술이론을 실천하도록 만들었다. 물론 역사상 중국만큼 '문명화된' 관료제도를 만든 나라는 없었다. 궁정은 직업화가와 비직업적 화가의 경연장이었다. 결국 승리는 후자에게 돌아갔다. 비직업적 화가들은 논리정연한 비평가이자 역사학자였기 때문에 직업화가들은 역사의 시야에서 사라져버리고 말았던 것이다. 이런 과정을 알아야만 우리는 더욱 공정하고 합리적으로 직업화가의 예술적 업적을 평가할 수 있다. 명말 난징(南京)에서 명 황실을 위해 헌신했던 천홍서우(陳洪綬, 1599~1652)는 산수화가이자 창의성이 풍

96. 목우형도경태람감
채유필통(牧牛形鍍景泰
藍嵌彩釉筆筒)
97. 자기(瓷器), 16세기

부한 천부적인 화조화가(花鳥畵家)였다. 그림 56은 화조도의 범주
에 속하면서도 10세기 황쥐차이(黃居寀)의 「산자고와 가시나무 위
의 참새」(山鷓棘雀圖, 그림 12)와 같은 비단에 그린 화조도와는 상당
히 다른 작품이다. 이런 회화형식은 발전을 거듭하여 마지막에는 청
대의 오채(五彩, famille verte)와 분채(粉彩, famille rose)의 장식
을 통해 세계적으로 널리 알려졌다.(그림 103과 104)

서예는 늘 회화 못지않은 예술로 간주되었다. 실제로 서예는 모
든 중국 예술의 기초이자 "모든 국민의 취미이며, 중국인이라면 누
구나 어려서부터 익혀야 하는 예술"로 일컬어졌다.[29] 과거 대가들의
전형적인 작품들은 존중되었고, 그들의 필법과 필체는 철저히 연구
되었다. 붓글씨를 잘 쓰는 것은 교양 있는 사람이나 관료에게는 필

240

97

수조건이었다. 중국인에게 서예는 어떤 두드러진 기품 속에서 글쓴 이의 성격을 표현한 것으로 간주된다. 치앙 이(Chiang Yee)는 서양 언어로 일찍이 이 심오한 예술에 관한 책을 썼는데, 거기서 쑤스(蘇 軾, 호는 東坡)의 글씨를 통해 그의 성격이 어떠한지를 논평하고 있 다. "쑤스의 서예작품으로 미루어 볼 때 쑤스는 미푸(米芾)보다 좀 더 살이 찌고 키가 작고 낙천적인 사람이지만, 도량이 넓고 정력적 이며 농담을 잘하고 해학적인 사람이었을 것이다."[30] 그림 61은 쑤 스의 글씨를 임모(臨摹)한 것이다. 시인이자 화가였고 서예가이자 교양이 풍부한 문인이었던 그는 다방면에서 송대의 세련된 정신을 집약적으로 표출했다.[31] 그의 붓글씨는 서예가 추상예술의 가장 순 수한 형식임을 분명히 보여준다. 또한 그의 붓글씨는 조화와 균형, 내적 긴장, 흥겨운 리듬, 완전무결한 기교와 결합된 자신감, 생명력

241

그리고 서양인이 이해하기 어려운 자연스러움으로 충만해 있다.

서예와 대나무 그림의 차이는 종이 한 장 차이이며(그림 80), 대나무 그림은 중국 회화에서 항상 최고의 실력이 요구되는 주제의 하나로 간주되어 왔다. 몇몇 예술가들은 대나무를 분위기에 따라 다양하게 묘사하기 위해 일생을 바쳤다. 서예의 곡선미와 직선미를 깨달은 사람은 대나무 그림의 매력을 곧바로 이해할 것이다.

공예 방면에서는 직업 예인(藝人)과 비직업 예인 사이에 경쟁관계가 이루어지지 않았다. 수공예는 보통 천한 직업으로 간주되었기 때문이다. 당대(唐代)부터 황제는 궁정 부근이나 궁정 안에 정교하고 아름다운 황실용 물건을 제공하는 작업장을 설치했다. 가장 훌륭한 송대(宋代) 자기는 어용(御用) 가마에서 제작되었음에도 불구하고, 일부 제품은 궁정 밖으로 흘러나갔다. 명대 황제는 용 무늬를 장식한 유리기와(그림 13)·자기·경태람(景泰藍)·칠기 등으로 베이징의 신축건물들을 화려하게 장식했고, 심지어는 사후(死後)에도 이 물건들을 부장품으로 삼으려 했다. 새로 발굴된 만력제의 무덤이 이것을 증명해 준다.(그림 76과 77) 청대에도 명 왕조를 본떠 궁정 부근에 27개의 작업장을 설치하여 금속제품·경태람·옥기·금세공품·상아조각·칠기·보석 상감을 비롯한 수많은 공예품을 생산했다. 심지어 옥여의(玉如意, 그림 87)만 전문으로 생산하는 작업장도 있었다.

청대 황제들은 명대를 거쳐 둥치창(董其昌)과 같은 학자들에 의해 정착된 전통적 유형(類型)의 회화를 적극적으로 지원했다. 이런 전통적 유형은 매우 훌륭하긴 하지만, 이제는 다소 진부하고 쇠퇴했다. 과거에 늘 그랬듯이 보다 진보적인 사상은 황제의 후원이라는 특별 대우를 받지 못했다. 진보적인 사상이 농후했던 스타오(石濤)는 명 황실의 후손으로 청초에 정치적 박해를 피해 불자로 은둔생활을 했다. 선구적인 개인주의자였던 그는 과거의 대가들에 의해 자신의 상상력이 제약받는 것을 원치 않았다. 그의 너무나도 개성적인 작품은 중국 후기 회화 가운데 가장 높은 평가를 받는다.(그림 112·113)

청대 황제의 관용 아래 새로운 화풍을 펼친 사람들 중에는 예수회 사제 화가들이 있었다. 한동안 중국인에게 익숙치 않았던 그들의 자연주의 화법―여기에는 과학적 투시법·명암 대비법 및 실제 모습에 가깝게 그리는 초상화법 등이 포함된다―은 궁정의 주목을 끌었다. 건륭제는 순행할 때 카스틸리오네가 자신을 수행하면 만족스러워했다. 중국인 동료들에게 랑스닝(郞世寧)이란 중국식 이름으로 알려진 카스틸리오네는 황제의 막강한 권력을 보여주는, 카자흐인이 말을 공물로 바치는 장면 등을 그려 후세에 남겼다.(그림 16) 어떤 때는 중국 화가들이 카스틸리오네와 합작하여 카스틸리오네가 그리는 인물화의 배경을 그리기도 했다.

중국 회화에 관한 연구는 아직 초보단계에 있다. 16세기 전반기의 추잉(仇英) 같은 화가의 작품을 연구하는 데는 어려움이 많다. 추잉은 궁정화가가 아니었을 뿐 아니라 예술계를 지배하던 학자·시인·서예가 집단에 속하지도 않았다. 그에 대해 언급한 전기(傳記)나 문헌기록은 별로 없다. 그는 미천한 신분이었지만 대단히 재능 있는 화가였으며, 다른 많은 화가들로부터 전통 회화의 화풍과 그들의 기본 원리를 받아들였다. 그림 66·67과 같이 그는 고대 회화를 종종 임모(臨摹)했다. 그는 자신의 목표가 "고풍(古風)을 자기 시대의 거울로 삼는" 것이라고 말했다. O. 시렌은 추잉의 몇몇 작품을 평하면서 "그의 작품들은 이미 세상에 널리 알려졌고, 때로는 명대 회화의 최고 모범으로 칭송되었다. 이 사실에는 의심의 여지가 없으며, 작품의 장식미와 세련된 기교의 결합이 가져다 주는 감동의 힘에서 우리는 그 증거를 찾을 수 있다"고 말한다.[32] 시렌은 추잉이 일군의 화가집단이나 특정 화파로부터 상당한 영향을 받았다고 생각

98. 홍칠병(紅漆瓶), 모란 무늬, 명 말기
99. 세칠각목필통(細漆刻木筆筒), 명 말기
100. 홍칠각목쌍투합(紅漆刻木雙套盒)
101. 달마상, 명 말기, 덕화자기
102. 달마상, 17세기, 덕화자기

98 99
100

103. 자기(瓷器), 건
룡연간 초기
104.「원월병」(圓月
瓶), 목이 가는 병(細
頸瓶), 옹정연간
105. 백자 관음보살상

한다. 현단계에서 우리의 지식으로는 그렇다고 보기는 어렵지만, 그의 작품은 '청록산수' 화풍에서 당대(唐代)의 산수화로 회귀했다. 그림 49는 그가 「쓰촨으로 몽진(蒙塵)가는 당 현종」(明皇幸蜀圖)의 일부를 임모한 것이다.

물론 고대 화풍에 대한 우리의 많은 지식은 추잉이 고대 회화를 훌륭하게 임모해 준 덕분에 얻을 수 있었다. 어떤 사람은 이런 임모본이 단순한 복제에 그치는 것이 아니라 풍부한 생동감을 갖고 있다고 말한다. 그는 오직 그의 시대에서만 볼 수 있는 가장 유력한 화풍으로 그림을 그렸다. 그의 대형 산수화 「쑤우(蘇武)와 리링(李陵)의 이별」(蘇李泣別圖卷, 그림 95)의 일부는 결코 가식적인 것(궁정화가의 전매특허)이 아니며, 박제화된 것(고지식한 복제자의 전매특허)도 아니다. 그것은 중국의 모든 위대한 산수화가들에게 영감을 불러일으킨 자연과 하나가 되고자 하는 열망과 자연에 대한 깊은 사랑으로 가득 차 있다. 전통을 숭배하는 중국인은 개성을 존중하면서도 예술가가 과거의 유산을 이해할 것을 요구한다. 중국인은 한 사람의 작품에서 어떻게 변형되었든지 간에 과거의 그림자를 찾아내려는 경향이 있다. 고대 예술가에 의해 창작된 점 하나, 선 하나, 돌 한 개, 나무 한 그루에는 후대의 화가들에 의해 새로운 은유가 더해졌고, 이런 방식을 통해 공통된 문화적 전통의 유대가 생겨났다. 이것은 라틴어 관용구 중 몇 가지 단어가 19세기 유럽어에 편입된 것과 비슷하다.

중국은 인류문화에 큰 공헌을 했지만, 중국 자기(瓷器)의 발명만큼 인류를 이롭게 한 것도 없을 것이다. 아득히 먼 상고시대의 중국인은 공예에 천부적 자질을 보였다. 심지어 B.C. 3천년 신석기시대에 중국의 채도(彩陶)는 기교와 장식 면에서 같은 시기의 다른 문화의 도기보다 훨씬 성숙되었다. 상(商) 왕조가 고온에서 구워 낸 흰색 석기(炻器)에 나타난 세련된 기교는 약 2천년 뒤에 이루어진 자기의 발명을 예고한 것이었다. 상 왕조 이후 몇 세기 동안 중국인은 마치 도기 제작에 흥미를 잃어버린 양 무관심했고 단지 가정용 도기만을 생산했다. 그러나 약 B.C. 3세기에 중국인은 비로소 생산지가 아닌 더 먼 곳까지 그 명성을 떨친 도기를 발명했다. 약 1천년에 걸친 지속적인 발전 끝에 도기는 마침내 자기의 발명을 가져온 것이다.

당 왕조는 도기—특히 도용(陶俑)은 7세기에서 9세기까지의 생활을 생동감 있게 묘사했다—로 유명하다. 그림 62의 나한(羅漢)은 당대에 제작된 것이 아니라, 북방의 요(遼)나 금 왕조 때 제작된 것으로, 이 시기의 도기 공예는 당대(唐代)의 전통을 답습했다. 요는 북방 유목민인 거란족이 세운 나라로 1004년부터 중국의 일부가 되었다. 요가 쇠망한 이후, 또 다른 유목민족인 여진족이 침입하여 1124년에 금(金)을 세웠다. 얼마 후 금은 몽골인에게 정복되었다. 이전의 북위(北魏)와 마찬가지로, 두 유목민족은 아주 빠르게 중국 문화를 수용했다. 그들은 중국문화에 매료된 나머지 당대(唐代)의 전형적인 예술형식을 10~13세기까지 유지해 나갔다.

중국인은 일찍이 자기 제조에 관한 모든 비밀을 발견했는데, 그들의 창조물은 비할 바 없이 훌륭했다. 대다수 전문가들은 송대(宋代) 자기가 지구상의 모든 공예품 중에서 가장 우수하다고 생각한다. 서구인은 수세기가 지난 뒤에야 비로소 중국인의 이런 비밀을 이해했다. 송대 자기는 정요자기(定窯磁器)로 알려진 백자, 연푸른색의 청백자(青白瓷), 연자주색의 유약 바른 자기 등을 포함한다. 모든 자기 중에서 가장 희귀하고 소박하면서도 야무진 것은 백토를 발라 문양을 새긴 다음 문양 위에 검은색 칠을 한 자주자기(磁州瓷器, 송대 북방에서 유명했던 민요〔民窯〕에서 제작된 자기—옮긴이)이다. 송대 자기 중에서 가장 아름다운 것은 관요(官窯)에서 제작된 것으로, 대부분 황실용으로 진상되었다. 일반적으로 자기의 균열은 유약을 바른 표면과 몸체 사이의 팽창률의 차이로 발생한다. 중국인

106

은 우연히 일어나는 이 현상을 다채롭고 신비로운 장식수단으로 발
전시켰다. 균열의 기교를 어떻게 이용하는지가 도공(陶工)의 숙련
도를 가늠하는 기준이 되었다. 과거 황실 수장품이었던 그림 53·54
의 자기는 균열 기교로 구사할 수 있는 미묘한 변화의 극치를 보여
준다. 그림 53의 화병은 현재 퍼시벌 데이비드 컬렉션의 소장품으
로, 병에는 건륭제가 쓴 시 한 수가 적혀 있다. 그의 평가는 매우 유
명한 현대 감정가의 관점과 일치한다. 이 감정가는 최근 자신의 견
해를 이렇게 밝혔다. "단지 기교의 성취로만 보면, 이 관요자기(官
窯磁器)는 다른 송대 자기보다 훨씬 우수하다."[33] 황실에서 이 자기
를 높이 평가하면서 도공들에게 그것을 모방하게 함으로써 18세기
에 아름다운 자기들이 제작되었다. 18세기의 일부 자기는 제작시기
를 표시하고 있지만, 일부는 표시하지 않은 것도 있으므로 송대의

252

107　108
109　110

특징을 띠고 있는 자기들이 실제로는 18세기의 작품일 것으로 추정하는 사람들도 있다.

관요자기는 송대의 도공들이 생산한 수많은 유형의 자기와 석기(炻器) 가운데 하나일 뿐이다. 몇몇 관요는 이후 원과 명 왕조까지 계속 운영되었다. 몽골인은 한때 중국 문명을 없애버리고 중국의 토지를 목장으로 바꾸려고 했다. 다행스럽게도 중국 문명을 온전히 보존하는 것이 그들이 중국을 지배하는 데 유리하다고 판단하게 되면서 중국 예술의 많은 분야들이 그다지 큰 타격을 받지 않고 발전되었다. 그림 50의 청자반(靑瓷盤)은 송대 청자의 전통을 그대로 계승한 것으로 원대 아니면 명 초에 제작된 것이다. 동양 자기의 꽃으로 불리는 청자(靑瓷)는 적어도 기원전 3세기로 그 역사를 거슬러 올라간다. 송대에 이르러 청자는 한층 완벽해졌다. 명대의 청자는 색상 면에서는 송대보다 못했지만, 그림과 조형(造型)이 뛰어났다.

그림 55의 흑관(黑罐, 흑색 항아리)도 송대의 자주자기를 계승했다고 볼 수 있다. 흰색으로 양각한 '內府'라는 두 글자는 '궁정 내부'를 뜻한다. 그림 93의 술항아리는 청록색 유약을 바른 표면에 균열이 나 있고, '內府'라는 두 글자에 이어서 긴 명문(銘文)이 있다. 그 중에는 '內府供用'이란 네 글자가 있는데, 이는 "궁전 내부용으로만 공급된다"는 뜻이다. 15세기 초에 중국의 황제는 징더전(景德鎭, 장시〔江西〕성 포양〔鄱陽〕호 동쪽에 있으며 도자기 산지로 유명하다—옮긴이)에 어용 가마를 만들었다. 이때부터 궁정의 정취가 아름다운 자기의 품질과 특색에 많은 영향을 미쳤다. 어용 가마는 명대(明代)에 더욱 다양하게 번창했으며, 여러 성(省)의 가마도 아름다운 자기를 대량으로 공급했다. 명대 자기는 대개 청백자에 속하며, 강렬하면서 다소 투박한 자기는 수출용이었다. 수출용 자기는 멀리 옥수스 계곡과 아프리카 대륙에서도 발견되었는데, 이 자기들이 중동(中東)의 군주에게 헌정한 황실 자기였음은 말할 필요도 없다.[34] 조금

254

도 과장하지 않고 말해서 당시에 수출된 자기는 약 만여 개가 유럽으로 흘러 들어갔다. 그림 83·84는 초기 청백자로 매우 훌륭하다. 병 모양의 항아리는 14세기 후반에 제작된 것이다. 현재 남아 있는 것 가운데 가장 이른 것은 14세기 초에 제작되었는데, 자기 표면의 그림은 비교적 자유로운 편이나 기교 면에서는 상당히 거칠다. 14세기 말의 자기는 색채와 장식 면에서 활력이 넘친다. 그림 83·84의 항아리는 선덕(宣德)연간(1426~1435)에 제작된 것으로 이 시기에 적지 않은 기교상의 발전이 있었음을 보여준다. 이보다 조금 앞서 설립된 어용 가마에서는 세상 사람들이 흠모하는 뛰어난 예술품을 생산했다. 15~18세기를 통해, 우리는 청백자의 발달과정, 양식의 발전형태, 기교의 세련도 등을 추적할 수 있다. 강희제 때의 어용 자기는 황제의 까다로운 취향을 만족시키기 위해 다시 제작되는 일이 많았다. 강희연간의 자기는 일반적으로 순백색 바탕 위에 반짝이는 진한 청색으로 되어 있는데, 그 기교는 전례없이 완벽한 경지에 도달했다. 또한 대량 생산방식이 채택되었다. 그림 110은 파란 바탕 위에 가는 나뭇가지 모양의 선들을 장식함으로써 해빙(解氷)—봄의 상징—을 은유했다. 생강항아리(ginger jar)에서 종종 볼 수 있는 장식은 오늘날에도 쓰이고 있는데, 그 중 질 낮은 항아리는 서양으로 생강을 수출할 때 이용된다. 그러나 항아리 바탕의 그림과 색채는 솜씨가 매우 훌륭하다. 우리는 자주색 바탕의 사발(그림 107)에서도 유사한 문양을 발견할 수 있는데, 이것은 자기가 아니라 광저우(廣州)의 법랑(琺瑯)이다.

18세기 말과 19세기의 유럽인은 청백자보다 파미유 베르트 (famille verte)라는 오채자기를 선호했다. 오채(五彩)는 유약 위에 법랑장식을 한 것과, 유약을 바르지 않은 본바탕(素地) 위에 법랑장식을 한 것(이것을 소삼채(素三彩)라고 한다)이 있다. 이런 유형의 자기는 매우 다양했다. 중국의 장식가는 중국적 상징, 민간전설, 신화

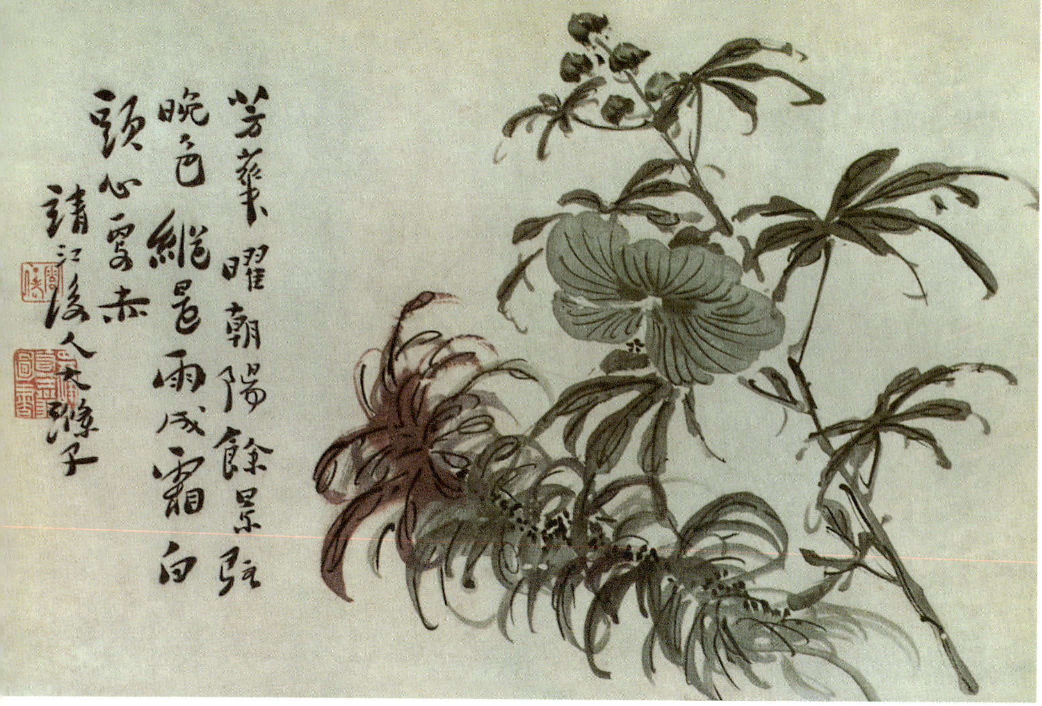

등을 광범하게 이용했는데, 실제로 명말·청초에는 다채로운 조형회화의 기교가 유행했다. 수세기 동안 중국 예술가에 의해 추앙된 화조화도 자기 장식에 이용되었는데, 그림 104에서 이것을 확인할 수 있다. 이 정교한 「원월병」(圓月瓶)은 강희연간 말기에 제작되기 시작한 분채(粉彩, famille rose)에 속한다. 분채라는 이름은 유럽에서 중국으로 유입된 분홍색 법랑에서 유래했다. 이것이 바로 중국인이 알고 있는 '외국의 색'—그래서 분채를 양채(洋彩)라고도 한다—이었고, 또한 그들은 이것을 잘 활용했다. 그림 116과 같은 형태와 문양의 접시는 달걀 껍질처럼 얇고 가벼운 자기에 분채의 착색법을 이용해 만든 것이다. 그러나 이런 예는 검붉은 법랑에서는 자주 볼 수 있는 것이 아니며, 문양에는 도금이 자주 이용되었다. 여기에서는 기교가 심미안을 획득한 것으로 보인다. 내가 아는 한 이토록 정교한 작품은 달리 없다.

후기(後期)의 수많은 자기들은 색채의 순도와 고아한 그림 덕분에 세계에서 기교가 가장 뛰어난 자기가 되었다. 모든 자기 중에서 가장 희귀한 것은 법랑으로 섬세하게 채색된 고월헌(古月軒, 예컨대 그림 103)이다. 가장 좋은 예는 1727년부터 1753년에 탕잉(唐英)이 어용 자기 공장 부책임자로 있을 때 만든 것들이다. 1754년 탕잉이 세상을 떠나자 이 공장은 생산을 중단했다.[35] 일부 전문가들은 건륭제의 궁정에 강한 인상을 준 예수회 화가 카스틸리오네가 자기에 직접 그림을 그리지는 않았다 하더라도 황실 도공들에게 틀림없이 영향을 주었을 것으로 생각한다. 접시(그림 103) 위의 시를 번역하면, "그림자는 보름달을 따라 돌고, 바람결에 향기가 실려 오네"이며, 두 개의 작은 병에 쓰여 있는 시는 "중추절 이슬 향기"와 "나뭇가지는 가을빛에 살랑거리고, 오색 꽃이 활짝 피었네"라는 뜻이다.

명·청시대의 단색(單色) 자기는 더 많은 사람들이 중국 자기에 반하게 만들었다. 그 색채는 지극히 순수했고, 색채의 범위는 연자주색에서 강렬한 핏빛까지, 황색에서 눈부신 연초록빛까지, 빛나는 검정색에서 복숭아빛까지 엄청 다양했다. 한편 형상은 거의 변함없이 고전적이었는데, 이는 멋진 색상과 유약을 바른 아름다운 표면이 돋보이도록 하기 위한 것이다. 그림 92의 작은 복숭아색 꽃병은 희귀한 종류에 속하며, 중국인 도공들도 여간해서는 내기 힘든 색깔을 띠고 있다. 이것은 완벽의 극치를 보여주는 자기이다.

일찍이 서양인들이 칭송하고 모방하기를 주저하지 않았던 또 다른 일군의 자기는 '중국의 백자'(blanc-de-chine)로, 중국에서는 덕화(德化)자기라고 부르는 푸젠(福建) 성에서 생산된 자기이다. 이것은 15세기에 제작되기 시작했고, 대략 1600년에서 1750년 사이에 전성기를 맞았다. 그림 101, 102와 105는 바로 이 시기에 제작된 것들이다. 다 알다시피 흥미로운 것은 기념비적인 불교 조각이 쇠퇴할 즈음, 중국인의 조각 재능은 소형 자기 조각으로 방향을 선회하여 그 건재함을 과시했다. 그림 101과 102는 중국에 처음으로 선종을 들여온 달마(達摩) 대사를 아주 색다르게 형상화했다. 푸젠의 도공의 솜씨는 옷의 주름을 표현하는 데서 잘 나타난다. 이와 마찬가지로 그림 105에서도 평화로운 관음보살의 긴 두루마기 끝이 우아하게 말려 올라가 있다. 이 정교한 작품들에서 조각가들은 마치 느낄 수 없는 미풍의 움직임을 가장 정결한 얼음 속에 얼려 놓은 것 같다. 우리는 거의 아무런 기준 없이 이런 작품의 제작시기를, 우유빛 유약은 청대 것이 아니고 명대 것이라는 식으로 속단하지만, 이것은 전혀 근거가 없다. 이런 덕화자기의 전통은 뿌리가 깊고 오늘날까지도 지속되어 왔다. 오늘날에는 명작의 모조품이 중국 대륙에서 홍콩을 거쳐 유럽으로 건너간다. 물론 수출업자가 아무리 현대의 도공들에게 똑같이 만들도록 요구한다고 할지라도 그들은 그림 115—믿기 어려울 만큼 솜씨가 뛰어난 도공이 투조(透彫) 기법을 이용해서 만든 작은 사발—와 같은 청백색 덕화자기를 선인(先人)

의 수준만큼 재현해 내기가 어렵다.

  그러나 옥기(玉器)만큼 중국 공예가의 솜씨를 잘 증명해 주는 것
도 없다. 옥기는 마오리족과 콜럼버스 이전 아메리카 문명에서도 발
견되지만, 중국에서는 특히 옥기가 중국 문화를 상고시대의 문화와
구별지어 준다. 우리는 석기시대 사람들이 옥을 소중히 다루었고,
상 왕조 때부터는 매우 값진 것으로 여겼음을 알고 있다. 옥기에 관
한 많은 상징적 의미—순수함과 견고함—가 생겨났고, 그 색상·
소리·질감·강도 등 모든 것이 중국인에게 중요한 의미를 갖는다.
모든 시대에 옥기가 사용되었지만, 그 기원을 거슬러 올라가는 것은
여간 어려운 일이 아니다. 규제되었던 발굴이 활발해짐에 따라 어쩌
면 우리가 소장하고 있는 옥기의 복잡하게 뒤얽힌 연대에 관한 실마
리를 조금 얻을 수 있을지도 모른다. B.C. 900년 이전의 옥기는 비
교적 감식이 용이하지만, 그 이후의 옥기를 시대 구분하기란 쉽지
않다. 이를 빗대어 핸스퍼드(Hansford)는 이렇게 말했다. "우리가
들어간 사막에는 경계 표지가 드물고, 많은 신기루가 사람들을 유혹
했다."[36] 그림 76의 주발은 명대 만력제(1573~1619년 재위)의 무덤
에서 출토된 것으로, 이런 옥기는 매우 드물다. 이 주발은 고전적인
형상을 하고 있지만, 그 표면에는 달리 특별한 문양이 없다. 대다수
초기의 옥기는 중앙아시아에서 들어왔는데, 당시에는 분명히 매우
비쌌을 것이다. 따라서 그렇게 많은 훌륭한 옥기들이 황궁에서 발견
되고 황제들과 연관되었다고 해서 놀랄 일은 아니다. 옥여의(玉如
意, 그림 87)와 기괴한 버섯 모양의 모자걸이(그림 89)는 건륭제의
어용 작업장에서 만든 가장 세련된 작품의 전형이다. 옥기 중에서도
가장 값비싼 것은 순백색이다. 그림 88의 도장(圖章)은 원래 문서에
날인하는 옥새로 쓰이는 것이었지만, 불행하게도 이따금 그림에도
사용되는 바람에 명화를 훼손시켰다. 황제만이 보유하는 옥새를 제
작할 때 인장공은 자신의 솜씨를 최대로 발휘해야 했다. 이보다 더

굉장한 것은 그림 113의 뚜껑이 있는 청백옥 항아리이다. 이것은 옅은 안개 속의 풀 같은 녹색을 띠고 있는데 언뜻 고대 청동기를 연상시킨다. 청백옥 항아리는 구멍을 뚫고 새기는 가공 면에서 최고 수준을 보여준다. 가장 단단한 금속만이 옥을 절단할 수 있기 때문에, 조각가는 연마(研磨)용 맷돌과 간단한 회전공구를 이용하여 옥기를 제작했다. 이처럼 원시적인 방법을 통해 얻은 결과물은 정교한 공예를 대표하는 훌륭한 작품이 되었다.

칠기(漆器) 역시 동아시아 문명의 특징을 잘 보여준다. 그것은 중국의 특별한 예술이 되었고, 이후 일본으로 전해졌다. 칠기는 일찍이 주대(周代)부터 생산되었다. 칠기용 수지(樹脂)는 정화(淨化)를 거친 다음 나무나 천 위에 바른다. 이런 맑은 액체는 색—대부분의 중국 칠기 제품은 모두 '봉랍'(封蠟) 같은 붉은 색이며, 이 색은 진사(辰砂)에서 추출한 것이다—을 섞을 수 있다. 일단 칠을 조각이 가능한 정도로까지 두껍게 입힌 다음, 중국인들은 천부적인 조각솜씨로 칠기를 멋지게 장식했다. 이런 기교는 때로는 활기차게 때로는 근근이 수세기 동안 전해 내려왔다. 원대에 시작된 칠기조각은 중국 각지에 널리 퍼졌고, 대다수의 작품은 베이징으로 옮겨져 여러 궁전에서 사용되었다. 그림 98의 홍칠병은 명말에 제작된 것으로, 표면에 사람들이 좋아하는 모란꽃 무늬를 가득 넣었다. 그리고 그림 99의 필통은 그림 98과 같은 시기의 한 화가가 궁정 정경을 칠기에 그려 새긴 것이다. 그림 100은 18세기 중엽의 2단 찬합(饌盒)으로 표면에 아름다운 호수의 풍경을 매우 섬세하게 표현했다. 이 시기의 공예는 초기 못지않게 훌륭하지만, 문양은 더욱 복잡해지고 연약해지는 경향을 띠었으며, 전체적으로는 지나치게 정교해졌다.

중국의 대표적인 화려한 예술품들 가운데 경태람에 관해서는 알려진 바가 별로 없다. 분명한 사실은 그것이 서양에서 들어왔다는 점이다. 중국인은 경태람을 '아라비아산 도자기'이거나 비잔틴 양식

113. 뚜껑이 있는 청백옥 항아리, 18세기

을 중국식으로 부른 것이라고 생각한다.[37] 아마도 그 제작기술은 중국으로 이주한 이슬람 도공에 의해 전해졌을 것이고, 시기적으로는 원대였을 것이다. 그리하여 15세기 초에는, 몇몇 빼어난 경태람—이런 초기 경태람의 문양은 명초의 청백자와 비슷했다—이 제작되어 명대 궁정에서 사용되었다. 이것들은 경태람 중에서도 가장 매력적이다. 이후 4세기 동안 매우 수준 높은 경태람이 대량으로 생산되었다. 그림 86·97·107은 17~18세기에 만들어졌다. 그림 106의 큰 접시는 17세기 사람들이 동식물에 많은 관심을 갖고 있었음을 보여주는 반면, 그림 86의 맹수는 다소 범접하기 어려운 모습을 하고 있다는 점에서 자금성을 연상시키는 화려하면서도 위압적인 분위기를 띠고 있다. 그림 97의 아쉬워하는 듯한 표정을 짓고 있는 동물은 퇴주(堆朱, 기물에 여러 번 칠을 하고 그늘에 말린 뒤 각종 무늬를 돋을새김한 공예품—옮긴이)와 경태람의 제작방법을 혼용해 만든 것으로, 중국 예술에 있어 전통의 힘을 잘 보여준다. 이는 어쩌면 중국 문화의 가장 초기 단계, 곧 위대한 청동기 시대를 다소 애절하게 회고하기 때문일 것이다. 베이징에 도읍을 정한 중국 황제는 그가 한족(漢族)이든 이민족이든 관계없이 언제나 대대로 이어져 내려오는 전통을 강하게 의식했다. 그들은 베이징의 궁전에서 중국의 풍부한 예술에 둘러싸여 자신이 정복한 땅과 그들 자신을 정복해 버린 땅을 바라보고 있었다.

베이징의 역사 탐구

1) 명 왕조(1368–1644)

많은 사람들이 각 왕조마다 베이징의 규모와 지리적 위치가 어떠했는지 밝히기 위해 꾸준히 연구해 왔다. 역사에 관심이 많은 중국인들은 베이징 연구에 필요한 방대한 기록을 남겼다. 첫째, 역대 관찬 역사서에는 예외없이 베이징의 규모, 성벽 건축과 궁문·성문의 정확한 명칭 등 그 지리적 상황이 기록되어 있다. 둘째, 부지(府志) 또는 지방지(地方志)라고 부르는 책이 있다. 베이징에 관련된 저작으로는 1593년에 편찬되고 1885년에 개정된 『순천부지』(順天府志)가 있다. 그리고 14세기에 편찬된 『석률지』(析律志)가 있는데, 이 책은 거리의 이름과 관청의 관할구역까지 세세하게 기록했다. 셋째, 황제의 언행을 신중하게 꼼꼼히 기록한 각종 실록(實錄)이 있다. 여기에는 사냥·유람·공놀이·잡기 등에 대해서도 망라되어 있다. 명(明) 태조(太祖)의 실록은 가장 좋은 예이다. 넷째, 명대(明代)와 몽골시대의 지리서가 있는데, 그 중에는 명 태조 홍무제(洪武帝)의 명을 받아 편찬한 『북평도경지서』(北平圖經志書)가 있다. 다섯째, 가장 유행했던 문학 형식인 필기(筆記)가 있다. 필기라는 말에서 알 수 있듯이, 이것은 다양한 내용을 포함하고 있다. 예컨대 밤에 들은 재미있는 이야기, 오후에 놀다가 우연히 발견한 반쯤 파묻혀 있던 돌비석에 새겨진 아주 오래된 비문, 한 편의 시에 얽힌 일화, 명승고적을 유람한 뒤에 쓴 철학적 관찰기도 있다. 작가는 기록 자체로도 충분히 가치가 있었으므로 일목요연하게 정리하지는 않았다. 일부 작가들은 당시의 문학적 한담(閑談)을 적어 두기도 했으며, 다른 몇몇 작가들은 자료의 사실성에 주의하면서 역사적 사건을 객관적으로 기록했다.

베이징에 관한 이런 가치 있는 원자료는 대부분 권위 있는『일하구문고』(日下舊聞考)와 대조되어 왔다.(4장 참조) 그 밖에 두 권의 자료가 더 있는데, 하나는 구위안썬(顧元森)이 1756년에 쓴『연경기』(燕京記)로 역사적인 사건과 베이징 성의 영고성쇠에 대해 개략적으로 기술했다. 이 책은 1939년에 발견되어『연도풍토총서』(燕都風土叢書)에 수록되었다. 다른 하나는 취쉬안잉(瞿宣穎)이 쓴『북경건제담회』(北京建制談薈)이다. 이 책은 이런 주제에 관한 중국인의 최신 견해를 보여주며,『북경역사풍토총서』(北京歷史風土叢書) 중의 한 권이다.

고도(古都)의 위치를 논의하여 확정짓는 과정에서, 왕조마다 다른 옛 베이징의 위치를 비교하기 위해서는 먼저 현재의 도시 규모를 정확히 알 필요가 있다. 오스발드 시렌은『베이징의 성벽과 성문』이라는 결정적인 학술서를 썼다. 그는 거의 모든 성벽의 구조를 샅샅이 조사했다. 가장 정확한 측량은 1874년 금성(金星)의 운행궤도를 관찰하러 베이징에 온 MM. 플뢰리에와 라피드라는 두 명의 프랑스 해군 장교에 의해 이루어졌다. 그들의 측량에 따르면, 내성의 둘레는 41.26화리(華里, 1화리는 1,800화척〔華尺〕이고 1화리는 약 0.6km이다)였다. 이 측량 결과는 교황의 사절이었던 알퐁스 피에르 파비에가 쓴『베이징의 역사서술』에 언급되어 있다. 이 책은 성(聖) 라자로회가 1897년 베이징에서, 1900년 프랑스의 릴에서 출판했다.(파비에 신부는 1900년 의화단이 베이징을 포위 공격할 때 저명 인사가 되었다. 그는 기존의 관념을 존중해서 베이징을 반(半)프랑스어적인 철자인 'Péking'으로 표기했다.) 나는 라피드의 측량 결과를『명사』(明史)

114   115
       116

「공부지」(工部志)의 측량 결과와 비교하여 아래와 같이 항목별로 정리해 보았다. 『명사』의 수치는 『일하구문고』 권32의 12쪽에도 인용되었으며, 그것은 영락제 당시 건설된 성(城)을 측량한 결과이기도 하고, 현재 내성의 규모이기도 하다.

	라피드	『명사』(明史)
남벽	11.64화리	7.2 화리 (12,959.4화척)
북벽	11.81화리	12.4 화리 (22,324.5화척)
동벽	9.27화리	9.9 화리 (17,869.3화척)
서벽	8.54화리	8.7 화리 (15,645.2화척)

동벽과 서벽의 길이나 남벽과 북벽의 길이가 약간 차이가 나는 것은 내성의 서북쪽이 약간 굴곡이 졌기 때문이다.

남벽을 제외한 두 수치는 거의 일치하고 있다. 중국의 단위인 척 (尺)으로 계산한 남벽의 길이는 분명 2만 2천이 1만 2천으로 잘못 인쇄된 것이다. 남벽과 북벽이 이처럼 크게 차이가 날 리 없기 때문이다. 이런 착오는 한자에서는 종종 나타난다. 또한 같은 페이지에 23이라는 숫자가 나오는데, 이것은 32를 잘못 인쇄한 것임에 틀림없다. 그 숫자는 외성을 건설한 가경(嘉慶)연간의 한 해를 언급한 것이기 때문이다. 시렌은 라피드의 측량결과를 받아들여, 내성의 둘레가 41화리나 42화리라고 생각했다. 관청의 측량 결과가 다른 것은 위에서 언급한 인쇄 착오 때문이며, 이 결과에 따르면 내성의 둘레는 38.2화리이다. 인쇄 잘못이 틀림없는 1만 2,959화척을 2만 2,959화척으로 바로잡으면 남벽의 길이는 북벽의 길이와 거의 같게 된다.

『명사』의 같은 단락에서 외성의 측량 결과는 다음과 같다.

남벽	2만 4,544.7화척
동벽	1만 8,151.0화척
서벽	1만 9,132.0화척

따라서 외성의 총 길이는 28화리이다.

내성벽의 높이는 35.5화척, 보루의 높이는 5.8화척, 기반의 너비는 62화척, 꼭대기는 50화척이다. 그러나 외성벽의 측량수치 중에는 명백하게 잘못된 것이 있다. 그 기반의 너비는 10화척이고, 꼭대기는 14화척이라고 했지만, 기반의 너비는 20화척이다.

명태조 홍무제는 몽골 정권을 무너뜨리고, 난징(南京)에 도읍을 정했다. 당시 연왕(燕王)이었던 영락제는 베이징에 왕부(王府)를 두었다. 영락제는 본래 제위를 계승할 뜻이 없었다. 홍무제의 태자가 죽자, 제위는 홍무제의 손자에게 계승되었다. 어린 건문제(建文帝)는 각지에 제후로 있는 다섯 숙부들을 의심하여 제후들의 봉지(封地)를 박탈했다. 영락제는 4명의 형제들이 파멸되는 모습을 목격했다. 한 사람은 체포되었다가 유배되었고, 한 사람은 분신자살을 했으며, 한 사람은 모든 권한을 박탈당했었고, 또 한 사람은 다퉁(大同)에 구금되었다. 그리고 연왕 자신도 건문제 통치 첫해에 공격을 받아 3년 동안이나 전쟁이 계속 되었다. 몇 번이나 패할 뻔했고, 한 번은 목숨을 잃을 뻔하기도 했다. 1402년 마침내 그는 남쪽으로 진격해 들어가 난징을 점령했다. 건문제는 도망친 후 실종되었는데, 항간에는 그가 머리를 깎고 중이 되었다는 소문이 떠돌았다. 영락연간에 중국의 해군 전력은 크게 향상되었다. 당시 2만 정예병을 실은 그의 함대는 멀리 아프리카의 마다가스카르까지 항해했으며, 인도네시아의 여러 섬들로부터 조공을 받아냈다.

영락제는 영락 4년(1406) 6월, 베이징에 궁전과 성벽을 중건(重建)한다는 계획을 실행에 옮기기 시작했다. 1417~1420년 사이에

는 대대적인 중건 공사를 벌여 1421년 1월 1일 새 도성의 완공을 선
포했다. 원대(元代)에는 성벽을 진흙에 갈대와 볏짚을 섞어 튼튼하
게 쌓았지만, 영락연간에 처음으로 벽돌로 성벽을 쌓기 시작했다.
영락연간의 역사서에는 그다지 분명히 나오진 않지만, 영락제는 또
1419년에 내성 남벽을 2만 7,000화척(15화리)으로 증축했다고 한
다. 만일 이것이 사실이라면, 내성 남벽의 축성도 영락연간에 시작
된 셈이다.

　명의 정통제(正統帝, 1436~1449)가 석재(石材)로 성을 견고하
게 보완하면서 어떻게 했는지 알고 있는 사람은 드물다. 그는 도시
의 방어기능을 강화하기 위해 군대의 부역을 늘리긴 했지만, 백성들

한테서 세금을 징수하거나 그들을 강제 노역에 동원하지는 않았다. 이 성벽이 견고하고 아름다운 모습을 갖게 된 것은 상당 부분 그의 노력 덕분이다. 1439년, 그는 베이징 성의 9개 문루(門樓)를 보수했고, 문루 밖으로 옹성(甕城)과 전루(箭樓)를 세웠으며, 나무다리를 돌다리로 바꾸었다. 또 해자(垓子)를 더 깊이 파고, 해자 주위에 돌과 벽돌로 제방을 쌓았다. 각 성문으로 이어지는 다리 아래에는 물의 양을 조절할 수 있는 수문(水門)을 설치하여, 물이 서북쪽에서 동남쪽으로 성을 돌아 흐르도록 했다.

가정(嘉靖)연간인 1553년에도 한 차례 대규모 토목공사가 시작되었는데, 바로 현재의 외성을 쌓는 작업이었다. 내성 전문(前門) 남쪽 지역은 대규모 정착지로 발전했으며, 전쟁이 일어났을 때 백성을 성 밖에 무방비상태로 방치해 두는 것은 불공평하다고 생각되었다. 처음에는 옛 성(舊城, 내성)의 사면에 외성을 쌓으려 했으나 그 길이가 70화리에 달하자 가정제는 비용이 너무 많이 들 것을 염려하여 재상 옌쑹(嚴嵩)에게 자문을 구했다. 옌쑹은 교외로 나가 공사 예정지를 조사하고 돌아와, 먼저 남쪽에 외성을 쌓고 나머지 삼면은 차후에 여건이 허락될 때 축성하는 것이 좋겠다고 진언했다. 이 건의는 조정에서 통과되었다. 본래 계획은 20화리의 남벽을 축성하는 것이었지만, 당장은 외성의 남쪽 성곽만을 공사하는 것이므로 12∼13화리면 충분했다.(내성의 남쪽 성곽은 대략 10.5화리였다.) 이리하여 외성 남쪽 성곽은 내성의 동남쪽과 서남쪽에서 꺾어져 곧바로 북쪽으로 뻗어나가다가 내성 성벽의 두 남쪽 모퉁이와 연결시키기로 결정했다. 외성의 두 남쪽 모퉁이에 보기 싫은 돌출 부분이 생겨난 연유가 바로 여기에 있다. 이 외성의 삼면 길이는 28화리이다.

이렇게 해서 기본적인 도시건설은 완성되었다. 청나라 황제들은 단지 옛 구조물을 개축하고 아름답게 꾸미는 데 주력했을 뿐이다. 그들은 도시의 경계도 궁전의 이름도 바꾸지 않았으며, 몇몇 성문의 이름만 고쳤다. 명대에 4개 성문의 이름이 바뀌었지만, 사람들은 아직도 원대(元代)에 쓰던 이름을 사용하고 있다. 예컨대 서쪽의 평칙문(平則門, 공식명칭은 부성문〔阜城門〕), 제화문(齊化門, 공식명칭은 조양문〔朝陽門〕), 합덕문(哈德門, 공식명칭은 숭문문〔崇文門〕) 등이다. 만일 당신이 인력거를 타고 숭문문으로 가자고 말하면, 인력거꾼은 어느 문을 말하는지 알아듣지 못할 것이다. 당신이 그에게 구체적으로 알려주면 그제서야 그는 "왜 합덕문(哈德門)이라고 하지 않았습니까?"라고 따져 물을 것이다.(1949년 이후에는 모두 공식 명칭으로 통용된다―옮긴이.) 합덕(哈德)은 원나라 제후의 이름으로, 그의 왕부(王府)가 바로 이 문 근처에 있었기 때문에 붙여졌다. 이상의 세 문과 다른 경우가 순치문(順治門)이다. 순치문은 내성 남벽의 서문(西門)으로 공식명칭은 선무문(宣武門)인데, 청나라 제1대 황제 순치(順治)의 이름을 따서 순치문이라 한 것이다.

2) 원 왕조(1271-1367)

다행스럽게도 우리에게는 원대의 도성에 관한 상세한 자료가 세 가지 있다. 타오쭝이(陶宗儀)의 『철경록』(輟耕錄, 경작을 끝낸 뒤에 한 기록), 샤오쉰(蕭洵)의 『고궁유록』(故宮遺錄, 원나라 궁전에서 본 것을 기록), 홍무제의 명을 받아 편찬한 『북평도경지서』(北平圖經志書, 베이징의 지도책) 등이 그것이다. 샤오쉰은 당시 공부주사(工部主事)로서 베이징을 시찰할 때, 원나라 멸망 이후의 궁전에 관한 자세한 상황을 온갖 고생을 다하며 기록했다. 타오쭝이(약 1360년)는 이 도시와 궁전의 상태를 꼼꼼히 기록했다. 그는 특히 자신이 방문했던 건축물의 정확한 측량 결과를 기록했다. 그 밖에도 공식 역사서로 『원사』(元史)와 『원일통지』(元一統志) 같은 것들이 있다.

쿠빌라이(忽必烈)는 원래 금(金)나라 도성의 옛터에 새 수도를 건립할 예정이었지만, 나중에 그 동북쪽(바로 현재의 베이징이 있는

금의 중도(中都), 원의 대도(大都), 명·청의 베이징 성 변천

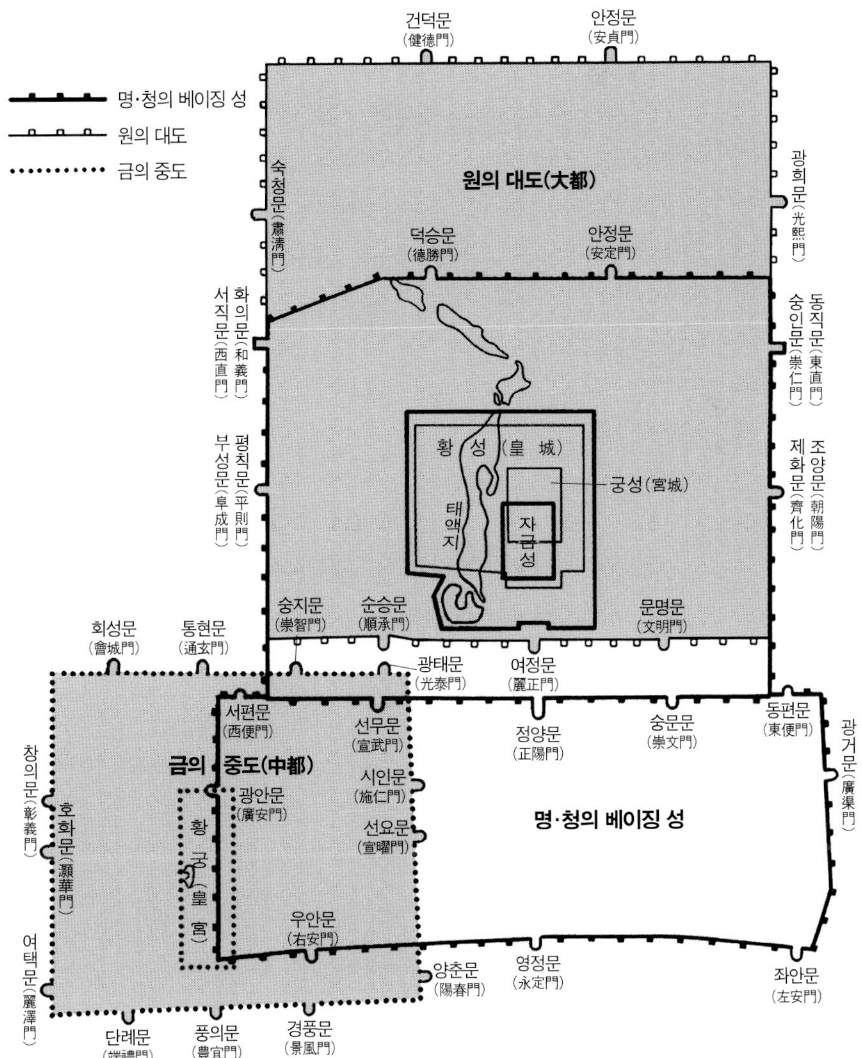

자리)에 새로운 영지를 개척하기로 결정했다. 아마도 그는 금대(金代)의 여름궁전과 부속 정자들의 빛나는 지붕들, 그 중에서도 특히 오늘날 베이하이(北海)의 백탑이 있는 곳인 꼭대기에 세워졌던 월궁(月宮)의 찬란한 지붕에 매료되었을 것이다. 금대의 기록에 의하면, 이것이 바로 금대의 유명한 충화다오와 태액지이다. 쿠빌라이는 지금의 중하이와 베이하이 동쪽에 그의 궁전을 지었다. 우리가 마르코 폴로의 기록이나 중국의 자료들을 통해 알고 있는 바와 같이 쿠빌라이는 자기 궁전의 서쪽에 자녀들을 위해 새로운 궁전도 마련했다. 이 모든 지역이 현재의 황성(皇城) 안에 있다.

예컨대 『일하구문고』의 편찬자를 비롯하여 중국의 권위 있는 학자들은 원나라 궁전의 대부분이 싼하이(三海) 지역에 집중되어 있었고, 나중에 명의 영락제가 자신의 궁전을 지으려 할 때, 그 중심을 동쪽으로 약간 옮겼다고 주장했다. 과연 얼마나 옮겼는지에 대해서는 정확한 기록이 남아 있지 않았으므로 사료에 충실했던 이 학자들은 그 당시의 동벽과 서벽이 원대의 성벽과 위치가 달랐을 것으로는 추정하지 않았다.

이런 혼란이 생긴 데는 두 가지 원인이 있다. 하나는 마르코 폴로가 쿠빌라이 성의 둘레가 24마일, 한 변의 길이가 6마일이라고 생각했기 때문이다. 오스발드 시렌과 에밀 브렛슈나이더는 이 수치가 부정확하고 과장된 것으로 보았다. 또 하나는 마르코 폴로가, 종루(鐘樓)가 도시의 중심에 있다고 말했기 때문이다. 원대의 옛 종루가 지금처럼 고루(鼓樓)의 북쪽에 있었던 것이 아니라, 동쪽 만녕사(萬寧寺) 가까이 고루의 동쪽에 있었다는 것이다. 중국의 문헌기록에는 그보다 더욱 상세하게 적혀 있는데, 옛 종루가 만녕사 안의 중심대(中心臺)에 있었다고 한다. 한편 『일하구문고』에 기초한 『신원식략』(宸垣識略)은, 이 중심대가 동서남북에서 같은 거리에 있었다고 말한다. 이것이 사실이라면, 동벽은 현재의 동벽보다 훨씬 동쪽에 있

었을 것이다. 브렛슈나이더는 동벽 밖 약 3화리쯤 되는 곳에 있는 옛 성벽의 흔적이 동편문(東便門)과 서화문(西華門) 사이에 있는 것(지도 참조)을 발견했다. 그러나 이 성벽들이 북벽에 비해서 너무 낮고 오래되었기 때문에 그것이 무엇이었는지를 그는 확정지을 수 없었다. 중국의 문헌도 이 방면의 옛 유적지에 대해서는 언급하고 있지 않다.

그러나 북쪽에서는 지금도 원대의 옛 성벽을 볼 수 있다. 1917년 칭화대학(淸華大學) 교수로 재직할 때, 나는 북벽 밖 5화리쯤에 있는 원대의 성벽을 오른 적이 있다. 중국인과 외국인을 막론하고 이 곳에 올라 본 사람은 아주 드물 것이다. 덕승문(德勝門) 밖의 모든

273

구역은 결코 우리가 생각하는 교외가 아니다. 사방을 둘러보아도 농장과 오리를 기르는 연못이 눈에 띄는 소박한 농촌이다. 서북쪽 밖으로는 아주 커다란 수역(水域)이 있는데, 이것이 바로 왜 성벽이 이곳에서 이렇게 크게 휘어져 돌았는지, 그리고 왜 북쪽 성벽이 남쪽 성벽보다 조금 더 긴지를 설명해 준다.

내가 알고 있는 국내외 작가 중에서는 오직 브렛슈나이더만이 원대의 이 폐허를 상세하게 묘사했다. 전문적인 과학지식을 갖춘[38] 그의 서술은 여기에 제시할 만한 가치가 있다.[39]

실제로 현재 베이징 〔내성〕의 북문들 가운데 어떤 문으로 나오든, 우리는 북쪽 5화리쯤에서 보존상태가 양호한 옛 성벽을 만날 수 있다. 이 성벽을 따라 11km 정도를 더 가게 되면, 이 성벽이 타타르성(원대의 도성)의 서북쪽과 동북쪽으로 연결되어 있음을 발견할 수 있다. 나는 처음부터 끝까지 이 옛 성벽(토성)을 측량했다. 높이가 6∼9m쯤 되는 토성은 베이징 〔내성〕의 동북쪽 해자에서 시작되어 북쪽으로 5화리쯤 뻗어 나가서 서쪽으로 방향을 바꾸었다. 이곳의 약간 높은 터와 그 모양이 원형인 것을 미루어 보건대 예전에 이 모퉁이에 거대한 탑루(塔樓)가 있었으리라는 것을 추측할 수 있다. 성벽은 서쪽으로 뻗어나가 베이징 서벽의 연장선까지 이어진 다음, 남쪽으로 방향을 바꾼다. 이 모퉁이에도 탑루가 있다. 이 옛 성벽은 베이징 〔내성〕 서북쪽 모퉁이의 적수담(積水潭)에서 사라진다. 성벽은 서북 모퉁이에서 약 150보 떨어진 곳에, 그 안쪽이 오늘날 베이징 성벽에서 볼 수 있는 것과 유사한, 규칙적인 마면(馬面)과 측면으로 접해 있다. 여러 도시로 향하는 수많은 작은 길이나 큰 도로가 모두 이 옛 성벽을 가로질렀다. 그러나 자세히 조사한 결과, 처음에는 네 개의 성문만이 있었다는 것을 알게 되었다. 두 개는 북쪽에 있는데, 안정문(安定門)에서 덕승문(德勝門)에 이르는 직선상에 있고, 하나는 동쪽에, 다른 하나(또는 두 개)는 서쪽에 있다. 이곳에서 몇몇 큰 도로가 이 동쪽 성벽을 가로질렀다. 북쪽의 두 관문은 유명한 동소관(東小關)과 서소관(西小關)이다. 서소관은 정확히 덕승문 반대편에 있으며, 장자커우(張家口)와 캬흐타 팔기 마을로 이어지는 도로가 이 관문을 통과한다. 서소관에서는 성벽 꼭대기에 흙으로 쌓은 탑루(塔樓)를 볼 수 있다. 탑루 안은 비어 있지만, 그 안으로 들어가는 문은 없다.[40] 지금의 베이징 〔내성〕 서북쪽으로 약 1.6km쯤 떨어진 서벽에도 성문이 하나 있다. 덕승문과 이화원을 잇는 간선도로가 이 문을 통과한다.[41] 이 성문 밖으로 옛 성벽과 높이가 같은 옹성이 있는데, 이는 성문과 마주하고 있으나 닿아 있지는 않다. 성벽은 수백 평방마일의 구역을 에워싸고 있으며, 그곳에는 근래에 세운 것으로 보이는 사찰이 있다. 옹성은 아마도 옛날에 있었던 보루의 일부분일 것이다. 옛 성벽의 서북쪽으로 멀지 않은 곳(성 모퉁이 남쪽)에서는 황색 지붕의 정자를 볼 수 있는데, 이 정자가 바로 저 유명한 황정(皇亭)이다. 황정에는 대리석 비각이 세워져 있다. 한쪽 면에 '薊門煙樹'(燕京八景 중의 하나로, 황정 일대가 수목이 울창하고 안개비 내릴 때의 풍경이 특히 아름다운 데서 유래했다─옮긴이)라는 네 글자가 새겨져 있고 다른 면에는 건륭제가 쓴 시─바로 이 지점에 위치했던 정원의 이름인 '계문연수'와 관련이 있는─가 한 수 적혀 있다.

브렛슈나이더는 이어서 이곳이 지(薊)의 고성(固城)이라든지 원대의 도시였다고 확정할 수는 없다고 했지만, 그는 후자 쪽으로 기울어져 있다. 그의 추측은 한 가지 사실에 근거하고 있다. 명대의 작가들은 이 지방을 '원 왕조의 수도'로 언급한 적이 없고, 줄곧 고전적인 '지'(薊)라는 지명으로 언급했기 때문이다. 내가 보기에는 동마문(銅馬門)과 관련된 기록에 이미 분명하게 나타나 있다. 기원전 1천년부터 서기 첫 몇 세기까지 지(薊)는 줄곧 여기에 위치하고 있었으며, 그 규모는 지금의 도시의 서북쪽 일부분 정도였다. 중국인의 입장에서 말하자면, 명대 시인이 늘 그것을 '지'(薊)라고 쓴 것은 조금도 이상한 일이 아니다. 시가(詩歌)와 순수문학 작품에서는 고전적인 옛 이름이 선호되었기 때문이다. 따라서 그들은 모호하고 분명치 않은 이름을 만났을 때, 그 이름의 기원을 찾으려고 하지 않았다. 그것은 훨씬 우아하게 들린 것이다!

마르코 폴로는 베이징의 사방 둘레가 24마일이라고 했는데, 바꾸어 말하면 각 변이 약 6마일쯤 되는 셈이다. 이것은 대략 사방 70화리에 해당한다. 시렌과 브렛슈나이더 같은 몇몇 서구 학자들과, 일부 중국의 문헌기록은 이 추정치가 실제보다 크다고 지적했다. 시렌은 "50화리를 넘지 않을 것"이라고 말했다.[42] 상세한 조사를 끝내고 브렛슈나이더는 이렇게 결론지었다. "만일 나의 추측이 정확하다면, 캄발룩(원의 수도)의 규모는 대략 50화리(남북의 길이는 13화리가 조금 안되고, 동서의 길이는 11.64화리)일 것이다." 『철경록』과 『북평도경지서』는 원의 수도가 60화리일 것으로 추정했다. 최근의 측량 결과와 우리가 갖고 있는 명확한 자료를 참고해볼 때, 브렛슈

나이더의 견해가 가장 타당한 것 같다.

원의 도성은 지금의 도성보다 확실히 컸다. 지금의 도성은 둘레가 약 42화리이다. 명 왕조가 원대 도성의 북쪽 끝에서 5화리를 줄인 것은 의심의 여지가 없으며, 성문은 원대 북쪽 성벽에서 두 개, 동벽과 서벽에서 각각 1개를 남겨 두었는데, 동서의 두 문은 북쪽 모퉁이에 더 가깝다. 이것은 바로 현재 동서 성벽의 두 문이 왜 대칭이 아닌지—이를테면 서직문은 정상적인 위치에 비해 서북쪽에 치우쳐 있다—를 설명해 준다. 몇몇 중국 역사문헌은 도성의 규모가 축소된 때는 명 초이며, 당시 쉬다(徐達)가 새로운 도성 건설을 지휘했다고 기록하고 있다.

원대 도성의 남쪽 경계는 약간 애매하다. 시렌은 명 왕조가 남쪽 성벽을 더 확장했고, 당시 원대 도성의 경계는 대략 지금의 전문(前門) 안쪽으로 1.5화리쯤에 있었다는 브렛슈나이더의 결론을 받아들였다. 『일하구문고』의 편찬자도 경계의 애매함을 인정하고, 원대 도성의 위치를 다음(권38, 2쪽)과 같이 설명했다.

원대 도성은 길이가 60화리였다. 명 초에 쉬다(徐達)가 베이핑(北平)을 건설하면서, 동서를 중심으로 그 이북 지역의 절반을 줄였다.[43] 따라서 지금 덕승문 밖 토성관(土城關) 일대에는 높은 언덕이 이어져 있는데, 모두 원대의 북쪽 성벽 터이다. 성 남쪽에 대해서는 역사기록이 남아 있지 않지만, 『원일통지』나 『석률지』를 살펴보면,[44] 원의 수도에서 일하는 관리들이 도시의 경계선을 정할 때, 경수사(慶壽寺)의 해운(海雲)·가암(可庵) 두 조사(祖師)의 탑(塔)까지로 했다고 기록되어 있다. 관의 명령에 따라 두 탑에서 30보 떨어진 곳에 성벽이 세워졌다는 것이다. 이전에 경수사라 불린 지금의 쌍탑사(雙塔寺)는 서쪽 장안가(長安街) 북쪽, 그러니까 선무문(宣武門)에서 2화리쯤 떨어진 곳에 있다. 이상의 사실을 비교해 보면, 현재의 남벽은 원대의 옛 성벽 터와 그다지 일치하지 않는다. 아마도 명 초에 북쪽을 축소하고, 남쪽을 조금 확장했기 때문일 것이다.

브렛슈나이더는 결론을 내릴 때, 약간 망설였던 것으로 보인다. 그는 쌍탑사(雙塔寺)를 예로 들며 원대의 남벽은 자연스럽게 그것을 따라 이어졌다고 믿었지만, 다른 한편으로, 여러 자료에 의해 실증된 궁전과 남쪽 중문(中門, 곧 여정문〔麗正門〕) 사이의 거리를 고려하면 남문이 바로 지금의 전문(前門)에 위치했을 것으로 믿지 않을 수 없었다. 끝으로 그는 『춘명몽여록』(春明夢餘錄)의 주석에서 강한 인상을 받은 것 같다. 『춘명몽여록』은 각종 사찰과 궁전에 관한 기록으로, 그 전반부에서 관상대는 도성의 동북쪽에 있으며, 지금의 남벽으로부터 1.5화리 정도 떨어져 있다고 말한다. 다시 말해서 지금의 남벽 북쪽으로 이어지는 경계선에 있다고 결론지은 것이다. 브렛슈나이더는 그가 지도를 작성할 때 결정을 내려야 했다고 말하고 있으나, 그것은 그가 확신하지 못하고 있었음을 보여준다.

3) 금 왕조(1115–1234)

12세기 남송(南宋)이 금(金)에 공물을 바칠 당시, 많은 주요 문헌들은 남송의 사신들이 금나라 수도로 가는 여정을 기록하고 있다. 『일하구문고』(권37, 25쪽)에는 6종에 이르는 사신들의 기록이 수록되어 있다. 남송이 파견한 사신들 중 가장 중요한 인물로는 쉬캉쭝(許亢宗)·판청다(范成大)·저우후이(周輝) 등이 있다. 그 밖에 거의 망실되고, 인용문이나 참고자료에서만 보이는 금에 파견된 사신들의 기록들(이를테면 평화회담, 생일축하연 등의 목적으로)도 스무 번씩이나 나와 있다. 사신들과 금의 통치자가 평화회담을 한 내용을 열 번 남짓 기록했는데, 이런 기록들은 제대로 되어 있지 않다. 또 단지 이름만 기록하고 있는 것이 11번이다. 문학가인 동시에 위대한 여행가인 판청다(1126~1193)는 중국 북부·남부·서부에 관한 여행기를 남겼다. 특히 대여섯 개의 기록(대개 두께가 얇고 여러 권(卷)으로 이루어져 있다)은 오늘날에도 상당히 유용하다. 그 중에서 판청다의 『남비록』(攬轡錄), 루전(路振)의 『승초록』(乘軺錄), 러우웨(樓鑰)의 『북행일록』(北行日錄)은 상무인서관(商務印書館)에서 출판된 '총서집성'(叢書集成)에서 쉽게 찾아볼 수 있다.

일반적으로 요·금 시대 베이징의 북벽은 현재 베이징의 남벽 부근까지 확장되었고, 백운관 이북의 일부 지역에는 요(遼) 왕조의 옛 성벽이 있었던 것으로 보인다. 남쪽으로 치우친 금의 수도는 남쪽 교외의 펑타이(豐臺)까지 뻗어 있었다. 이곳에 가면 길이가 3.2km 정도 되는 또다른 옛 성벽을 볼 수 있다. 브렛슈나이더와 『일하구문고』는 금(金)의 자금성이 외성 서남쪽 밖에 있었다는 데 의견이 일치한다. 파비에와 시렌을 포함해서 모든 작가는 금대의 도성 남벽이 현재 외성의 남벽에서 적어도 2.5화리 바깥에 있었다는 것을 인정한다. 취쉬안잉(瞿宣穎)은 자신의 견해를 이렇게 말한다.

일반적으로 말해서, 금대의 도성은 조어대(釣魚臺, 백운관 서쪽. 금대에는 이곳이 서북쪽이며 동락원[同樂園]이 있었다), 오늘날의 서원(西苑, 싼하이[三海] 지역으로 금대에는 동북쪽이며 만성궁[萬聖宮]이 있었다), 그리고 서남쪽으로는 지금의 펑타이를 포함하고 있었다. 금대 도성의 남쪽 정문을 풍의문(豐宜門)이라고 하는데, 펑타이라는 이름은 여기서 유래한 것이다. 도성의 동남쪽 모퉁이는 오늘날의 남쪽 성벽에까지 이른다. 따라서 금의 도성은 서북쪽 모퉁이가 동북쪽 모퉁이보다 상당히 좁아 모양이 불균형하게 되었다.

중국 문헌에 의하면 금의 수도가 장방형이었다고 한다. 세 종류의 문헌에서는 도성의 각 변마다 3개씩 12개의 문이 있었으며, 문이

어느 방향을 향하고 있는지를 알 수 있도록 이름을 붙였다고 설명한
다. 금의 공식 역사인 『금사』(金史)는 13개의 문이 있다고 기록하고
있는데, 12개의 문 이외에 광태문(光泰門)이 하나 더 추가되어 있
다. 그러나 『석률지』는 1151년에 새로운 도성과 12개의 성문을 건
설한 것을 묘사한 다음, "두 문의 이름을 바꾸어 청이(淸怡)와 광태
(光泰)라 했다"(『일하구문고』, 권37, 14쪽)고 덧붙였다. 이것은 요
(遼)의 옛 성문을 가리키는 것으로 변화가 생겨 새롭게 명명했던 것
같다. 또한 북쪽에 새로운 성문 하나가 지금의 전문(前門) 근방에
세워졌는데, 이 문은 북쪽에서 곧바로 싼하이(三海) 지역의 궁정으
로 갈 수 있도록 하기 위해서 만들어졌다.

　『일하구문고』에는 쉬캉쭝(許亢宗)이 12세기 초에 금에 사신으로
갔을 때 쓴 기록―"옌산(燕山) 부의 성 둘레가 27리, 문루의 높이가
40척, 누각의 수가 910개, 해자가 3겹, 문이 8개이다"―이 인용되
어 있고 다음과 같이 덧붙여져 있다.

　　이 자료에 의하면, 옌징(燕京)의 옛 성은 둘레가 27리이며, 금 천
　덕(天德) 3년(1151)에 3리를 확장한 사실이 『석률지』에 인용된 금대
　사람 차이구이(蔡珪)의 『대각사기』(大覺寺記)에 보인다. 이를 종합
　하면 총 둘레가 30리이다. 이것은 도성의 둘레를 말한다. 『대금국지』
　(大金國志)에서 둘레가 75리라고 한 것은 외곽을 말하는 것으로 오
　늘날의 외성(外城)이나 한가지이다.(권37, 16쪽)

　금의 해릉왕(海陵王)이 도시를 확장하기 전, 이 도성은 십자형으
로 나누어져 있었고, 각 면마다 독립적인 성루가 있었다. 주이쭌(朱
彝尊)은 『일하구문』(日下舊聞)에서 『금국남천록』(金國南遷錄)을 인
용하고 있다.

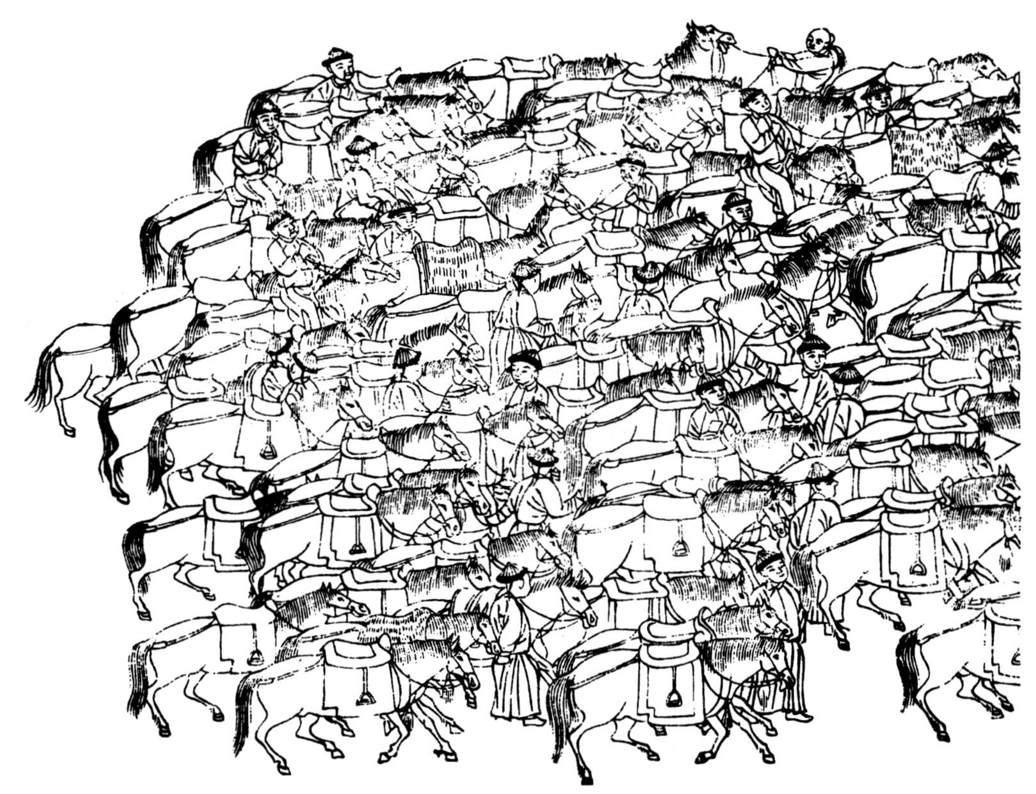

황실 근위병 행렬 중 기병(騎兵, 목판화의 부분)

애초에 충헌왕(忠獻王) 니칸(尼堪)이 연(燕) 지역에 도읍을 정하기로 하고, 내성 안의 요나라 궁궐과 구조는 그대로 유지하면서 그 성 밖에 네 개의 성을 건설하되,[45] 각 성은 3리로 하고, 앞뒤에 문을 하나씩 두고, 국경지대의 성처럼 탑루·이동식 망루·해자를 만들도록 했다. 각 성에는 곡물창고와 무기고를 설치하고, 터널을 뚫어 내성과 통하도록 했다.[46] 당시에 진왕(陳王) 우서(烏舍), 장군 한창(韓常)과 뤄쒀(洛索) 등은 너무 소심하게 한다고 비웃었다. 그러나 충헌왕은 "앞으로 백년 내에 틀림없이 내 생각이 옳았다는 것이 증명될 것이다"고 했다. 해릉왕(1149~1160)이 베이징에 도읍을 정하고, 궁전을 다 지은 다음 요새처럼 지은 성을 헐어 버리려 할 때, 자이톈

281

치(翟天祺)가 "충헌왕은 개국 공신으로 그 조치는 나름대로의 이유가 있을 것입니다"고 말하자, 그 계획을 그만두었다."

브렛슈나이더는 외성 서남쪽 밖으로 약 8화리쯤 떨어진 곳에 있는 옛 성벽을 직접 가서 조사했다.(내게는 상하이에서 1876년 출판된 영역본[英譯本]이 없어서 여기에 불어본 24~25쪽을 번역했다.)[47]

창의문(彰義門, 곧 광녕문[廣寧門]) 서남쪽 약 8화리 부근에서, 사람들은 옛 도성의 성채를 발견했다. 그것은 우안문(右安門)에서 대략 같은 거리에 있다. 우안문은 도성 남벽의 서문(西門)이다. 다시 남쪽으로 약 2화리를 가면, 한 줄기 작은 강이 서쪽에서 동쪽으로 흐르면서 늪지대와 몇 개의 연못을 지나는 것을 볼 수 있다. 나는 강을 따라 거슬러 올라갔다. 몇 화리를 걷다가, 강의 북쪽 언덕에서 20~30피트 높이의 옛 성벽을 보았는데, 강줄기와 평행을 이루고 있었다. 이 성벽은 7화리 이상 이어져 있었으며, 전체적으로 보존상태가 양호했다. 어팡잉(鵝房營)이라고 부르는 한 작은 마을에서, 성벽은 북쪽으로 방향을 틀었다. 이곳이 바로 옛 도성의 서남 모퉁이였음은 분명하다. 돌로 포장된 길에 이르기 전, 성벽은 사라져 버렸다. 성 모퉁이에는 남다른 정취가 있는데, 바로 이곳 성벽 위를 아름다운 백송(白松)과 아름드리 측백나무가 뒤덮고 있기 때문이다. 서쪽으로 100보 정도 가면 흑공분지(黑公墳地)라는 공동묘지가 있으며, 주변에는 백송과 측백나무가 울창한 숲을 이루고 있다. 서남쪽으로 2화리를 가면 류춘(劉村)이 있는데, 이 마을은 펑타이(豐臺) 현에 속한다. 금대에 비롯된 이 지명은, 이제 꽃으로 유명한 마을들의 대명사가 되었다. 잘 알려진 구전(口傳)에 따르면, 이 문제의 성채는 금 나라 도성의 일부임이 분명하다. 그리고 이런 구전은 금대 중도(中都)에 관한 중국 작가들의 문헌과 결코 상충되지 않는다. 백운관(白雲觀) 북쪽으로 수백 보 떨어진 곳에도 옛 성벽의 흔적들이 있다. 아마도 여기가 금 나라 도성의 북벽이 있었던 자리일 것이다.

알퐁소 파비에 신부가 그린 지도는 몇 가지 잘못된 인식을 유포 시켰다. 그는 금 나라 도성이 현재 내성의 남부까지 확장되어 있었 으므로 현재의 외성과 크기가 같았을 것으로 보았다. 이 착오는 우 리가 재고해 볼 필요가 있다.

모든 학자들이 잘 알다시피, 금의 도성은 요(遼)의 도성을 기초로 건설되었다. 요·금은 물론이고 그 이전인 당대(唐代)의 도성이 내 성의 서남쪽에 있었음을 뒷받침해 주는 수많은 증거들이 있기 때문 이다. 금대 도성의 대부분은 지금의 외성 밖에 있었으며, 일부는 외 성의 서쪽 절반에 걸쳐 있었다. 확장된 금 나라 도성의 바깥쪽 윤곽 은 뚜렷하지 않으며, 정비되어 있지도 않았다. 아마도 금의 도성은 동북의 싼하이 구역으로 길게 뻗어 들어가서 자금성 중심부에 이르 렀을 것이다. 그러나 금의 도성이 동쪽으로 지금의 외성까지 이어졌 으리라는 것을 암시해 주는 역사문헌이나 물증은 전혀 없다.

도성의 토지묘(土地廟, 토지신을 모신 사당—옮긴이)는 당시 북문 의 위치를 확정하는 데 가장 중요한 증거가 된다. 『북평도경지서』에 는 토지묘가 금나라 도성의 통현문(通玄門) 거리 서쪽에 있었다고 기록되어 있다. 따라서 우리는 금대 도성의 북문(北門, 정확한 명칭 은 通玄門)의 위치를 비교적 정확히 알 수 있다. 토지묘는 현재 투디 먀오후퉁(土地廟胡同)에, 좀더 구체적으로 선무문 서남쪽에 있다.

금대 도성의 동남쪽 경계는 한 석각 명문(銘文)에 상당히 잘 나타 나 있다. 현재 법원사(法源寺)라고 부르는 당대(唐代)의 민충사(憫 忠寺)는 645년에 당 태종이 고구려와의 전쟁에서 희생된 병사들을 추모하기 위해 지은 절이다. 이 절에는 892년에 사리의 봉정을 기념 하기 위해 쓰인 명문이 있다. 이 명문을 보면 "연(燕)의 도성 안 동 남쪽에 민충사가 있는데, 문은 큰 길에 면해 있다"는 구절이 나온

다. 이 절은 바로 현재의 외성 안, 대략 외성의 북벽과 남벽 중간에 있으며, 류리창(琉璃廠) 지역에서는 남쪽으로 상당히 멀리 떨어져 있고, 선무문의 정남향에서 약간 서쪽이다.

이 옛 도성의 동쪽 경계는 두 가지 증거를 바탕으로 추론해 볼 수 있다. ① 고서와 골동품(진품과 모조품)을 파는 곳으로 유명한 오늘날의 류리창은 18세기에 발견된 묘비에도 기술되어 있다.(『일하구문고』의 저자는 '최근'이라고 표현했다.) 그 묘비에 따르면 이 무덤은 바로 "옌징(燕京) 동문 밖 하이왕좡(海王莊)"에 있었다고 한다. 류리창은 전문(前門)의 서남쪽, 곧 내성의 중문(中門) 바깥쪽에 있다. ② 헤이야오창(黑窯廠)에는, 혜지(慧智) 화상(和尙)을 기리는 비석이

284

있다. 비석은 요의 수창(壽昌, 요 도종[道宗]의 연호)[48]연간(1092~1100)에 세워진 것으로 비문(碑文)에 이곳을 '동성(東城) 밖'이라고 묘사하고 있다. 바로 선농단(先農壇)의 서쪽을 가리킨다. 이 두 가지 기록은 당대(唐代)와 요대(遼代) 도성의 동쪽 경계와 관련된 문제를 명확하게 해결해 준다.

위에서 말한 토지묘의 서쪽에는 금대와 요대에 유명했던 두 개의 절이 있다. 그 중 하나가 바로 천녕사(天寧寺, 금대의 천왕사[天王寺])이며, 이 절은 외성 서문 밖 북쪽으로 멀지 않은 곳에 있다. 『원일통지』(元一統志)는 천녕사가 금의 도성 안에 있으므로, 옌징팡(燕京坊)의 관할구역이었다고 기술했다. 천녕사의 서북쪽으로 좀더 가면 백운관(白雲觀)이 있다. 백운관은 칭기즈 칸을 만났던 유명한 도교 승려 추추지(邱處機)가 살았던 곳이다. 현재 백운관은 경마장 부근에 있으며, 서편문(西便門) 서쪽에 가깝다. 백운관 서남쪽에 광불사(廣佛寺, 금대의 봉불사[奉佛寺])가 있다. 차오젠(曹謙)과 관련된 석각은 태화연간(泰和年間, 1201~1208, 금 장종[章宗]의 연호)까지 거슬러 올라가는데, 그 석판에 봉불사는 '성내'(城內)에 있다고 쓰여 있다. 또한 이 지역 사람들이 요의 소태후(蕭太后) 고성(古城)이라고 부르는 성벽의 일부 잔해를 볼 수 있다. 『일하구문고』의 편자들은 이렇게 결론지었다.

이상에서 알 수 있듯이 요·금의 고도는 지금의 외성 서쪽의 교외까지 이어져 있었다. 그 동북쪽 끝은 지금의 내성 서남쪽 끝에 근접했다. 그리고 원대 사람 왕원(王惲)의 『중당사기』(中堂事記)에는, 원 세조 중통(中統) 원년(1260) 3월 5일 카이펑(開平)에 가기 위해 옌징을 출발하여, 첫날밤을 퉁쉬안(通玄) 북쪽에서 보냈으며, 6일 정오에는 옌징에서 20리 떨어진 하이뎬(海店)에서 묵었다는 기록이 있다. 하이뎬은 지금의 하이뎬(海淀, 베이징 성 서북 교외 일대―옮긴이)

이다. 왕원의 말에 따라, 그의 여정을 상세히 조사해 보면, 금대 외곽 75리의 위치는 어렵지 않게 짐작할 수 있다.

그리고『북경지』(北京志)에 의하면, 〔쿠빌라이 칸이〕 지원(至元) 4년(1267)에 중도(中都)의 동북 3리에 수도를 정했다고 했다. 중도는 본래 당(唐)의 옛 성으로, 요·금대에는 몇 리를 확장한 것에 불과하다는 사실이 금대 사람 차이구이(蔡珪)의『대각사기』(大覺寺記)에 보인다. 당시 민충사는 여전히 성 동남쪽에 있었다.(강조는 필자. 『일하구문고』, 38권, 4쪽)

『일하구문고』의 저자 주이쭌은, 수당 시기의 굉업사(宏業寺, 지금의 天寧寺)는 도성 안에 있었다고 지적한다. "당나라 때 유저우(幽州)의 민충사는 이 도성의 동쪽에 있었다. 요대(遼代)의 옌징(燕京)은 여전히 같은 장소에 있었다". 이어서 그는 중하이와 베이하이를 분리하는 금오옥동교(金鰲玉蝀橋)의 서쪽 지역, 곧 오늘날 내성 안의 서안문(西安門)은 "옛 유저우 동북 5리 되는 곳"에 있었음을 알려주는 새로운 증거를 내놓는다.

강희(康熙) 신유년(辛酉年, 1681)에 서안문 안에 살던 한 중관(中官)이 집을 수리하려고 땅을 파다가 우연히 고분을 발견하게 되었다. 고분에는 토기 화로 하나, 토기병 하나, 너비가 1척 2촌인 묘석 두 개가 있었다. 〔그 중〕 하나는 '卞氏墓志'라는 네 글자가 새겨져 있었고, 그 둘레에 십이지신상이 있었는데, 모두 짐승의 머리에 인간의 몸을 하고 있었다. 다른 하나에는 '大唐故濮陽卞氏墓志'(대당고복양변씨묘지)라는 묘비명이 새겨져 있고, "〔당 덕종〕 정원(貞元) 5년 (799), 기묘년 7월 초하루 계묘일 부인이 몸져 누웠다가 유저우(幽州) 지(薊) 현 지베이(薊北) 방(坊) 관내에서 죽으니, 같은 해에 임시

286

로 유저우 동북 5리 리셴(禮賢) 고을의 평원에 묻노라"고 쓰여 있다.

취쉬안잉(瞿宣穎)은『북경건제담회』(北京建制談薈)에서『천지우문』(天呎偶聞)을 인용하고 있다. 바리좡(八里莊) 서쪽 2화리에 스리허(十里河) 강이 있는데, '소태후 운하'(蕭太后運河)라고도 불렀다. 또 강 동쪽 언덕에는 육안으로도 식별이 가능한 토성벽이 있는데, 그 지방에서는 '소태후성'(蕭太后城)이라고 불렀다. 이 소태후는 요대의 소태후를 가리킨다. 그는『요사』(遼史)에서도 증거를 인용하여 동북쪽의 연각루(燕角樓)에 대해 설명한다. 실제로 광녕문(廣寧門, 외성 서문) 안에는 지금도 옌자오후퉁(燕角胡同)이라는 골목이 있다.

브렛슈나이더는 모든 증거들을 검토한 다음 이렇게 결론을 내렸다. "앞에서 중국 학자가 제공한 문헌과 고대의 비문에 근거해서 7세기 이래 고대 베이징의 위치를 확인했다. 당(唐)의 도성과, 요·금의 도성이 대체로 같은 곳, 다시 말해서 현재의 타타르성(원대의 도성) 약간 서남쪽에 위치했다고 생각할 수 있지만, 그 동쪽 성벽은 한인 도성의 서쪽에 있었다."(강조는 필자) 여기서 특기할 만한 것은 브렛슈나이더가 금대 도성의 위치와 관련해서 전통적 견해를 따르고 있다는 점이다.

나는 영문서적에 널리 퍼져 있는 금대 도성의 위치와 관련된 잘못된 관념—금의 도성이 내성의 정남쪽, 다시 말해서 현재의 외성 자리에 있었다는 생각—을 바로잡기 위해 예전부터 노력해 왔다. 이런 착오는 파비에의『베이징역사의 서술』에서 비롯되었다. 파비에는 금대 도성의 지도(파비에의 원서, p.18)를 제시하고, 이 도성은 요대의 도성 동쪽에 건축한 신도시이며, 요대의 도성 규모와 거의 같았으며, 새 도성의 동쪽은 현재 외성 동벽과 기본적으로 일치했고, 서쪽은 현재 서벽에 비해 조금 짧았을 뿐이라고 말한다. 영어로

287

쓰인 대표적인 저서인 줄리엣 브레든의 『베이징』(1924)과 알링턴과 루이슨의 공동저작 『옛 베이징 탐구』(1935), 그리고 모리스 파브르가 불어로 쓴 안내서 『베이징』(1937) 등은 시기별로 베이징의 상대적 위치 ― 고대의 지청(薊城), 당·요·금과 원대의 베이징, 그리고 현재의 베이징 ― 를 보여주는 상세한 지도를 다시 제작해서 싣고 있다.[49] 가장 근거가 없는 것은 현재 천단(天壇)이 위치한 곳에 금나라 자금성(紫禁城)을 그린 도면이다. 오스발드 시렌은 그의 권위 있는 저서 『베이징의 성벽과 성문』(1924)에 독자적으로 그린 지도를 실었는데, 이들 지도(시렌의 원서, p. 17)는 『마드롤가이드』(*Guide Madrolle*)와 『베이징 가톨릭 회보』(*Le Bulletin Catholique de Péking*, 1914)에서 인용한 것이라고 말했다. 그러므로 이 자료들의 기원은 파비에로 거슬러 올라간다.[50]

전반적으로, 파비에는 몽골 지배기의 옛 성(城)을 나타내는 '남성'(南城)이라는 통칭을 쓰고 있는데, 그것은 성이 바로 남쪽에 있었다는 것뿐만 아니라, 그가 이런 명칭을 사용했던 자료를 인용했다는 것을 뜻한다. 그도 또 금대 도성의 길이를 계산함에 있어서, 요의 도성을 포함시키고, 금대의 도성과 요대의 도성이 모두 장방형이었으며, 남북의 길이가 동서의 길이보다 두 배였다고 했다. 이런 전제 아래, 그는 금 왕조는 요의 옛 도성을 파괴하지 않았고, 오히려 확장했다는 의견을 내놓았다. 이것은 분명한 사실이다. 그러나 그는 "역사문헌에 의하면, 〔그들은〕 그 동쪽에 새로운 도시를 세웠고'(강조는 필자), 옛 도성을 금의 새 도읍으로 삼아, 중도(中都)라 불렀다"고 했는데, 이 주장은 옳지 않다. 역사문헌에는 금이 동쪽에 새로운 도시를 건설했다는 기록이 없으며, 오히려 각 방면에 4개의 성채를 세우고 각 성채는 사방 둘레가 3화리이며, 터널이 주성(主城)과 연결되어 있었다고 기록하고 있다.

파비에는 금이 여름별궁을 지금의 싼하이에 지었다는 의견을 제시했는데, 이는 옳다. 그는 『북평도경지서』(北平圖經志書)에서 원대의 도성이 금대 도성의 북쪽 3화리에 건설되었다는 것을 확인할 수 있다고 말한다. "만일 금의 도성과 요의 도성이 같은 자리에 있었다면, 이런 주장은 그다지 정확하지 않을 것이다." 그러나 나는 신·구성(城)의 서남쪽과 동북쪽이 수많은 자료에서 누차에 걸쳐 상대적 위치로 그려지고 있다는 사실을 지적하지 않을 수 없다. '동북쪽'이라고 하지 않고 '북쪽'이라고 한 기록이 하나 있다고 해서, 과거에 '남성'(南城)이라는 명칭이 세간에서 널리 사용되었다고 해서, 이 사실을 무시할 수는 없다. 세간의 명칭은 단지 일상적인 대화를 하면서 번거롭게 지리적 정확성을 따져가며 말하는 사람은 아무도 없다는 것을 알려줄 뿐이기 때문이다.

따라서 위의 인용문은 증거로서는 적절치 않다. 파비에는 한 걸음 더 나아가 "마르코 폴로는 '캄발룩'이 금의 옛 성에 인접해 있었으며, 한 줄기 강이 두 도시를 갈라 놓았다고 했다. 두 도시는 최소한 양쪽 강둑을 따라 거의 같은 길이로 뻗어 있었다"고 주장한다. 이것은 전혀 근거 없는 주장이다. 두 도시는 서남과 동북의 상대적 위치가 서로 대응했을 가능성이 있으며, 한 줄기 강에 의해 나뉘어 있었을지도 모른다. 파비에는 증거로 제시한 옛 사찰들이 모두 서남쪽에 있었다는 것을 인정하면서도, "새로운 도시에는 기념물이 있을 가능성이 없다는 것을 사람들은 알고 있다"라고 말했다. 하지만 이 말은 궁색한 변명일 뿐이다. 왜냐하면 금의 도성은 100년 이상 남아 있었기 때문이다. 그는 금이 새로운 도성 내부에 황제의 침궁을 건설했다고 말한다. 이것은 맞는 말이다. 그러나 침궁의 위치는 새로운 도성의 위치를 어떻게 해석하는가에 따라 결정된다. 파비에는 새로운 도성이 사방 30화리로 36화리인 요의 도성과 합쳐서 총 66화리였다고 생각했다. 이것은 역사문헌에 기록된 길이 75화리와 비슷하다.

이런 증거들은 모두 파비에의 주장과 상반된다. 이 도시의 동쪽 교외, 곧 지금의 외성은 금대와 마르코 폴로 시대에 인구가 매우 조밀했다는 것을 의심할 사람은 없다 하더라도, 그의 결론이 옳다고 여길 만한 유력한 증거는 별로 없다.

지은이 주

3장

1. 도시의 크기에 관한 상세한 논의는 부록을 보라.
2. *The Book of Ser Marco Polo*, edited by Henry Yule, notes by Henry Cordier, Vol. I, pp. 365~66. 마르코 폴로는 작은 산이 '궁전의 북쪽', 바로 메이산(煤山, 지금의 景山)에 있는 것으로 기술했다. 일부 전문가들은 이를 베이하이 안의 충화다오(瓊華島)를 묘사한 것으로 생각했다. 그러나 사실은 그렇지 않다. 만일 마르코 폴로가 가리킨 곳이 충화다오였다면, 그는 그것을 호수 안에 있는 섬이라고 했을 것이다. 속칭 메이산이라는 이름은 이 도시가 포위당했을 때, 사람들이 이 산에 매장되어 있던 석탄을 이용한 데서 유래했다. 문헌상으로는 징산(景山) 또는 아름다운 작은 산(美景小山)이라고 했다. Arlington & Lewisohn, *In Search of Old Peking*, p. 125를 보라. 이 책에도 헨리 율의 주석이 있다.
3. 괄호부분은 라무시오(Ramusio)의 원본을 따랐다.
4. Bland and Backhouse, *Annals and Memoirs of the Court of Peking*, 1914를 보라.

4장

5. 황제(黃帝)는 반신화적(半神話的)인 인물로 중국 문명의 개창자이며, 모든 중국인은 스스로 황제의 후손이라고 주장한다. 왜 그런지는 알 수 없지만, 사람들은 베이징 서남쪽에서 전해오는 전쟁설화의 황제라는 인물과 베이징을 연관짓는다. 또한 바로 이곳, 곧 베이징 서남쪽 40km 지점인 저우커우뎬(周口店)에서 1927년에 '베이징원인'(北京猿人)이 발견되었다.
6. 이상하게도 중국 예술은 중국이 정치적으로 가장 불안정했을 때마다 번영했다. 사상의 자유가 줄어들 때 예술은 최소한의 자기표현 기회를 제공했다. 예술과 학문은 활기찬 생활을 대신해 주고, 정치로부터 완전히 고립된 생활은 심신을 창조적인 예술에 몰입하도록 만들었다. 금·원과 청대에 위대한 예술가들은 이런 상황에 처해 있었다.
7. 주이쭌은 위대한 시인이자, 불요불굴의 학자이다. 그는 관찬 사서인 『명사』(明史) 편찬자들 가운데 한 사람으로 궁정 안에 있는 황제의 개인 도서관에

출입할 수 있었다. 강희제는 그를 거의 친구나 다름없이 대할 정도로 총애했다. 그는 전국을 여행했으며, 베이징에 있을 때에는 외성에 머물렀다. 그는 이곳이 금나라 도성의 중심이라고 생각했다. 황제는 고루(鼓樓) 근처에 그의 집도 마련해 주었다. 주이쮠의 주요 업무는 베이징 옛 성터의 벽돌 하나 돌 하나를 빠짐없이 기록하는 일이었는데, 엄청난 인내심을 갖고 아주 세밀하게 연구했다. 한편 그와 그의 처제 사이의 애절한 사랑은 뭇사람들로 하여금 그의 삶을 잊을 수 없게 만들었다. 그의 처제가 사랑을 위해 자살했기 때문이다. 『일하구문』(日下舊聞)에서, 그는 각종 역사서와 문학작품 안에서 베이징의 유적·거리·사원 그리고 궁전과 관련해서 참고가 될 만한 것들을 조사하고 수집했다. 이들 자료의 대부분은 모두 이 책에 정리되어 있다.

8. 『일하구문』 42권(1688년 편찬). 1744년에는 증보판에 해당하는 『일하구문고』(日下舊聞考), 160권(한 권은 서양 책의 한 chapter에 해당됨)이 편찬되었다. 이 자료는 매우 광범위해서 우창위안(吳長元)이 1770년경 요약본을 만들었는데, 그 책이 『신원식략』(宸垣識略)이다.

9. 비추린 신부(러시아인 의사, Bitchurin 또는 Bichurin으로 쓴다)의 *Description of Peking*(1829)은 『신원식략』 번역본에 기초한 최초의 연구서이며, 오랫동안 러시아어로 된 단 하나의 유용한 자료였다. 1870년대에 에밀 브렛슈나이더 박사는 이 자료를 가장 훌륭하게 소개했다. 또한 그는 중국어 자료(주로 『일하구문』)를 이용했고, 직접 돌아다니면서 원대와 금대 도성의 폐허를 실증했다. 그는 언제나 매우 꼼꼼하게 자료의 출처를 밝혔다. 그의 논문 "Recherches Archéologiques et Historiques sur Pékin"(불어 역, 1879)은 97쪽에 불과하지만, 30쪽에 걸쳐 주를 달았고, 일부는 직접 입증했다. 이 책은 가장 정확한 요약본이다.

10. 『일하구문』 권38, pp. 11~12.

11. 상세한 자료는 부록 참조.

12. 『일하구문』 권29, p. 13.

13. Marco Polo, Vol. I, p. 356.

14. *Ibid.*, pp. 381~84.

5장

15. Lin Yutang, *Lady Wu*, Heinemann, 1957을 보라.

6장

16. *Peking*, p. 127.

17. 이 옥불(玉佛)과 옥단(玉壇)의 사진에 대해서는, Osvald Sirén, *The Imperial Palaces of Peking*의 도판 150과 153 참조.

18. *Peking*, p. 103.

19. 블랜드와 백하우스가 중국어 문헌을 번역한 *Annals and Memoirs of the*

Court of Peking. 이것은 이 책의 특징을 잘 보여주는 예이다. 백하우스는 **지은이 주**
한학자(漢學者)로서 중국 사료를 충분히 이용할 수 있었다. 가장 권위 있는
자료에 의하면, 숭정제는 나무에 목을 매달았지, 정자에서 목매어 죽은 것
이 아니었다.

7장

20. *Peking*, pp. 145〜46.
21. 원래 상제(上帝, 최고통치자)와 천(天)은 고대의 두 부족의 신에 대한 호칭
    이었다. 하늘에 바치는 희생은 '교'(郊, 탁 트인 교외에서 행하는 숭배의식)라
    고 부르고, 상제에게 바치는 희생은 '뢰'(醉)라고 부른다. 이 둘 다 일신론이
    다. 이후 두 관념은 하나로 합쳐졌다.

8장

22. *Chinese Paintng*, p. 175.

9장

23. 윌리엄 록힐 넬슨 박물관(William Rockhill Nelson Museum), Kansas.

10장

24. *Round About My Peking Garden,* p. 203.
25. Le Coq, *Buried Treasures of Chinese Turkestan,* Allen & Unwin,
    1928.
26. Marco Polo, chapters 48〜50.

11장

27. James Cahill, *Chinese Painting*, pp. 89ff.
28. S. Mizuno and T. Nagahiro, *Yun-kang*, Vol. 15, Japan, 1950 onwards.
29. Chiang Yee, *Chinese Calligraphy*, London, 1938.
30. *Ibid.,* p. 12.
31. Lin Yutang, *The Gay Genius*, London and New York, 1947.
32. O. Sirén, *Chinese Painting: Leading Masters and Principles*, London,
    1958.
33. Sir Harry Garner, *Transactions of the Oriental Ceramic Society*,
    1959-1960, p. 23.
34. John Alexander Pope, *Chinese Porcelain from the Ardebil Shrine,* U.
    S. A., 1956.
35. Lady David, *Illustrated Catalogue of Ching Enamelled Wares in the
    Percival David Collection*, 1958. pp. x-xiii.

36. *The Arts of the Ming Dynasty*, Oriental Ceramic Society, 1958에 실린 S. Howard Hansford의 글 .

37. *The Arts of the Ming Dynasty*, Oriental Ceramic Society, 1958에 실린 Sir Harry Garner의 글.

부록

38. 브렛슈나이더(Emil Bretschneider) 박사는 식물학자이며, *Botanicon Sinicum: Notes on Chinese Botany from Native and Western Sources*, Vol. 3, Trübner, London, 1882의 저자이다. 그는 또 *Mediaeval Researches from East Asiatic Sources*, Vol. 2, Trübner, London, 1888의 저자이기도 하다. Joseph Needham, *Science & Civilization in China*, Cambridge, 1954, Vol. I, p. 269를 보라.

39. *Recherches Sur Pékin*, pp. 32~35.(필자가 직접 불어본을 영어로 번역했다.)

40. 이것은 물론 신호탑이다. 불꽃을 피워 신호를 보내는데, 예를 들면 만리장성의 봉화대와 같은 것이다. 이것은 아마도 북쪽의 첫번째 신호탑일 것이다. 베이징의 종루(鐘樓)에서 볼 수 있다.

41. 이것은 서태후가 1900년에 베이징에서 도망칠 때의 경로이다.

42. O. Sirén, *Walls and Gates of Peking*, p. 25.

43. 명대 초기에는 수도가 난징이었고, 베이징은 베이핑(北平)이라고 불렀다.

44. 명대에 편찬된 지방사(地方史).

45. 성(城). 실제로는 성곽이다.

46. 지붕이 있는 통로 또는 터널.

47. *L'Ecole des Langues Orientales Vivantes*, 1879년 출판.

48. 중국의 전통 관습에 따르면, 황제의 이름에 쓰인 글자는 어디든지 쓸 수 없었으며, 모든 문서에서도 그 글자를 써야 할 경우 같은 뜻의 다른 글자를 써야 했다. 이것을 피휘(避諱)라고 한다. 예컨대 요 도종(道宗)은 연호를 수융(壽隆)으로 하려고 했으나, 요 성종(聖宗)의 이름이 융서(隆緒)였기 때문에 '隆'을 피휘하여 수창(壽昌)이라 했다.

49. Arlington, p. 335; Bredon, p. 16; Fabre, p. 19.

50. 금의 도읍 문제에 대해서 시렌(p. 18)은 이렇게 말했다. "이에 대한『순천부지』(順天府志)의 지나치게 장황한 설명은 다소 혼란스럽다. 저자가 서로 다른 유래에서 오는 차이를 일관되게 설명하지 못했기 때문이다."

참고문헌

아래에 열거한 책들은 베이징의 역사·예술·풍속에 관한 일련의 참고문헌이다. 나는 독자들에게 정보와 연구성과를 담고 있는 몇몇 중요한 자료들을 간략히 소개할 작정이기 때문에 모든 책을 다 망라하지는 않았다. 중국어로 된 저작의 경우, 여기서는 기본 사료만을 언급했다. 어쨌든 신중한 연구자는 『일하구문고』에서 일천 개 이상의 참고자료를 발견할 수 있을 것이다. 모든 베이징 연구자료를 위한 입문서인 『일하구문고』는 1744년까지를 다루고 있는데, 그 내용은 베이징이 처음 건설된 이래 베이징과 관련된 모든 자료, 이를테면 건축에 사용된 벽돌과 기와는 물론 관련된 모든 시와 문헌자료까지 망라하고 있다. 그 중에는 현재 유실된 자료들도 포함되어 있다.

쿠빌라이 시대의 베이징은 헨리 율(Henry Yule)이 편집한 *Book of Ser Marco Polo*, Vol. 2, Scribner's, 1903에 생생하게 잘 묘사되어 있다. 율과 앙리 코르디에(Henri Cordier)는 지명(地名)을 고증하고 주석(註釋)을 다는 값진 연구를 했다.

베이징에 관한 대단히 인상적이고 기념비적인 저작은 알퐁스 파비에(Alphonse Favier, 1837-1905)가 쓰고 북당(北堂)의 성 라자로회에서 출판한 *Péking, Histoire et Description*(1897)이다. 이 책은 1900년에 릴(Lille)에서도 출간되었다. 이 책에는 중국 고대 예술가의 그림 도판이 수록되어 있다. 알퐁스 위브레흐트(Alphonse Hubrecht)가 쓰고 성 라자로회가 펴낸 *Grandeur et Suprématie de Péking* (1928)은 사실상 파비에의 저작을 재발간한 것이다.

비추린 신부(Father Bitchurin, 1777~1853, 본명은 니키타 야코블레비치)의 책은 『신원식략』(1788)의 러시아어 번역본(1829년)이다. 이 『신원식략』은 『일하구문고』의 내용을 간추린 요약본이다. 페리 드 피그니(Ferry de Pigny)가 불어로 번역한 뒤, 이 책은 서양 각국의 언어로 번역되어 베이징의 역사를 연구하는 데 있어서 유일한 사료가 되었으며, 이런 상황은 브렛슈나이더가 등장할 때까지 계속되었다.

베이징을 연구한 사람들 가운데, 에밀 바실리에비치 브렛슈나이더(Emil Vasilievitch Bretschneider, 1833~1901)는 중국어 자료에 상당히 정통한 인물이다. 그는 베이징 주재 러시아 공사관의 의사였고, 또한 식물학자였다. 그가 쓴 *Recherches Archéologiques et historiques sur Pékin*(1876)은 상하이의 미국 장로교선교회에서 처음 출판되었으며, 1879년에는 콜랭 드 플랑시(V. Collin de Plancy)에 의해 불어로 번역되어, 파리에서 *Publications de l'École des Langues Orientales Vivantes*의 하나로 간행되었다.

줄리엣 브레든(Juliet Bredon)의 *Peking* 개정3판(1931)은 베이징에 관한 가장 유익한 책으로 손색이 없다. 로버트 하트 경(Sir Robert Hart)의 질녀인 그녀는 베이징의 사원이나 잘 알려지지 않은 곳은 물론이고, 시산(西山)의 명승을 직접 자유롭게 돌아다니며 관찰한 것을 바탕으로 아름답고 재미있고 매혹적인 이 책을 썼다.

사실에 충실하고 상세하면서도 잘 정리된 안내서로는 알링턴(L. C. Arlington)과 윌리엄 루이슨(William Lewisohn)이 쓰고, 1935년 베이징에서 앙리 베치(Henri Vetch)가 출판한 *In Search of Old Peking*을 능가할 만한 것이 없다. 이 책에는 수많은 평면도와 옛 목판화들이 수록되어 있다.

베이징의 중요한 역사적 사건에 대한 가장 추천할 만한 책은 블랜드(J. O. P. Bland)와 백하우스(E. Backhouse)가 함께 쓴 두 권의 책이다. *China under the Empress Dowager*(Heinemann, 1910)는 1900년 의화단의 난을 집중적으로 다룬 것으로 마치 탐정소설을 읽는 것 같고, *Annals and Memoirs of the Court of Peking*(Houghton Mifflin, 1914)은 중국 자료에 기초하여 16세기 ~20세기의 역사를 다루고 있다. Isaac Taylor Headland, *Court Life in China*(Fleming H. Revell, 1909)는 서태후와 광서제에 관한 흥미로운 이야기들을 하면서, 청나라 역사에서 가장 중요한 마지막 몇십 년간을 다루었다. 퍼트넘 윌(Putnam Weale, 본명은 Bertram Lenox Simpson, 1877~1930)의 *Indiscreet Letters from Peking*은 1900년 8개국 연합군의 베이징 약탈에 대한 생생한 목격담이다. 아치볼드 리틀(Archibald Little) 부인의 *Round about My Peking Garden*(Fisher Unwin, 1905)도 같은 시기를 다루고 있다.

베이징의 모습을 재현한 가장 완벽하고 권위 있는 두 권의 책은 모두 오스발드 시렌(Osvald Sirén)의 저작이다. 하나는 *The Walls and Gates of Peking*(John Lane, 1924)으로 109개의 사진과 50개의 그림이 실려 있으며, 또 하나는 *The Imperial Palaces of Peking*, Vol. 3(1926)이다. 허버트 화이트 (Herbert White)의 *Peking the Beautiful*(Commercial Press, Shanghai, 1927)은 수많은 여행사진을 싣고 있다. 희귀하면서도 특별한 역사적 의의가 있는 것은 일본의 목판화집인 『당토명승도회』(唐土名勝圖繪, 1804~1805)이다. 이 책은 19세기 초 베이징의 궁정생활과 건물에 대한 흥미로운 그림을 많이 보여준다. 『베이징 이야기』에는 『당토명승도회』에 실린 선묘 몇 가지를 재수록했다. 특별한 가치가 있는 것은 『만수성전』(萬壽聖殿)으로, 166피트의 두루마리에 1713년 강희제의 60회 생일을 경축하는 베이징의 경관을 그렸는데, 당시 청 왕조는 최고의 번영을 누리고 있었다. 이 작품은 몇 차례 목판화로 다시 제작되었다. 그 중에 1879년의 석판인쇄본에는 아주 기이한 영문 주(註)가 붙어 있다.

"이 책은 1860년 10월 원명원이 불타던 날 이 궁전의 장서각에서 가져온 것이 다."이 책(『베이징 이야기』)의 면지는 이 두루마리 그림의 일부를 취한 것이다.

다음으로는 중국어로 된 중요한 책을 간단히 소개하도록 하겠다. 가장 기본적인 사료는 강희제의 친구이며 저명한 학자였던 주이쭌(1629~1709)의『일하구문초』(日下舊聞抄, 『일하구문』의 축약본)이다. 이 책은 중국 역사와 중국문학에서 베이징과 관련된 구절과 참고도서를 총망라하고 있다. 그래서 이 책은 일찍부터 상당히 가치 있는 것으로 간주되었으며, 건륭제는 편찬기구를 조직하여 1744년 총 160권으로 구성된 이 책의 증보판인『일하구문고』(日下舊聞考)를 편찬했다. 그 가운데 가장 중요한 부분은 베이징 총람(37~38권), 중대한 역사적 사건의 탐구(29~36권), 거리와 사원(43~61권), 정원과 외곽(74~87권) 등이다.

사실에 충실한 자료로는『순천부지』(順天府志)가 있다. 1593년에 초판이 나왔으며, 1886년에 개정판이 나온 이 책은 오스발드 시렌이 중요한 연구자료로 삼았다.

우창위안(吳長元)의『신원식략』(宸垣識略, 1788)은 권수가 많은『일하구문고』를 16장(章)으로 간략히 압축한 책이다. 여기에는 진기한 옛 지도들이 실려 있다. 쑨청쩌(孫承澤, 1592~1676)의『춘명몽여록』(春明夢餘錄)은 회고록 형식으로 사원·건축·궁정풍속 등에 관한 정보를 제공해 준다. 두 명의 저명한 학자 류퉁(劉侗)과 위이정(于奕正)의『제경경물략』(帝京景物略, 1635)은 비록 사료적 가치는 있지만, 다소 모호한 부분이 있는 총담류(叢談類)이기 때문에 건륭제의 명을 받아 황실의 저명한 편집자인 지윈(紀昀)이 문제 되는 부분을 대폭 삭제했다.

그 밖에도 베이징 통속 도서관(京師通俗圖書館)에서 비교적 근대의 저작들을 출판했다. 예컨대『북경풍토총서』(北京風土叢書) 중에는 베이징 노점상의 외치는 소리를 기록한 부분도 들어 있다.

베이징의 명절 풍속에 관한 책으로는 두 권의 좋은 책이 있다. 줄리엣 브레든(Juliet Bredon)과 이고르 미트로파노프(Igor Mitrophanov)의 공저 *The Moon Year* (Shanghai: Kelly and Walsh, 1927)와 더크 보드(Derk Bodde)의 *Annual Customs and Festivals in Peking* (Beijing: Henri Vetch, 1936)이 그것이다. 후자는 장장차이(張江裁)의『북경세시기』(北京歲時記)를 영역한 것이다. 스왈로(R. W. Swallow)의 *Sidelights on Peking Life* (1927)는 위의 두 책보다 쉽고 재미있는 소책자이다.

출처

이 책을 준비하는 과정에서 조언과 도움을 주신 다음 분들에게 감사드린다.

Mr. J. G. Ayers, Victoria and Albert Museum, London;

Mr. James Cahill, Freer Gallery of Art, Washington;

Mr. Chen Yuan;

Mr. Leonard J. Grant, National Geographic Magazine, Washington;

Mr. Basil Gray, British Museum, London;

Mr. Li Tzu-yu, National Palace and Central Museums, Taiwan;

Miss M. Medley, Percival David Foundation of Chinese Art, London;
Mr. B. W. Robinson, Victoria & Albert Museum, London;
Mr. Laurence Sickman, William Rockhill Nelson Gallery of Art, Kansas;
Dr. Wang Shih-chieh, National Palace and Central Museums, Taiwan.

이 책의 화보는 다음 기관과 사진 작가들이 기꺼이 허락해 주어 싣게 되었다. 그들 모두에게 진심으로 감사드린다.

Ashmolean Museum
그림 68, 105, 106

British Museum-Edwin Smith
그림 88, 89, 94, 100, 109

W. H. Eagle
그림 29, 32, 33, 34, 78

Fitzwilliam Museum-Edwin Smith
그림 50, 85, 87, 97

Hsinhua News Agency
그림 76, 77

Ergy Landau
그림 5, 6, 7, 9, 11, 13, 14, 15, 17, 19, 37, 59

Magnum Photos
그림 2

Metropolitan Museum-H. C. Weng
그림 64, 84

Musée Guimet-Giraudon
그림 90, 114

Musée Guimet-J. A. Lavaud
그림 16

National Central Museum, Taiwan
그림 46, 54, 69, 86

National Geographic Society-W. Robert Moore
그림 21, 28

National Palace Museum, Taiwan
그림 10, 12, 35, 45, 47, 51, 56, 57, 58, 60, 68, 70, 72, 95, 98, 99, 108

National Palace Museum and Freer Gallery of Art
그림 40, 41, 43, 49, 75, 79

Percival David Foundation of Chinese Art
그림 53, 55, 92, 93, 101, 102, 103, 104, 115

가량(嘉量): 가량은 중국 고대의 계량기구다. 태화
전, 건청궁, 황극전 앞 오른쪽에 동으로 만들어 도
금한 가량이 하얀 대리석으로 만든 석정(石亭) 안
에 놓여 있다. 석정 아래는 수미좌로 되어 있고,
중앙에는 구름 속의 만(卍)자 도안과 해수, 강기
슭 등이 조각되어 있다. 가량은 대정에 두어 전국
표준 계량기구를 나타내었다. 가량에는 곡(斛),
두(斗), 승(升), 약(籥) 등의 계량단위가 있다. 태
화전 앞 우측에 놓여 있는 방형의 가량은 당태종
당시 만든 가량의 형식을 본뜬 것이고, 건청궁 앞
우측에 놓여 있는 원형의 가량은 신(新) 왕조 왕
망(王莽) 당시 만든 가량을 본뜬 것으로 이 두 가
량은 건륭 9년 주조되었다. 가량을 궁전 앞에 놓
는 것은 황제의 공평무사(公平無私)함을 나타내
기 위한 것이다.

태화전 노대 위에 있는 가량

건청궁(乾淸宮): 내정의 주요 건축물로 황제의 침궁이자 일상생활을 하던 곳이다. 궁내의
동·서 난각(暖閣)에는 27개의 침대가 있다. 청대에는 황제의 침궁이자 일상의 정무를
처리하는 곳이었다. 옹정제 이후에는 여기서 내정의 전례와 황족의 가연(家宴)을 베풀
었다. 궁전 안 옥좌 위에는 '정대광명'(正大光明)이라는 편액이 걸려 있다. 청대에는 제
위계승을 둘러싼 분쟁을 막기 위해 황제가 후계자의 이름을 적은 쪽지를 작은 상자에
넣어 이 '정대광명' 편액 뒤에 보관하도록 하는 태자밀건법을 시행했다. 강희제와 건륭
제는 이곳에서 천수연(千叟宴)을 거행했다.

건청문(乾淸門): 내정(內廷)의 정문이다. 문 양쪽에 '八'자형의 영벽(影壁), 도금한 사자, 도
금한 항아리가 놓여 있다. 청대 강희제, 건륭제, 가경제, 도광제는 여기에 옥좌를 설치
하여 주청을 듣고, 정무를 보는 일이 많았다. 이것을 어문청정(御門聽政)이라고 했다.

고루(鼓樓): 베이징 성 중심축 북쪽 끝에 있다. 고루는 북을 쳐서 시간을 알리는 곳이다. 일
찍이 원 세조 지원 9년(1272)에 제정루(齊政樓)라는 고루를 세웠는데, 나중에 파괴되
었다. 지금의 고루는 원대의 고루 터에서 동쪽으로 약간 떨어진 곳에 있으며, 이곳에 처
음 고루가 세워진 것은 명 영락 18년(1420)이다. 그후 청 건륭 12년(1747)에 중건했

자금성 평면도

영화전
수안궁
우화각
함복궁
저수궁
장춘궁
익곤궁
태극전
영수궁
곤녕궁
교태전
건청궁
어화원
신무문
종수궁
경양궁
승거궁
영화궁
경인궁
연희궁
진비정
경복궁
이화헌
낙수당
양성전
건륭화원
양성문
영수궁
황극전
수강궁
자녕궁
양심전
재궁
봉선전
구룡벽
자녕화원
보화전
중화전
태화전
어차선방
문연각
문화전
청사관
무영전
태화문
서화문
희화문
금수교
협화문
내각
동화문
오문

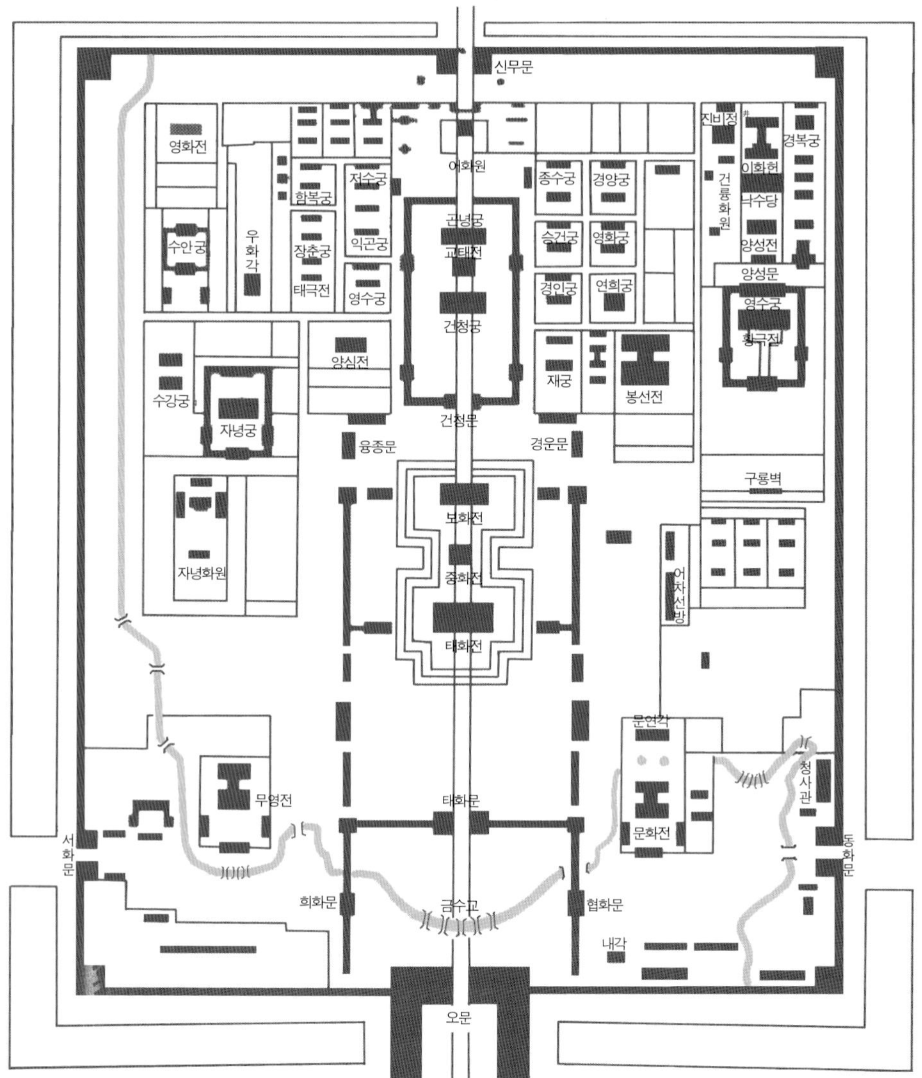

고, 가경 5년(1800)에 중수했다. 고루의 높이는 45.7m이다. 의화단의 난 때, 8개국 연
합군에 의해 파괴되었다. 민국시대에는 이름이 명치루(明恥樓)로 바뀌었고 다시 경조
통속교육관(京兆通俗教育館), 제일민중교육관(第一民衆教育館)으로 바뀌었다. 지금은
동성구군중문화관(東城區群衆文化館)이다.

곤녕궁(坤寧宮): 교태전 바로 뒤에 있다. 명대 황후의 정전(正殿)이다. 1420년에 지어졌고,
청대에는 1655년과 1673년 두 차례에 걸쳐 개축되었다. 명말 리쯔청(李自成)이 베이징
을 함락했을 때 숭정제의 강요로 황후가 여기에서 자살했다. 청대에 개축하면서 이 궁
전은 만주족 고유의 샤머니즘 의식을 행하는 장소가 되었다. 강희제·동치제·광서제가
여기에서 혼례를 치렀다고 한다.

광거문(廣渠門): 외성 동벽의 성문으로 속칭 사와문(沙窩門)이라고도 했다.

광녕문(廣寧門, 또는 광안문[廣安門]): 외성 서벽의 문. 청 도광제 때 도광제의 이름 '旻寧'의
'寧'을 피휘하여 광안문으로 이름을 바꾸었다. 문밖 서북쪽에 천녕사와 백운관 등의 사
원이 있다. 이 문 역시 지금은 남아 있지 않다.

교태전(交泰殿): 정방형의 건물로, 전내 중앙에는 강희제가 쓴 '無爲'라는 편액이 걸려 있
다. 명대에는 황후의 거처였고, 청대에는 황후를 책봉하는 의식을 거행했던 곳이다. 황
후가 된 다음에는 원단·동지·천추(千秋, 황후의 생일) 세 명절에 이곳에서 하례를 받았
다. 영락 18년(1420)에 처음 지었고, 명대에는 성궁전(省躬殿)이라고 했으나 청대에 지
금의 이름으로 바꾸었다. 모두 세 차례에 걸쳐 다시 지었는데, 마지막은 1797년의 공사
였다. 건륭제는 여기에 옥새 25개를 보관하고 왕조가 25대까지 이어지도록 염원했다.
그러나 베이징을 점령한 순치제로부터 10대 만에 청조는 멸망했다.

구룡벽(九龍壁): 자금성의 구룡벽은 보화전 동북쪽의 경운문(景運門)을 지나 석경문(錫慶
門)으로 들어가면 오른쪽에 있다. 높이 6m, 길이 31m의 커다란 벽면에 9마리의 용이
색깔도 선명한 유리기와로 부조되어 있다. 청 건륭연간에 쌓았다. 그 밖에 베이하이 공
원과 산시(山西)성 다퉁(大同)에도 구룡벽이 있다.

금오옥동교(金鰲玉蝀橋): 중하
이와 베이하이의 경계를 이
루는 다리이다. 백색의 돌
다리로서, 다리 동서 양끝
에 각각 옥동(玉蝀)과 금오
(金鰲)라는 패루가 있었던
데서 이런 이름이 유래했
다. 1954년, 다리폭이 좁아
교통이 불편하자 단성의 철
거를 건의한 사람도 있었으
나 다행히 아직도 남아 있다.

금오옥동교

기년전(祈年殿): 가장 장엄하고 화려한 건축물이다. 황궁우에서 북쪽으로 가면 기년문(祈
年門)이 있고, 그 문을 통과하면 정면에 기년전이 우러러 보인다. 하얀 대리석 3층 기단
에 3중으로 된 원추형 유리기와 지붕을 한 거대한 원형궁전이 우뚝 서 있다. 총 높이
38m. 매년 정월, 천자는 이곳에서 천제(天帝)에게 제사를 지내고 오곡의 풍요를 기원

했다. 기년전은 명 영락연간(1403~1424)에 처음 지어졌고, 여러 차례에 걸쳐 개수되었다. 1889년에 번개를 맞아 불타 없어졌다가 재건되었으며, 1970년에 대대적인 수리를 하여 오늘에 이르고 있다.

내성(內城)의 문: 내성에는 남쪽에 여정문(麗正門)·문명문(文明門)·순승문(順承門), 동쪽에 동직문(東直門)·제화문(齊化門), 서쪽에 평칙문(平則門)·서직문(西直門), 북쪽에 덕승문(德勝門)·안정문(安定門) 등 9개의 문이 있다. 정통(正統) 4년(1439)에 여정문(麗正門)은 정양문(正陽門), 문명문(文明門)은 숭문문(崇文門), 순승문(順承門)은 선무문(宣武門), 제화문(齊化門)은 조양문(朝陽門), 평칙문(平則門)은 부성문(阜成門)으로 이름을 바꾸었다.

노구교

노구교(盧溝橋): 베이징 서남쪽으로 15km 떨어진 융딩허(永定河) 위에 세운 다리. 다리의 길이는 212.2m, 양끝의 진입교를 합하면 266.5m. 폭은 7.5m. 다리가 완성된 것은 금대인 1192년이며, 청 강희연간에 홍수로 파괴되었다가 그후 여러 차례 보수되어 오늘에 이른다. 마르코 폴로가 『동방견문록』에서 "세계에서 가장 아름다운 다리"라고 극찬한 이후 일명 '마르코 폴로교'라고도 한다. 베이징에서 제일 오래된 궁륭(穹窿)형 돌다리로, 다리 위에 485마리의 사자가 조각되어 있다. 1937년 7월 7일 이 다리에서 야간 군사연습을 하던 일본군과 다리 동쪽에 주둔하던 중국군의 총격전이 벌어지면서, 중일전쟁이 시작되었다.(노구교 사건) 1981년 다리 옆에 '노구교사료진열관'을 개관했다.

단문(端門): 황성의 정문인 천안문과 자금성의 정문인 오문 사이에 있다. 단문은 대명문·천안문·오문·태화문과 함께 이른바 천자오문(天子五門)을 이룬다. 영락연간에 건축되었으며 형태와 규모는 천안문과 비슷하다.

단성(團城): 형태가 원형이어서 원성(圓城)이라고도 한다. 원나라 때 원대(圓臺)를 만들고 그 위에 승천전(承天殿)을 지었는데 이중 처마에 둥근 지붕이어서 영주원전(瀛洲圓殿)이라고 불렀고, 명대에 중수하여 승광전(承光殿)으로 개칭했다. 단성에는 동쪽에 임경문(臨景門), 서쪽에 연상문(衍祥門) 등 두 개의 문이 있다. 명대에는 두 문을 모두 열어 동쪽을 입구, 서쪽을 출구로 삼았으나, 청대에는 임경문만 개방했다.

단성의 옥불

대청문(大淸門): 명대에 만들어진 것으로 처음에는 대명문(大明門)이라고 했다가 청대에 대청문(大淸門)으로, 민국 시기에 다시 중화문(中華門)으로 개칭했다. 지금은 철거되고 없다.

덕승문(德勝門): 내성 북벽의 서쪽 문. 명 홍무제 때 지어졌고, 명 정통제가 전루를 축성했다. 문루는 1921년에 일부가 헐리고, 1969년에 완전 철거되었으며, 지금은 전루만 남아 있다.

동육궁(東六宮)과 서육궁(西六宮): 건청궁 동서 양편에 일련의 작은 궁전들이 있는데, 동쪽의 궁전들을 동육궁, 서쪽의 궁전들을 서육궁이라고 한다. 동육궁은 재궁과 육경궁(毓慶宮) 뒤쪽(북쪽)에 2열로 3개씩 나란히 서 있다. 왼쪽 열에 경인궁(景仁宮), 승건궁(承乾宮), 종수궁(鍾粹宮), 오른쪽 열에 연희궁(延禧宮), 영화궁(永和宮), 경양궁(景陽宮)이 있다. 서육궁은 양심전 뒤쪽에 동육궁과 대칭적으로 배치되어 있다. 왼쪽 열에 태극전(太極殿), 장춘궁(長春宮), 함복궁(咸福宮), 오른쪽 열에 영수전(永壽殿), 익곤궁(翊坤宮), 저수궁(儲秀宮)이 있다. 서태후의 정식 호칭은 자희(慈禧)태후이지만, 50세 이전까지 서육궁에서만 거주했기 때문에 서태후라는 별칭을 얻었다.

동직문(東直門): 내성 동벽의 북쪽 문. 원이 대도를 건설할 당시 이곳에 숭인문(崇仁門)을 세웠다. 명 영락제는 숭인문을 중건한 후 동직문으로 개칭했다. 민국 초기 철로를 건설하면서 옹성이 철거되었고 후에 지하철을 건설할 때 문루도 철거되었다.

동편문(東便門): 외성 동북 모퉁이에 있던 문. 교동의 편의를 위해 만들었던 문으로 신해혁명 이후 점차 폐허가 되어 지금은 남아 있지 않다.

명십삼릉(明十三陵): 베이징 창핑(昌平) 톈서우산(天壽山) 남쪽 기슭에 있다. 명 영락 7년(1409)부터 청 순치 원년(1644)에 걸쳐 조성되었다. 명대 성조(成祖)부터 의종(毅宗)까지 열세 명의 황제릉이 있다. 성조(成祖, 영락제)의 장릉(長陵), 인종(仁宗, 홍희제)의 헌릉(獻陵), 선종(宣宗, 선덕제)의 경릉(景陵), 영종(英宗, 정통제)의 유릉(裕陵), 헌종(憲宗, 성화제)의 무릉(茂陵), 효종(孝宗, 홍치제)의 태릉(泰陵), 무종(武宗, 정덕제)의 강릉(康陵), 세종(世宗, 가정제)의 영릉(永陵), 목종(穆宗, 융경제)의 소릉(昭陵), 신종(神宗, 만력제)의 정릉(定陵), 광종(光宗, 태창제)의 경릉(慶陵), 희종(憙宗, 천계제)의 덕릉(德陵), 의종(毅宗, 숭정제)의 사릉(思陵). 그 중에 정릉(定陵)은 발굴이 완료되어 그 부장품들은 정릉박물관에 전시되어 있다.

무영전(武英殿): 크기는 문화전과 거의 같지만, 여기에는 돌난간이 설치되어 있다. 명대에는 황제가 정무를 보거나 대신들을 접견하던 장소였다. 명말의 리쯔청(李自成)은 여기에서 즉위식을 행했다. 청대에 들어오면서 흠정본(欽定本)의 편집간행이 이곳에서 이루어지게 되었다. 무영전판, 줄여서 전판(殿版)이라고 하면, 정확하고 서체가 아름답고 양질의 종이와 먹을 사용했다 해서 높은 평가를 받고 있다. 그러나 건물과 장서는 화재로 소실되었고, 현재의 건물은 그 뒤에 세운 것이다. 남아 있던 전판은 『사고전서』와 마찬가지로 현재 타이완에 있다.

문화전(文華殿): 외조(外朝)의 양익(兩翼)이라고 불리는 것이 동편의 문화전과 서편의 무영전이다. 명대에는 주로 황태자의 공부장소로 이용되었지만, 청대에는 매년 봄가을에 행하는 황제의 경연(經筵) 장소가 되었다. 문화전 앞쪽(남쪽)에는 길을 사이에 두고 오문 가까운 곳에 내각(內閣)이 있다. 내각은 내각대학사와 학사들이 근무했던 곳이다. 그 동쪽에 홍본고(紅本庫), 좀 더 동쪽에 실록고(實錄庫)가 있으며, 여기에 문서 자료가 정리·보관되어 있었다. 그 북동쪽, 동화문(東華門) 바로 위에 국사관(國史館, 만주시대 이

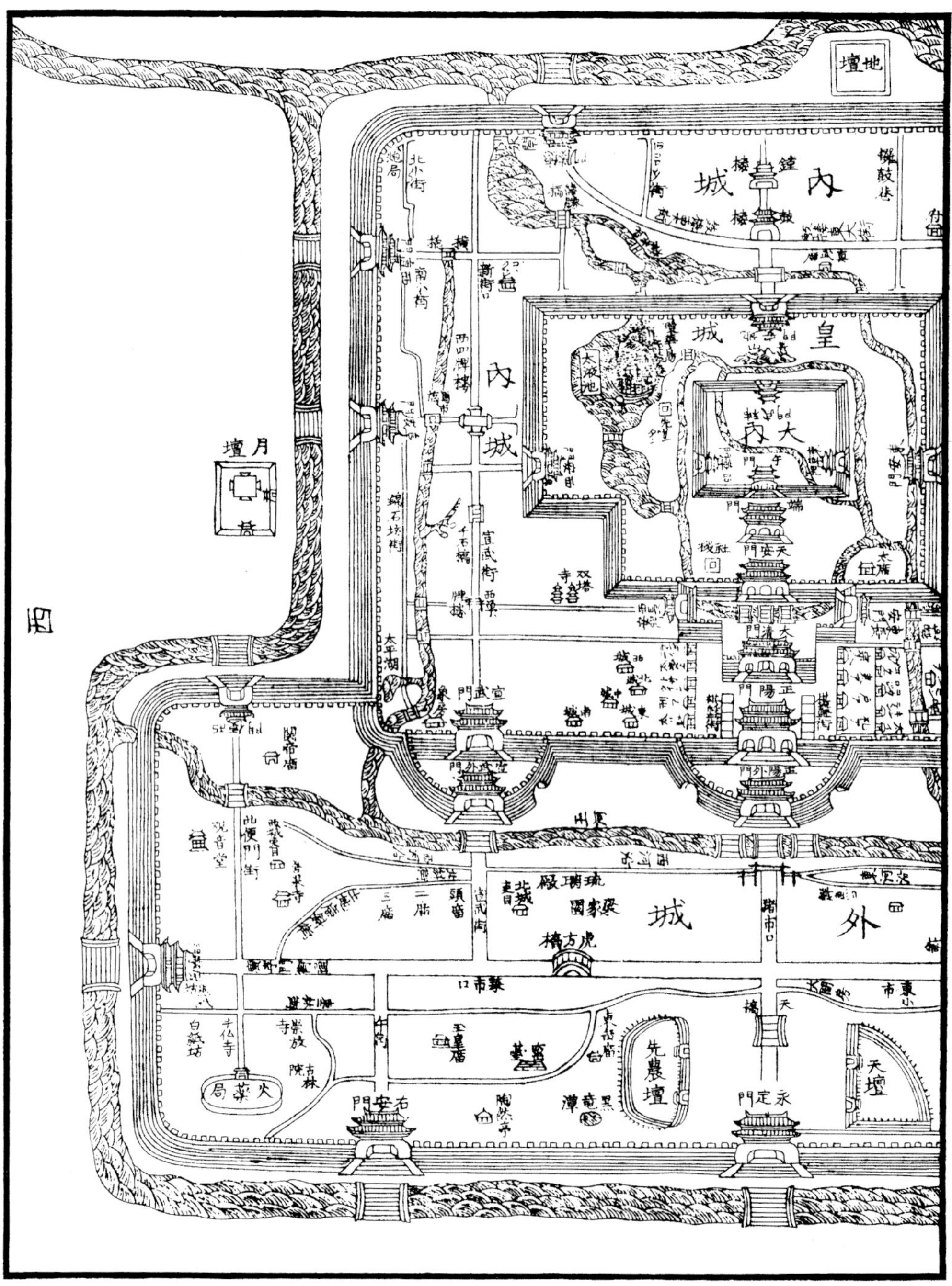

地壇
內城
鐘樓
鼓樓
皇城
大內
月壇
內城
宣武街
太平湖
宣武門
正陽門
外城
琉璃廠
先農壇
天壇
永定門
右安門
陶然亭
黑龍潭
火藥局
白紙坊
觀音堂

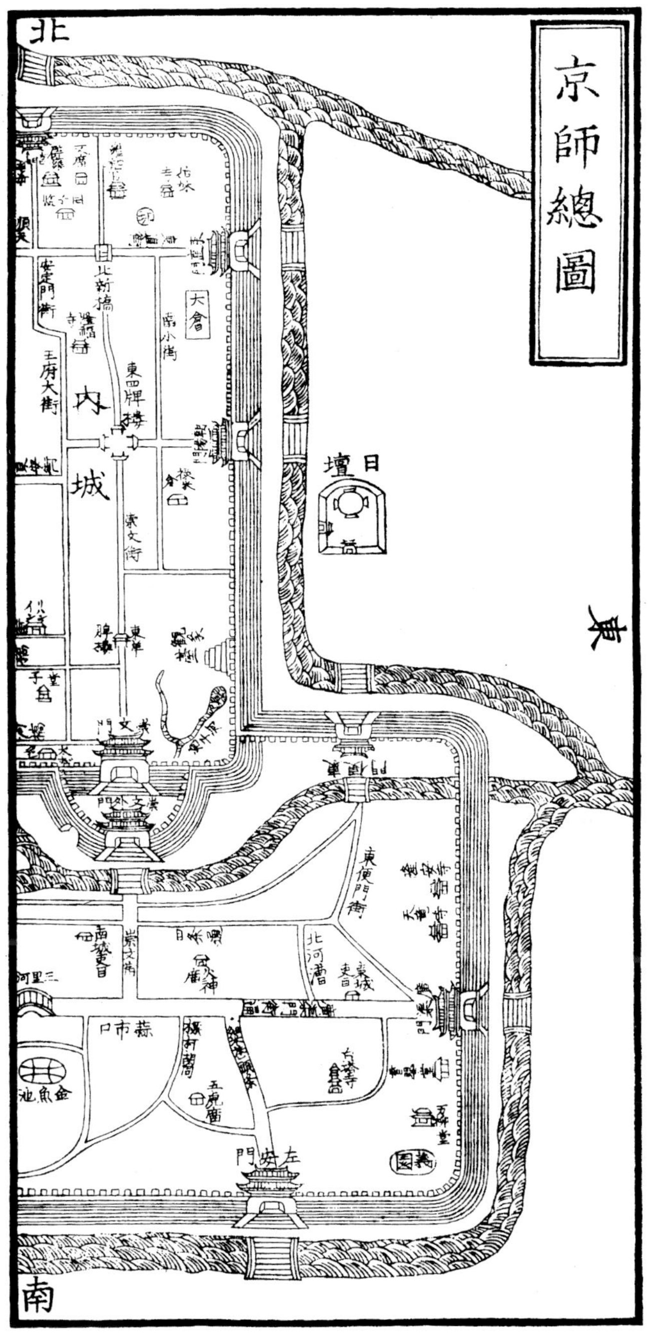

19세기 초 베이징의 궁정생
활과 건물에 대한 흥미로운
그림으로 구성되어 있는 일
본의 목판화집인 『당토명승
도회』(唐土名勝圖繪, 1804
~1805) 중에서.

후 청사관[淸史館]으로 개칭)이 있다. 청대의 사서(史書)는 여기에서 편찬되었다. 문화전 뒤에 진수이허(金水河)를 사이에 두고 문연각(文淵閣)이 있다. 원래는 명대의 건물이지만 불타 없어지고, 지금의 건물은 건륭 39년(1774)에 재건된 것이다. 이곳에 소장되어 있었던 『사고전서』는 현재 타이베이 고궁박물원에 있다.

베이하이(北海): 원·명대의 황성 서원(西苑)의 태액지(太液池) 북부에 해당한다. 당대(唐代) 초, 유저우(幽州)성의 동북부에 해자원(海子園)이라는 정원을 만들었는데, 이 안에 오늘날의 베이하이가 포함되었다. 요나라 때는, 해자원을 다시 보수하고 요서(瑤嶼) 행궁을 지었다. 금대에는 해릉왕이 옌징(燕京)으로 천도한 후, 외성을 건설하고 인공호수를 조성하면서 흙을 쌓아 섬을 만들고 여기에 충화다오(瓊華島), 요광전(瑤光殿), 광한전(廣寒殿), 단성(團城)과 작은 산을 만들었다. 또한 카이펑(開封)에서 태호석(太湖石)을 운송해 와 이곳을 화려한 행궁(行宮)으로 만들었다. 지원 원년 (1264) 쿠빌라이는 이곳을 중심으로 대도

베이하이 공원

(大都)를 건설하고 충화다오를 완서우산(萬壽山, 후에 다시 완쑤이산[萬歲山]으로 개칭)으로 개명했다. 명대에는 베이징으로 천도한 후, 베이하이 주위에 계속해서 많은 전당(殿堂)을 지었다. 청 순치연간에는 광한전의 옛터에 라마교식 백탑을 짓고, 완서우산을 백탑산(白塔山)으로 개칭했다. 1925년 베이하이는 공원이 되어 일반인에게 개방되었다.

보화전(保和殿): 세 대전 가운데 맨 뒤에 있는 궁전으로 동서가 50m, 남북이 25m이다. 원래 이름은 근신전(謹身殿)이며 가정제가 건극전(建極殿)으로 바꾸었고, 청대에 보화전으로 개칭했다. 명대에는 황후책봉, 태자·대신들이 상주를 올리거나 조정에 나가 축하를 받기 전에 이곳에서 예복을 입고 관을 썼다. 청 건륭 54년(1789) 이후에는 이곳에서 전시(殿試)를 치렀다. 외조라고 일컫는 황제의 정치구역은 여기까지이다. 청대에는 매년 제야(除夜)와 정월 15일에 황제가 이곳에서 연회를 베풀었다.

부성문(阜成門): 내성 서벽의 남쪽 문. 원대에 처음 세웠을 때는 평칙문이라고 칭했다. 명 정통 4년(1439) 중수한 후 부성문으로 개칭했다. 1968년에 철거되었다.

서직문(西直門): 내성 서벽의 북쪽 문. 원대에는 화의문(和義門)이라고 했고, 명 영락제가 중건한 후 서직문으로 바꾸었다. 1969년 문루·옹성·전루 모두 철거되었다.

서편문(西便門): 외성 서북 모퉁이에 있었던 문. 교통의 편의를 위해 만들었던 문으로 신해혁명 이후, 점차 폐허가 되어 지금은 남아 있지 않다.

선무문(宣武門): 내성 남벽의 서문. 원이 대도성을 건설할 때, 남벽 서쪽에 순승문을 지었다. 명 영락제는 베이징 남벽을 확장하고 지금의 문 위치로 성문을 이동시키고 이름은 그대로 했다. 정통 4년(1439)에 증축하고 이름을 선무문으로 바꾸었다. 주변에 남당(南

堂, 가톨릭 성당)과 주이쭌(朱彝尊)의 고거였던 순덕회관(順德會館)이 있다. 1960년대 말에 철거되었다.

숭문문(崇文門): 내성 남벽 동쪽 문. 원대에 이 문 조금 북쪽에 문명문을 세웠다. 명 정통 4년(1439) 중수할 때 옹성을 쌓고 이름을 숭문문으로 고쳤다. 1921년 중건 당시 전루는 훼손되었다. 숭문문은 합덕문(哈德門), 합달문(哈達門)이라고도 한다. 숭문문 전루는 1920년에 헐렸고 성루는 1968년에 철거되었다.

신무문(神武門): 원래 이름은 현무문(玄武門)이었으나, 강희제의 이름인 '玄燁'을 피휘하기 위하여 지금의 이름으로 개명했다. 청대에는 수녀(秀女)나 궁녀를 선발할 때 이 문으로 출입했다. 문의 높이는 31m이며, 문루에 종과 북을 설치했다.

안정문(安定門): 내성 북벽의 동쪽 문. 명 홍무제 때 지어졌다. 안정문 밖에 지단(地壇)이 있으며, 명·청대의 황제는 매년 이 문으로 나가 지단에서 제사를 올리고 풍년을 기원했다. 1969년 지하철 건설 때 철거되었다.

양심전(養心殿): 서육궁의 바로 아래(남쪽)에 있는 궁전. 명 영락제 때 지어졌으며, 1722년에 대대적으로 수리를 했고, 옹정제 때 중건되었다. 이곳 서난각(西暖閣) 구석에 건륭제가 삼희당(三希堂)이라고 명명한 작은 방이 있다. 동난각은 청말에 서태후가 수렴청정을 했던 곳이다. 현재 이곳에는 수렴청정 당시의 상태 그대로 복원되어 있다.

어선방(御膳房): 명·청대에는 황제의 일상적인 식사를 진선(進膳)이라고 했는데, 이 진선을 담당한 곳이 어선방(御膳房)이다. 한편 황태후의 식사를 준비하는 곳은 수선방(壽膳房)이라고 한다. 선방에는 내·외선방이 있었는데, 내선방은 양심전 남쪽에 있었고, 외선방은 중화전 동쪽에 있었다.

여의(如意): 여의라는 말은 『진서』(晉書)에 처음 보인다. 청대에는 궁전의 중요한 장식품의 하나가 되었으며, 보좌 옆이나 침궁의 책상 위에 항상 여의를 두었다. 새 황제가 즉위하면 왕공 대신은 황제에게 여의를

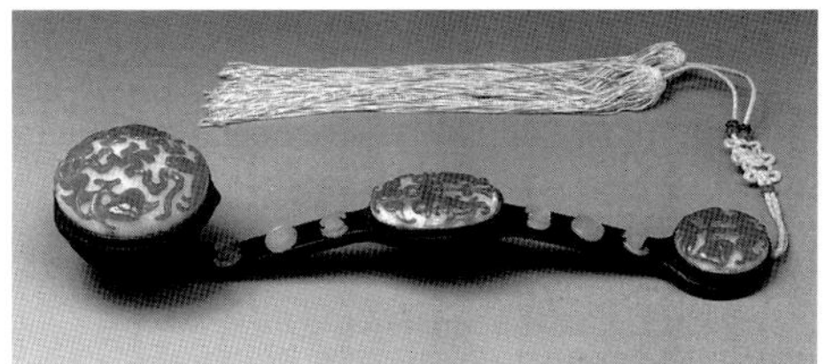

여의

진상했고, 황제 또한 여의를 신하들에게 하사했다. 건륭제의 60세 생일에 대신들은 갑자여의(甲子如意) 60개를 진상했다. 서태후의 60세 생일에도 관리들은 구구여의(九九如意) 81개를 진상했다.

연경팔경(燕京八景): 쥐융관의 울창한 숲(居庸疊翠), 위취안산의 무지개(玉泉垂虹), 태액지의 가을바람(太液秋風), 충화다오의 봄경치(瓊島春陰), 안개비 속의 계문(薊門煙樹), 시산의 설경(西山霽雪), 노구교의 새벽달(盧溝曉月), 금대의 저녁노을(金臺夕照) 등 8곳의 풍경을 말한다.

영대(瀛臺): 명대에는 남대(南臺)라고 했다. 남쪽으로 촌락과 논밭에 면해 있어 명대 제왕들은 이곳에서 전원 풍경을 감상하곤 했다. 청대에 대규모로 증축되면서 제왕, 후비의 피서지가 되었다. 당시 영대의 건축을 책임진 사람은 가장 명성이 드높던 레이팅창(雷廷昌)이었다. 그는 동해에 봉래(蓬萊)·방장(方丈)·영주(瀛洲)의 세 선산(仙山)이 있다

313

는 중국의 전설에 근거해 영대를 일종의 지상낙원으로 건축하겠다는 구상을 세웠다. 영대의 주요 건축물로는 상봉각(翔鳳閣)·함원전(涵元殿)·향의전(香扆殿)을 꼽을 수 있다. 광서 24년(1898), 광서제는 캉유웨이(康有爲)·량치차오(梁啓超)의 변법주장을 받아들여 4월 23일(양력 6월 11일)정식으로 변법을 선포하고, 영대에서 성지(聖旨)를 반포했다. 그러나 서태후를 중심으로 하는 보수세력은 광서제가 실권을 장악하는 것을 원치 않아, 그의 변법유신을 받아들이지 않았다. 8월 5일(양력 9월 20일) 저녁, 서태후는 돌연 황궁으로 돌아와, 광서제를 협박해 자책 조서를 반포하도록 하고 그를 영대에 구금했다. 전해오는 이야기에 따르면 광서 34년(1908) 서태후는 죽기 직전, 환관에게 광서제를 함원전에서 독살하도록 지시했다고 한다.

영정문(永定門): 외성 남벽의 정문. 외성의 7개의 문 가운데 규모가 가장 크다. 영정문 안쪽에 천단과 선농단이 있다. 1960년대에 철거되었다.

오문(午門): 자금성의 정문이며 자금성에서 가장 큰 문이다. 베이징의 남북 중심축상에서 자오(子午)의 위치에 해당한다고 해서 오문이라고 부르게 되었다. 1420년에 세워졌다. 오문의 좌우에는 종루와 고루가 있다. 황제가 태화전에서 대례를 행할 때 여기서 종과 북을 쳤다.

외성(外城): 내성 남쪽으로 이어져 있는 성. 내성보다 동서는 길고 남북은 짧으며, 그 형태가 모자 같다고 해서 '모자성'(帽子城)이라고도 한다. 명 가정연간에 축성되었으며, 7개의 문과 옹성이 지어졌다. 7개의 문은 남벽에 3개, 동벽과 서벽에 1개씩 그리고 동북과 서북 모퉁이에 각각 하나씩 있었다. 영정문과 정양문 사이에 도로를 내어 중축선이 남쪽으로 연결되도록 했다. 외성 안에는 천단, 선농단(先農壇) 등의 건축물이 있지만, 주거지역이 정비되지 않아, 거리와 골목이 좁고 구불구불하며 서남쪽에서 동북쪽의 정양문으로 통하는 거리는 비스듬히 휘어져 있었다.

우안문(右安門): 외성 남벽의 서쪽 문. 서남문(西南門)이라고도 하였다. 지금은 남아 있지 않다.

원명원(圓明園): 베이징 대학 북쪽에 있다. 원래는 청대의 황가 어원(御苑)으로 건축 면적이 16만m²에 달한다. 청 강희 48년(1709) 명대의 정원터에 건축되었으며 강희제의 넷째 아들 인전(胤禛, 후의 옹정제)의 사원(賜園)이었다. 옹정제는 이곳에 궁전과 누각을 증수하고 정무 장소로 썼다. 이후 건륭, 가경, 도광, 함풍 연간에 여러차례 확장, 증축했다. 원명원 외에 장춘원(長春園), 만춘원(萬春園, 또는 綺春園)이 같이 있으며 셋을 합해서 원명삼원(圓明三園)이라고 부른다. 이중에서 원명원이 가장 크다. 건물과 정원은 중국의 전통적인 기술을 계승발전시키고 서양건축의 특징도 받아들여서 조성되었다. 정문과 제2문을 들어서면 황제가 정무를 보고 연회를 베풀던 정대광명전(正大光明殿)이 있으며, 주변의 조경은 강남의 풍경을 그대로 옮겨놓은 듯이 꾸며져 있었다. 또한 이곳 문원각(文源閣)에는 『사고전서』가 보관되어 있었다. 함풍 10년(1860) 영불연합군에 의해 진귀한 보물들이 약탈되고 불태워졌다. 현재는 장춘원의 서양루(西洋樓) 중 석조 건물 일부만이 남아 있다.

유리와(瑠璃瓦): 琉璃瓦라고도 쓴다. 유약을 바르고 구운 기와를 말한다. 한(漢)대의 녹유와(綠釉瓦)에서 기원했지만 수·당 시대에 유행했고 청색 또는 녹색의 유리와가 궁전이나 사찰에 사용되었다. 원나라 때부터 색채의 종류가 늘어났다. 명·청 시대에는 황색 유약을 바른 유리기와가 궁전과 사찰건축에 널리 사용되었고 베이징 고궁에는 '홍장황와'(紅牆黃瓦, 붉은 담에 노란 기와)라 불리는 건축물이 있고, 또 황사(黃寺)라 불리는 절도 있다.

이화원(頤和園): 베이징 서북쪽 교외에 위치하고 있으며, 중국에서 가장 유명한 정원이다. 이곳이 정원으로 조성된 것은 12세기 중반인 금대(金代)부터였지만, 행궁으로서의 모양을 갖추게 된 것은 청 건륭연간의 일이다. 명대에 호산원(好山園)이라고 불린 이곳을 건륭제는 청의원(淸漪園)으로 확충했다.(1750) 청 함풍 10년(1860) 영불연합군에 의해 불태워졌다. 광서 14년(1888), 서태후가 해군경비를 유용하여 복원하고 이화원이라고 명명했다. 1914년 일반에게 개방되었고 1924년 공원이 되었다. 이화원은 완서우산(萬壽山)과 쿤밍호로 구성되어 있으며, 호수가 정원의 4분의 3을 차지하고 있다.

일구(日晷): 시간을 측정하던 해시계로 오문, 태화전, 건청궁 앞 서쪽에 각각 하나씩 있다. 50도 경사의 적도 평행면에 구반의 중심에 반면과 수직을 이루는 철침이 있다. 철침의 끝은 북극을 가리키고 철침의 아래쪽은 남극을 가리킨다. 구반의 상하 양쪽에 시간이 표시되어 있는데, 매년 춘분 후에는 위쪽의 철침그림자로, 추분 후에는 아래쪽의 철침 그림자로 시간을 본다. 구반의 상하면에는 모두 지지의 자축인묘진사오미신유술해(子丑寅卯辰巳午未申酉戌亥)의 12자가 새겨져 있다.

양성전(養性殿) 앞에 있는 일구

자금성(紫禁城): 명·청대의 황궁으로 지금은 고궁(故宮)이라고 부른다. 자금성의 자(紫)는 천자만이 사용할 수 있는 색깔이며, 금(禁)은 금지, 금단의 의미다. 그래서 영어로는 '금단의 성'(the Forbidden City)이라고 한다. 자금성의 규모는 동서가 753m, 남북이 961m, 면적이 72만m², 건물면적은 15만m²이며 둘레는 높이 10m의 성벽으로 에워쌌다. 영락 4년(1406)에 착공하여 18년(1420)에 완공되었다. 이후 여러차례에 걸쳐 개축, 증축, 보수했지만, 기본적으로는 원래의 모습을 유지했다. 성벽의 네 귀퉁이에 독특한 형태의 각루가 있다. 성벽 밖에는 너비 52m, 총길이 3.8km의 호성하(護城河)가 설치되어 있다. 자금성의 주요 건축물은 남북을 관통하는 중심축 위에 세워졌으며, 외조(外朝)와 내정(內廷)으로 나뉜다. 외조(外朝)는 황제가 정무를 보던 곳으로, 태화전·중화전·보화전의 세 대전이 중심을 이루며, 자금성의 정문인 오문(午門)에서 세 대전으로 가는 길 좌우에 문화전과 무영전이 있다. 건청문 광장은 외조와 내정의 경계를 이루며 건청문 안이 내정이다. 내정의 주요 건축물로는 건청궁, 교태전, 곤녕궁, 동·서육궁, 양심전 등이 있다. 동육궁 동쪽으로 영수궁(寧壽宮)이 있고, 서육궁 서쪽으로 자녕궁(慈寧宮), 수강궁(壽康宮), 우화각(雨花閣) 등이 있으며, 곤녕문(坤寧門) 북쪽에 어화원이 있다. 어화원 북쪽에는 자금성의 북문인 신무문이 있다. 자금성 동문은 동화문(東華門), 서문은 서화문(西華門)이다.

장랑(長廊): 쿤밍호(昆明湖)의 북쪽 기슭, 완서우산(萬壽山) 남쪽에 있으며, 천보랑(千步廊)이라고도 한다. 건륭 14년(1749) 건륭제의 어머니 효성(孝聖) 황후의 산책을 돕기 위해 건축되었다. 동쪽의 낙수당(樂壽堂) 요월문(邀月門)에서 시작하여 서쪽의 석장정(石丈亭)에 이르며, 길이가 728m로 총 273칸이다. 중간에 배치된 유가정(留佳亭), 기란정(寄瀾亭), 추수정(秋水亭), 소요정(逍遙亭)은 춘하추동 사계를 상징한다. 내부의 서까래 위에는 아름다운 서호의 풍경과 인물, 산수, 화조 등을 채색한 아름다운 그림 1만 4천여 폭이 그려져 있어, 화랑(畵廊)이라고도 부른다. 장랑은 산 앞의 지세의 기복을 따라 건축했으며 관광객은 그 사이로 걸을 수 있다.

재궁(齋宮): 동육궁 바로 아래(남쪽)에 있다. 중국의 황제는 제례와 같은 중요한 의식을 행하기에 앞서 음식을 가려먹고, 행동을 조심해야 했다. 이것을 '齋'라 하며, 원래는 제례를 행하는 곳에서 했지만, 옹정제 때 자금성 안에서 '재'를 행하기 위해 이 궁을 지었다.(1731년) 현재 이 건물은 경인궁(景仁宮)과 함께 고대 청동기관으로 사용되고 있다.

정양문(正陽門): 내성의 남벽 정문이다. 명 영락연간 자금성과 황성을 건축할 당시 원 대도의 남벽 남쪽에서 성문을 남쪽으로 조금 이동한 곳에 지었다. 정통(正統) 원년(1436)에 여정문을 정양문으로 고쳤다. 명·청대에는 황제만 출입이 가능했기 때문에 국문(國門)이라고도 했고 전문(前門)이라고도 했다. 베이징에서 가장 중요하고 웅장한 성문이다. 외성이 건설된 후 정양문은 다시 자금성에서 외성으로 통하는 대문이 되었다. 문루·옹성·전루로 이루어져 있으며 문루는 명 영락연간에 건축되었으나 1900년 8개국 연합군의 포격을 받아 심하게 훼손되었다. 광서 27년 숭문문 문루를 참조하여 수리했다. 1915년 교통을 위해 옹성을 철거했고, 신중국 이후 관제묘와 관음묘도 철거되었다. 지금은 단지 정양문 문루와 전루만 남아 있다.

조양문(朝陽門): 내성 동벽의 남쪽 성문이다. 원은 대도를 건설할 당시 이곳에 제화문을 건축했다. 영락 연간 베이징 성을 건설할 당시 이 문은 그대로 썼다. 정통 4년 중수 후, 조양문으로 개칭하고 옹성을 덧붙였다. 이 문은 수륙의 요충지로 주변에 시장이 번창했고 창고가 많았다. 1960년대 말에 철거되었다.

종루(鐘樓): 고루 북쪽으로 100여 미터 떨어진 지점에 있다. 원대에 만녕사(萬寧寺) 중심각(中心閣)이 있었던 이곳에 종루가 세워진 것은 명 영락 18년(1420)의 일이다. 청 건륭 10년(1745)에 재건되었다. 근래에 또다시 대규모 보수공사를 했다. 벽돌로 지은 이 종루는 총 높이가 47.5m이다. 종루 안에는 큰 동종이 있는데, 아침과 저녁 두 차례 이 종을 쳐서 시간을 알렸다. 종은 명대에 주조한 것으로, 높이가 약 3.5m, 바깥 둘레가 약 1.5m이다. 종루 앞에는 건륭제의 종루 중건비가 있다.

좌안문(左安門): 외성 남벽의 동쪽 문. 속칭 강찰문(江擦門)이라고도 했다. 지금은 남아 있지 않다.

중난하이(中南海): 처음에는 금대(金代)의 행궁인 대녕궁(大寧宮)의 일부였다. 원대에는 쿠빌라이가 이곳에 궁성의 내원(內苑)을 지었다. 명대에는 태액지 또는 금해(金海)라고도 불렀으며, 명 영락제가 천도하기 전에는 그의 연왕부(燕王府)였다. 청대에는 난하이·중하이·베이하이를 시하이쯔(西海子)라고 통칭했으며, 중하이와 난하이는 오공교(蜈蚣橋)를 경계로 삼았고, 중하이와 베이하이는 금오옥동교(金鰲玉蝀橋)를 경계로 삼았다. 옛날에는 이곳에 숲이 우거지고 특히 느릅나무(楡樹)가 많았다고 한다. 그런데 광서 9년(1883) 하루는 서태후가 느릅나무 아래를 지나다가 벌레가 옷에 떨어지자 대로하여 정원의 느릅나무를 모두 베어 버리도록 했다. 광서 14년(1888), 서태후는 서원을 중수하면서 중난하이를 그녀의 정무와 유흥장소로 만들었다. 1913년에는 위안스카이가 이곳에 총통부를 두었다. 1928년 중난하이는 공원으로 개방되었으나 1949년 이후에는 중국 공산당 중앙위원회와 국무원이 들어서면서 중국정치의 중심지가 되었다. 또한 마오쩌둥, 저우언라이(周恩來), 류사오치(劉少奇), 주더(朱德) 등이 여기에 살았고, 오늘날에도 중국 최고지도자들의 주거지로서 일반의 통행이 엄격히 제한된다.

중앙공원(中央公園): 천안문을 축으로 했을 때 왼쪽(서쪽)에 있으며 오른쪽(동쪽)의 노동인민문화궁과 대칭을 이룬다. 명·청대에는 황제가 토지신(社)과 오곡신(稷)을 제사지내는 사직단(社稷壇)이었다. 기단은 하얀 대리석으로 만든 3층이며, 높이는 1.3m, 사방 16m의 정방형이다. 중국 전역에서 모은 다섯 가지 색깔의 흙이 오행(五行) 사상에 기초해서 다섯 방향에 깔려 있다. 중앙이 황색(黃色), 동쪽이 청색(靑色), 서쪽이 백색(白色), 남쪽이 적색(赤色), 북쪽이 흑색(黑色)이다. 1914년 신해혁명을 기념하여, 중앙공원으로 만들었으며 쑨원(孫文) 서거 후 그의 호를 따 중산공원(中山公園)으로 개칭했다.

중화전(中和殿): 태화전 바로 뒤에 있는 궁전이다. 1420년에 창건했으며, 그후 화재로 소실되었다가 1441년에 재건했다. 그때의 이름은 화개전(華蓋殿)이었고, 명 가정제가 중극전(中極殿)으로, 청 순치제가 지금의 이름인 중화전으로 개칭했다. 가로·세로가 24.15m의 정방형이며, 특별히 지붕의 선이 우아하다. 황제가 태화전에서 의식을 거행하기 앞서 잠시 휴식을 취하던 곳이다.

진비정(珍妃井): 자금성 동북쪽 정순문(貞順門) 안에 있는 우물이다. 진비는 광서제의 총애를 받던 왕비로 당시 권력을 장악하고 있던 서태후와 갈등이 심했다. 무술정변(戊戌政變) 실패 후, 서태후는 광서제를 중남해의 영대(瀛臺)에 연금시키고 진비는 냉궁(冷宮, 우물옆 붉은 담안쪽 경기각[景祺閣] 북쪽의 3칸짜리 작은 방)으로 쫓았다. 광서 26년(1900) 의화단의 난이

진비정

일어났을 때, 8국연합군이 베이징을 침범하자, 7월 12일 서태후는 광서제를 데리고 시안으로 떠나기전, 태감총독부에 명해 진비를 냉궁에서 끌어내도록 하고, 서태후는 서양 병사들이 들어오면 치욕을 당할지 모른다는 핑계를 대어 진비를 우물 속에 빠뜨리도록 명했다. 진비가 심하게 반항하자, 서태후는 태감이총관(太監二總管) 최옥규(崔玉桂)에게 명해 진비를 우물 속에 밀어넣도록 했다. 당시 그녀의 나이 25세였다. 1년이 지나서야 진비는 우물에서 꺼내 올려졌고, 이후 우물은 봉쇄되었다. 서태후와 광서제의 사후, 그녀의 언니인 근비(瑾妃)가 우물 북쪽의 정순문 천당(穿堂) 동쪽에 진비의 위패를 안치하고 회원당(懷遠堂)이라고 이름지었다. 그리고 당내 남쪽에 우물을 향해 1m 가량의 목패를 세우고 '정균경초'(貞筠勁草) 네 글자를 새겼다. 삭망 때마다 이곳에서 향을 피

왔다.

천단(天壇): 명·청대에 천자가 하늘에 제사를 지내고 풍년을 기원했던 곳이다. 중국의 통치자에게는 제천이 가장 중요한 의식이었기 때문에 그 부지는 광대하고 건축물은 장엄하고 화려하다. 북쪽으로부터 차례로 기년전(祈年殿)·황궁우(皇穹宇)·환구단(圜丘壇)이 배치되어 있다.

천안문(天安門): 황성의 정문. 명 영락 15년(1417)에 착공하여 영락 18년(1420)에 완공했다. 처음에는 승천문(承天門)이라고 불렀으며, 순치 8년(1651)에 개축한 후 천안문으로 바꾸었다. 강희 27년(1688), 1952년, 1970년에도 중수했지만 기본적으로 순치제 당시의 개축규모를 유지했다. 명·청대에는 황제의 대혼, 친정 출병, 천단과 선농단 제사 때에만 이 문으로 출입했다. 황제의 등극과 황후 책봉 등의 성대한 의식은 천안문에서 거행되었다.

천단의 기년전 전체 조감도

태화문(太和門): 오문을 통해 자금성 안으로 들어가면, 왼쪽에 희화문(熙和門), 오른쪽에 협화문(協和門)이 있고, 앞쪽에 5개의 다리가 있는데, 다리를 건너면 그 정면에 태화문이 있다. 영락 18년(1420)에 지어졌으며, 청조인 1646년에 재건되었다. 1888년 화재로 소실되었다가 이듬해 재건되어 오늘에 이르고 있다. 처음에는 봉천문(奉天門), 나중에는 황극문(皇極門)이라고 불리다가, 청대부터 태화문이라고 했다.

태화전(太和殿): 자금성의 중심 궁전으로 금란전(金鑾殿)이라고도 한다. 1420년 창건 당시에는 봉천전(奉天殿)이라고 했으나, 나중에 가정제가 황극전(皇極殿)이라고 했고, 청대에 태화전으로 개칭했다. 동서 63.96m, 남북 37.17m, 총높이 37.44m로 현존하는 중국 최대의 목조건축물이다. 태화전은 중간에 여러 차례 화재를 당했으며, 현재의 건물은 청 강희 35년(1696)에 재건된 것이다. 명·청대의 황제 24명이 이곳에서 등극했을 뿐 아니라, 원정군 사령관의 임명, 조서 반포, 전시(殿試) 합격자 발표, 황제의 결혼식, 황후의 책봉, 원단(元旦), 동지, 만수절(萬壽節, 황제 생일) 등의 각종 의식도 여기에서 거행했다.

환구단(圜丘壇): 2중의 담으로 둘러싸인 내부에 하얀 대리석으로 만든 3층의 원단(圓壇)으로, 높이는 5m이다. 난간 역시 하얀 대리석으로

환구단

되어 있다. 매년 연말에 천자는 재계(齋戒)하고 동짓날 새벽에 원단 위에서 희생물을 바치고 천제(天帝)에게 제사를 올렸다.

황궁우(皇穹宇): 환구단에서 제를 올리는 신위(神位)를 안치해 두는 곳으로 원추형의 푸른 유리기와 지붕을 하고 있다. 직경이 약 65m의 둥근 담으로 둘러싸여 있는데, 이 담에 얼굴을 가까이 대고 속삭이면 소리가 담을 따라서 멀리까지 전해진다 해서 회음벽(回音壁)이라고도 한다.

황성(皇城): 내성의 남단 중앙부에 위치하고 있다. 명 영락 4년(1406)에 착공하여 영락 18년(1420)에 완공되었다. 남북이 2.8km, 동서가 2.4km. 남북의 길이를 동서의 길이보다 400m 길게 한 것은 정방형이 되는 것을 피하기 위해서였다. 황성의 붉은색 성벽 안에 자금성(紫禁城)이 있으며, 그 밖에 서원(西苑), 사찰, 관청, 창고 등이 있었다. 1911년 이후, 황성의 성벽은 조금씩 철거되어 지금은 천안문(天安門) 좌우에 그 일부가 남아 있을 뿐이다. 천안문은 바로 황성의 정문이다.

흑채(黑彩): 흑색 바탕에 여러 색의 꽃무늬를 돋보이게 장식한 소삼채(素三彩)로 투명한 녹색의 유약에 의해 거의 무지개 빛을 띠고 있다.

이 책을 이산출판사의 소개로 일단 한번 읽어보기로 했을 때만 해도 번역까지 하게 되리라곤 생각하지 않았다. 괜히 내자고 했다가 만에 하나 출판사에 손해를 끼치지 않을까 염려스러웠기 때문이다. 그래서 공부하는 셈치고 틈날 때마다 조금씩 읽어나갔다. 그렇게 부담을 덜어 내고 읽어서일까, 책은 내가 기대한 것 이상으로 알차고 재미가 쏠쏠했다. 그리고 책을 읽어 가면 갈수록 더해지는 재미는 어느덧 이 책의 정취를 직접 느끼고 싶다는 때늦은 욕망으로 변했다. 전공이 전공인지라 베이징에 안 가본 것도 아니고, 가볼 만한 곳은 대부분 둘러보아 잘 안다고 생각했는데, 그게 아니었던 것이다. 이 책은 내가 그다지 깊은 인상을 갖지 못했던 부분까지 새로운 눈으로 보게 만들어 주었다. 예컨대 내 경험에 비추어 보면 다른 건 몰라도 베이징의 기후만큼은 선뜻 좋다고 말하기 어렵다. 그럼에도 불구하고 이 책을 읽으면서 베이징의 기후가 베이징의 문화와 베이징 사람들의 기질을 형성하는 데 지대한 영향을 주었고, 결국에는 그 나쁜 기후마저도 사랑하게 된다는 역설을 깨닫게 되었다. 이처럼 베이징의 전체상을 하나하나 확인하는 망외의 즐거움을 맛보면서 나는 나의 일독(一讀)으로 끝내는 것보다는 많은 사람들과 이 책의 매력을 함께 나누는 것이 좋겠다는 생각을 하게 되었다.

이 책은 중화인민공화국 이전 베이징의 역사와 문화, 예술 그리고 베이징 사람들의 삶을 자유분방한 필치로 소개하고 있다. 하지만 지은이는 가능한 한 개인적 감상을 절제하면서 베이징을 무조건 미화하지는 않는다. 가능한 한 많은 자료를 활용하여 역사적 사실에 충실하려고 노력하고 있다. 각 왕조의 정사(正史), 원말 명초 타오쭝이(陶宗儀)의 『철경록』(輟耕錄), 청대 주이쭌의 『일하구문고』(日下舊聞考) 등을 비롯한 중국의 문헌은 말할 것도 없고, 마르코 폴로의 『동방견문록』, 줄리엣 브레든의 『베이징』, 브렛슈나이더의 『베이징 역사건축의 고고학적 연구』, 블랜드와 백하우스의 『서태후 치하의 베이징』, 오스발드 시렌의 『베이징의 성벽과 성문』 같은 서양의 문헌들까지 총망라하고 있다. 그리고 단순히 이들 자료를 이용하는 데 그치는 것이 아니라 서로 비교하고, 오류가 있다고 판단하면 자신의 견해를 밝히고 바로잡았다. 따라서 이 책은 베이징에 관한 훌륭한 안내서이자 충실한 자료로서 전혀 손색이 없다고 할 수 있다. 아울러 이 책에 실린 화보들은 베이징의 정수만을 보여주는 그야말로 완벽한 컬렉션이다.

지은이 린위탕과 관련해서 한 가지 특이한 점은 그가 베이징 사람이 아닌데도 베이징에 큰 애착을 갖고 있다는 사실이다. 그는 중국 푸젠(福建) 성 룽시 현(龍溪縣, 지금의 龍海縣) 출신으로 대학도 상하이의 세인트 존스 대학을 졸업했다. 베이징과의 인연이라면 대학 졸업 후 베이징의 칭화(淸華) 대학에서 잠시 영어를 가르쳤던 것과, 미국과 독일 유학을 마치고 귀국하여 베이징 대학과 베이징 여자사범대학에서 몇 년간 교편을 잡았던 것이 전부이다. 그러나 그의 저술활동에서 베이징이 차지하는 비중은 매우 크다. 그가 베이징을 배경으로 쓴 장편소설 『북경호일』(北京好日, *Moment in Peking*, 1939)은 현대판 『홍루몽』(紅樓夢)이라는 찬사를 받으며 세계적인 베스트셀러가 되었다. 이처럼 베이징은 린위탕에게 인간의 회귀본능으로서 찾게 되는 '고향' 이상의 특별한 의미를 지니고 있다. 따라서 그가 오랫동안 베이징의 역사와 문화를 섭렵한 끝에 누구나 공감할 수 있는 이 아름다운 책(『베이징 이야기』)을 쓴 것은 어쩌면 당연한 일인지도 모른다. 그에게 베이징은 정신적 지주이자 중국과 중국인, 중국역사와 중국문화를 대표하는 상징이었던 셈이다.

이 책이 완성되기까지 많은 분들의 조언과 격려가 있었다. 특히 예술·건축 부분에 서성 선생, 문헌 대조와 참조에 민경삼·김기민 선생, 베이징의 역사 탐구 부분에 최일의 선생의 도움이 컸다. 그리고 여기에 이름을 일일이 밝히지는 못하지만, 귀찮은 일을 기꺼운 마음으로 협조해 준 여러 선생님들과 동료들에게도 이 자리를 빌어 감사드린다. 마지막으로 이 책을 아름답게 만들어 준 이산의 편집부 여러분께도 감사드린다.

2001년 9월

김정희

찾아보기

‖　　　　　　ㅁ · ㅂ　　　　　　‖

330

‖　　**ㅈ · ㅊ**　　‖